U0051070

大旗出版
BANNER PUBLISHING

大旗出版
BANNER PUBLISHING

大清才子命運

以歷史的細節看學儒沉浮

序言

從歷史細節看成敗因由

　　數千年中國歷史，英雄長嘯，志士悲歌。歷史之所以被記錄下來，許多時候並不是靠著驚天動地的大事件，繞過那些鞭辟入裡的史論典籍，更使人親近的，是存留在細節中的斷簡殘編。這些史料，抖去歷史煙塵，從微小的事件中凸出人物的當代特質，成爲溝通歷史先賢與現實你我之間的通道。

　　是的，時代已逝，因緣已失，我們只能在細節中神遊還鄉，凝神諦聽那些普通人的喃喃自語。細節往往是不引人注目的，也是在不經意之間做出的。然而，也正因爲如此，才更爲眞實、更爲本質。有時候，一個細節所蘊含或揭示的東西，勝過長篇大論，耐人尋味。

　　說到「歷史細節」，就必須涉及到過去的人和事既包括已成昨日的人生，也包括已經發生的往事。事因人起，人以事存，人和事總是息息相關、不可分割。當然，作爲歷史細節的「人」和「事」，不是大而化之的「大事記」，僅僅提綱挈領地羅列出「某人在某時某地做了某事」，而是要說出「某人爲什麼要做某事、具體是怎樣做的、結果如何」等諸多具體而微的瑣細之處。其中不可忽視的一個重點，就是人的性格因素。愛因斯坦認爲：「如果不深刻研究科學創新者的性格發展，那就只能了解科學工作的一般內容，而無法理解這些成果是怎樣成爲可能的。」也就是說，每一項重大科學成就的產生，都與創造了該成就的各個科學家性格特徵息息相關。這個觀點也適用於人類社會的各個領域，無論從事什麼行業的人，其成就大小乃至事業興敗，都同樣能從他們的性格特質中找到答案。正因如此，在讀史之時就不能不注意考察品評人物的性格因素。

一般說來，由於歷史本身發展演變的複雜性及其慣性等原因，使得「天時」與「人為」因素在相互作用的過程中，常常表現出一種「滯後現象」。正因如此，某些人被浮華遮住眼，為了圖一事之利而遺一世之害，逞一時之強而留百代罵名。這種「今朝有酒今朝醉」的想法和做法，其實是一種鼠目寸光和淺薄無知，既不給自己留後路，更沒考慮到給後輩子孫留條路。

　　每逢社會轉型期，各種矛盾更加錯綜複雜，變化多端，故而人生命運就更加難以預料，且世事變化的速度明顯加快。在此情況下，使得上述「滯後現象」直接表現為「現世現報」。這種情形，無疑更加有利於人們從簡短、急速的歷史變化中讀懂人生世事的成敗因由。

　　讀史使人能夠韜光養晦，以史為鑒，避免犯下歷史重演的錯誤。然而由於中國的歷史深受儒家文化的薰染，免不了的歷史不全然是原來的「歷史」。魯迅先生說過，中國歷史就是「瞞和騙」的歷史。想那帝王怕自己名臭青史，出於政治目的，或怕以後遭後人唾罵詬病，無不操縱史官，篡改歷史，美化自己，往自己臉上貼金。所以有孔子「修」春秋，秦始皇焚書坑儒，更不用說天災人禍造成的典籍佚失。二十四正史無不是為獨裁者們歌功頌德，無非是帝王將相們的家譜而已。所以有人說，歷史是任人打扮的小姑娘。但就算是作為帝王寵物的史官們，也有「深懷大義」之士，於細節處，留下蛛絲馬跡，予我輩後人，有跡可循，《大清才子命運》就是這樣的一本書。

　　本書是從文史資料中經過精挑細選之後編輯而成的。這些清朝才子，他們或權傾當道，或名動一時，或雄踞一地，或富甲一方。當然，其中有好人，也有壞人；有官員，也有商賈；有武將，也有文士……

　　雖然人們常說「人生如夢，往事如煙」，但實際上，人生並不總是夢，往事亦非都如煙。尤其對於那些發生在大動盪、大轉折的特殊歷史時期的人生經歷和紛繁世事來說，後人更需要多一些了解和認識。

　　歷史的細節無法一一羅列。但我們相信，站在高處回望，可以看見一串串清晰的腳印；站在高處前瞻，可以看見道路越走越寬敞。

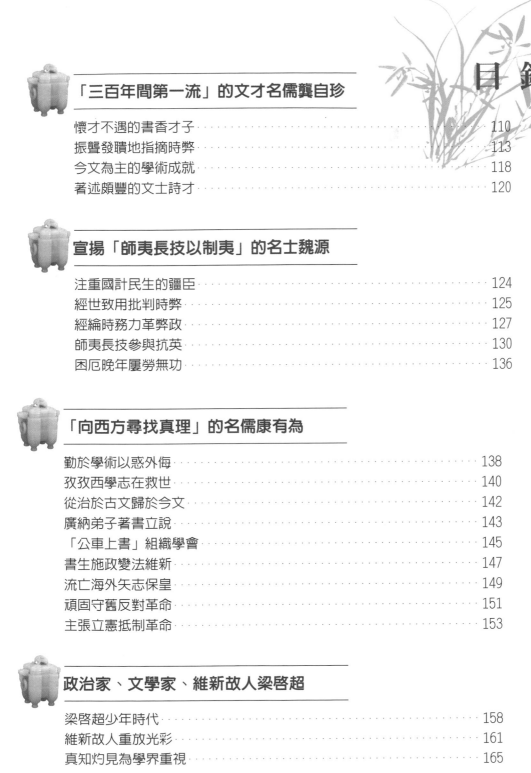

目 錄

「揚州八怪」領軍人物鄭板橋

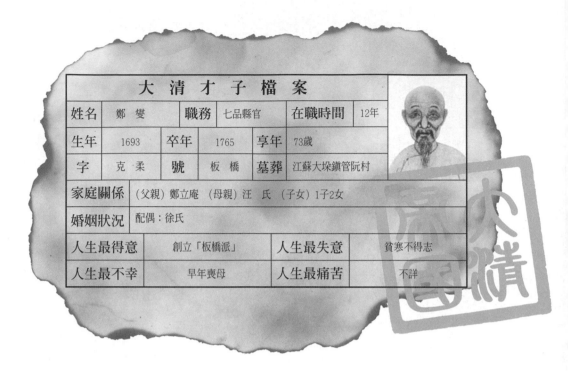

大 清 才 子 檔 案					
姓名	鄭 燮	職務	七品縣官	在職時間	12年
生年	1693	卒年	1765	享年	73歲
字	克柔	號	板橋	墓葬	江蘇大垛鎮管阮村
家庭關係	(父親) 鄭立庵 (母親) 汪 氏 (子女) 1子2女				
婚姻狀況	配偶：徐氏				
人生最得意	創立「板橋派」		人生最失意	貧寒不得志	
人生最不幸	早年喪母		人生最痛苦	不詳	

大清才子命運

三絕奇才鄭板橋生平

　　鄭板橋名燮，字克柔，號板橋，先世居蘇州，明初遷居揚州府屬興化縣，生於清康熙三十二年（1693），卒於乾隆三十年（1765）。鄭板橋幼年家貧，喪母，賴乳母教養，並隨其父學畫，早年便在揚州以賣畫為生，經常過著「竈下荒涼告絕薪，門前剝啄來催債」的困窘生活。

　　鄭板橋生於康熙三十二年十月，時令「小雪」。按興化民間風俗，「小雪」為「雪婆婆生日」，板橋與「雪婆婆」同時降臨人間，全家都很高興。故根據《尚書‧洪範》篇中「燮友克柔」字句，祖父和父親為他取名燮，字克柔。又因所居附近有座木板橋，故後來鄭燮自號板橋。

　　鄭家人丁不旺，板橋又是長房長孫，他出生後家人欣喜之餘又有些擔心，生怕夭折，就取個乳名「丫頭」。因臉上有幾點淡淡的黑斑，故又俗稱「麻丫頭」。

鄭板橋出生時家境已陷入貧困，僅靠祖產田和微薄地租維持全家生活。後來，父親歲科兩試一等取得廩生資格，每月向官府領取廩膳，生活才得以改善。可好景不長，板橋三歲生母汪氏病故，全靠乳母費氏照料。費氏為祖母侍婢，勤勞、善良、慈愛、仁厚，時興化水災、大饑，鄭家養不起婢僕，費氏捨不得鄭板橋，三頓回家吃飯仍到鄭家操持家務。

鄭板橋畫像

汪氏病故後，父親娶繼室郝氏無子，視孌親出，照料如生母。故鄭板橋後來回憶說：「無端涕泗橫欄杆，思我後母心悲酸。十年操家足辛苦，使我不足憂饑寒。」（《七歌》）

父親立庵品學兼優，他考上廩生後在家開私塾，鄭孌隨父就讀。外祖父汪翊文亦博學多才，隱居不仕，對外孫非常關心，常指導讀書、作文，故鄭板橋自稱「文學性分得外家氣居多。」

鄭板橋幼時讀書似無過人之處，且因相貌不美同學都瞧不起他。但他自尊心極強，學習刻苦，成績優異。同時對看不慣的事物敢於直言，甚至怒斥，因而同學家長都告誡子弟不要和他往來。他讀書「精」、「博」結合，尤重於「精」。經、史、子、集無不涉獵，重點文章節則反覆誦讀，且惜時如金。二十一史中他最推崇《史記》，認為《項羽本紀》描寫鉅鹿之戰、鴻門之宴、垓下之圍幾段最精彩。他敬仰孔、孟，但看不慣朱熹空談理性。他讀書注重「切於日用」，做到深入理解、融會貫通，特別愛讀杜甫、白居易、陸游等詩人的詩。

除師法自然外，鄭板橋也重視繼承傳統。從唐代墨竹畫的開創者蕭銳到清初石濤，他都作了研究，蘇軾、文同、徐渭等，都是他敬仰的大師。後

來，他到儀徵毛家橋讀書，毛家橋多竹，又爲他畫竹提供了條件，並與竹結下不解之緣。從此，他「無竹不居」，竹成了他繪畫最重要的題材。他愛畫竹，更愛竹的品格，竹的傲岸不屈、勁節虛心，也就成了鄭板橋人格的寫照。

康熙五十一年（1712）春，鄭板橋回到興化，從陸震學塡詞。陸指導他先學婉約派柳永、秦觀，再學豪放派蘇軾、辛棄疾。陸認爲詩與詞不同，以婉麗爲正格，以豪宕爲變格，練習時要千斟萬酌以求一是。從後來鄭板橋的詞作看，兩者兼有。

康熙五十四年，鄭板橋與徐氏女結婚。生一男，早夭，又生兩女。爲養家糊口，他被迫到儀徵江村設塾授徒。但沒有功名，不被人看重，且入不敷出，因思作畫賣畫。當時的揚州扼南北漕運咽喉，大批鹽商聚集，爲其繁榮和文人墨客施展才華提供了條件。於是鄭板橋又到揚州，邊讀書邊作畫賣畫。

後由朋友資助，才得到機會，並應科舉而爲康熙秀才、雍正舉人、乾隆進士。49歲出任山東范縣、濰縣的知縣（即七品縣官），歷時12年。在任期間，鞭笞奸吏，勤政於民，被百姓尊稱爲親民之官。他對百姓關懷備至，有一年山東遭受嚴重自然災荒，「十日賣一兒，五日賣一婦」（《逃荒行》），「殺畜食其肉，畜盡人亦亡」（《思歸行》）的饑饉情景，使鄭板橋目不忍睹。於是他據理爲民請命，力爭賑濟，並在濰縣開倉放賑，救濟災民，深得百姓的感戴。官場上的腐朽和黑暗，促使鄭板橋下定了「扯碎狀元袍，脫卻烏紗帽」（《道情十首》）的決心，他憤然絕意宦途，重返揚

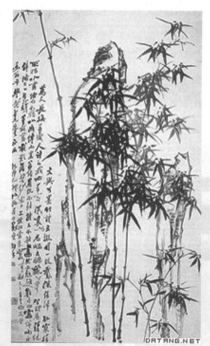

鄭板橋《竹石圖》

州，以賣畫爲生。

　　鄭板橋用眞情寫畫，不因貧寒以畫謀利，作畫決不「有求必應」，更不「求善價而沽之」，曾說：「吾畫蘭畫竹畫石，用以慰天下之勞人，非以供天下之安享人也。」後來鄭板橋繪畫和隨手題句已達爐火純青的地步。成就越高，聲望益大，索畫者更是纏身，索性鄭板橋在一幅畫中題書畫潤格爲：「大幅六兩，半幅四兩、小幅二兩，條幅對聯一兩。扇子斗方五錢，凡送禮物食物，總不如白銀爲妙，公之所送，未必弟之所好也。送現銀則心中喜樂，書畫皆佳，禮物既屬糾纏，賒欠尤爲賴賬。年老神倦，亦不能陪諸君子作無益語言也。」又附一詩云：「畫竹多於買竹錢，紙高六尺價三千，任渠話舊論交接，只當秋風過耳邊。」鄭板橋在當時經濟繁榮、物華天寶、人文薈萃的揚州，在各個階層什麼人都有索求的情況下，直言剛直爽快地提出自己的價碼要求，不啻爲一種極爲明智之舉。

　　1765年12月12日，鄭板橋逝世。鄭板橋是「揚州八怪」中最受人們稱道的畫家。他有詩、書、畫三絕，三絕中又有三眞：眞氣、眞意、眞趣。他的蘭、竹之作，遍佈世界，馳譽中外，深得人們的喜愛和推崇。

飲譽清代的「詩畫通人」

　　「咬定青山不放鬆，立根原在破崖中。千磨萬擊還堅勁，任爾東西南北風。」這是清代鄭板橋的一首著名的詠竹詩。歷代文人畫士之中，愛竹的大有人在，竹詩竹畫也多得不可勝數。然而無論數量之多，亦或格調之高，都莫過於鄭板橋。

　　揚州大學江樹峰教授曾評價鄭板橋爲「詩畫通人」，實際是說鄭板橋的成就貫通文學與藝術兩大門類。他兼擅詩、詞、曲、文、書、畫、聯、印，飲譽清代文壇藝苑，是「揚州八怪」中影響最大的一個，又分別列爲「楚陽三高」、「雍嘉七子」、「濰縣三賢」之一，並被奉爲「板橋派」之宗師。

鄭板橋現存文學作品有詩1,000餘首、詞近百首、曲10餘首、對聯100餘副、書信100餘封，還有序跋、判詞、碑記、橫額數百件。可以說，他是一個具有多方面才能的文學家。他的詩清新流暢，直抒胸臆，自由灑脫，很少用典，描寫人民生活的痛苦和貪官酷吏的醜惡，兼具少陵、放翁風格。如《逃荒行》、《還家行》、《思歸行》就是濰縣災後情況的真實寫照，《悍吏》和《私刑惡》揭露了酷吏的兇殘暴虐，而著名的「衙齋臥聽蕭蕭竹，疑是民間疾苦聲。些小吾曹州縣吏，一枝總關情。（《濰縣署中畫竹呈年伯包大中丞括》）」則表達了鄭板橋同百姓息息相通的感情信念。他的詞或婉約，或豪放，頗「近陳（維崧）詞派」。婉約之詞如《賀新郎·徐青藤草書一卷》等，慷慨蒼涼，大開大合，「醉後高歌，狂來痛哭」。散曲主要是《道情》10首，用黃冠體寫成，借出世外衣揭露世道之險惡，廣泛傳播，被譽為清代道情體的最高成就。對聯質樸自然，意境高遠，既富有哲理，又多生活情趣，成為清代聯學一大家。《家書》兼敘述家常瑣事、議論經邦治國之道、評論文學創作流派、交流詩詞書畫心得，直抒胸臆，每多獨見，在清代散文史上有一定地位。

鄭板橋現存繪畫作品1,000餘幅，是中國古代畫家中存世作品最多的一位。鄭板橋既不畫人物、山水，也不畫一般花鳥，而是以蘭、竹、石為主，兼及松、菊、梅。他畫的竹清瘦挺拔、墨色淋漓、乾濕並兼；蘭秀勁堅實、蕭散逸宕、妙趣橫生；石雄奇秀逸、醜怪蒼潤、百狀千態。這些都構成了鄭板橋秀勁挺拔、生動活潑的總體畫風。

鄭板橋自幼在日光月影、紙窗粉壁中學畫蘭竹，自稱「無所師承」。初到揚州賣畫時，擴大了眼界，意識到自己過去只是做到形似，遠不能同石濤的神似相比。雍正年間遊廬山後更認識到八大山人簡筆寫意畫的高妙所在。鄭板橋從師法自然開始，又繼承和發揚了石濤、八大山人敢於創新、不拘成法的優良傳統，形成自己獨特的風格，擴大了文人畫的表現手法。

鄭板橋不但以竹自況，還以「竹」待人。對於後學，他樂於獎掖，盡力扶持，言傳身教，寄予厚望。他曾寫道：「新竹高於舊竹枝，全憑老幹為扶

持。明年再有新生竹，十丈龍孫繞鳳池。」他又寫道：「且讓青山出一頭，疏枝瘦幹未能遒。明年百尺龍孫發，多恐青山遜一籌。」他一生筆耕不輟，其創作態度和創作方法也與竹大有關係。他曾對友人說，畫竹要經歷三個階段，達到三種境界。一是「眼中有竹」，要仔細觀察，反覆臨摹。他年輕時畫竹竟到了廢寢忘食的地步，年老時曾無限感喟地說：「我為這竹君，不知磨禿了多少毫鋒，消損了多少精神啊！」二是「胸有存竹」，即在創作前對要畫的竹了然在胸。「我有胸中十萬竿，一時飛作淋漓墨」。三是「胸無存竹」，即在揮寫的過程中，又不為胸中之竹所束縛，只根據表達主題的需要，創造出新的形象。他曾用詩總結自己畫竹的經歷：「四十年來畫竹枝，日間揮寫夜間思。冗繁削盡留清瘦，畫到生時是熟時。」竹之於鄭板橋，真可謂相得益彰，人竹合一。

鄭板橋的書法別具一格，他將自己的書體分為「六分半書」，人們則稱之為「板橋體」。這種書體在筆法上以八分為主，糅合楷、行、草、篆及畫蘭竹之法，方筆、圓筆、渴筆、蹲筆變化自如，中鋒、側鋒、紐鋒恰到好處。在字的結體上，著力於橫向，多呈扁形，由重心輻射於四方，顯得瀟灑新穎，覽之無盡。在佈局上，具有渾然一體、自然天成的整體感。一幅當中，雖然大、小、方、圓及各種不規則形狀千變萬化，但安排得錯落有致，亂中有序，違而不犯，氣勢連貫，通篇渾然一體。

人們歷來對板橋書體評價很高。與他同時代的金農說：「興化鄭進士板橋風流雅謔，極有書名，狂草古籀，一字一筆，兼眾妙之長。」近人鄧拓說：「它不止流行於當時，二百年來都一直很流行，歷久舊學，冬心、板橋，參用隸筆，然失則怪。」楊守敬說：「板橋行楷，冬心分隸，皆不受前人束縛，自闢蹊徑。然為後學師範，或墮魔道。」康、楊雖看不慣板橋體的「怪」，但畢竟看到了他對傳統書法的革新，誠如鄭板橋自己所說：「蹊徑一新，卓然名家。」

同畫論一樣，鄭板橋書論亦不乏灼見。從蔡邕、鐘繇、王羲之到趙孟頫、董其昌的書法，鄭板橋都作過評論。清代前期的書壇重帖學而輕碑學，

統治者提倡烏、光、方的館閣體，束縛了書家的藝術性格。鄭板橋溯源開流，博采眾美，推重漢碑，大膽革新，使書壇出現新的生機。

鄭板橋在文學藝術領域裡的建樹，不僅表現在詩文、書法、繪畫的創作及理論上，還表現在他對這三者的結合上。這種結合又表現在微觀與宏觀兩個方面。

微觀方面，鄭板橋以書入畫，以畫入書，詩中有畫，畫中有詩。他將「書之關紐透入於畫」，用焦筆揮毫，使蘭枝、竹葉酷似草書中的豎長撇法，精湛的書法用筆與畫蘭、竹的技巧融為一體。又以「畫之關紐透入於書」，從自然界千姿百態的形象中悟出書法意象，豎橫撇點常似竹枝、蘭葉，使書法作品亦具有畫作美感。誠如清人蔣士銓詩云：「板橋作字如寫蘭，波磔奇古形翩翩。板橋寫蘭如作字，秀葉疏花見資致。下筆別自成一家，書畫不願常人誇。頹唐偃仰各有態，常人盡笑板橋怪。」鄭板橋詩中充滿畫意，如《由興化迂曲至高郵七絕句》之一：「百六十里荷花田，幾千萬家魚鴨邊。舟子搦篙撐不得，紅粉照人嬌可憐。」寥寥數筆，刻畫出一幅色彩明麗、動靜交織、生機勃勃的水鄉風光圖。綠色的荷葉，紅色的蓮花，白色的魚鱗，褐色的水鴨，色彩搭配得如此巧妙，不能不令人歎為觀止！他的畫中也有詩。我們觀賞鄭板橋筆下頂天立地的柱石，傲然迎風的蘭竹，彷彿聽到一曲《正氣歌》。

宏觀方面，鄭板橋常將詩、書、畫加上印章統一在一幅紙上。如他70歲時畫了一幅《竹石圖》，一塊巨石頂天立地，數竿瘦竹幾乎撐破畫面。右上角空白處題詩一首：「七十老人畫竹石，石更峻嶒竹更直。乃知此老筆非凡，挺挺千尋之壁立。乾隆癸未，板橋鄭燮。」下撇兩方名號印。畫幅右下方空白處又押上「歌吹古揚州」閒章一方。這位老人顛沛了一輩子，不向各種惡勢力低頭，仍如磐石般堅強，如清竹般勁挺，如蘭花般高潔。詩題得正正斜斜，大大小小，或在峰巒之上，代之以皴法；或在竹竿之間，使畫連成一片；或在蘭花叢中，襯托出花更繁，葉更茂。畫上題詩，宋元即有，並非鄭板橋始創，但如鄭板橋之妙，實不多見，妙就妙在各類藝術形式高度

大清才子命運

鄭板橋畫

統一。如果這詩不是題在蘭竹石圖上，而是題在山水、仕女圖上，就顯得很不相稱。如果不用「六分半書」，而用顏、柳之體或金農「漆書」，雖畫再好，字再佳，亦必很不協調。在鄭板橋筆下，詩情、畫意、書法、印章達到了完美的統一。

鄭板橋多方面藝術成就的核心是一個「怪」字。所謂怪，就是與眾不同，就是對傳統的反叛，用鄭板橋寫給韓鎬的一副對聯來表述就是「領異標新」（「刪繁就簡三秋樹，領異標新二月花」）。文學藝術上的怪，又通政治信念上的怪；政治信念上的怪，則表現在對封建正統的抗爭，對布衣白丁的同情，和對個性解放的強烈要求。

鄭板橋早年遊北京就喜歡放言高論，品評人物，被人稱為「狂」。他認為臧獲、婢妾、輿台、皂隸等底層人民也都是黃帝堯舜的子孫，應與富貴人家一律平等。他大聲疾呼：「王侯將相豈有種乎！」被統治者奉為政治信念正宗的程朱理學，鄭板橋認為「只合閒時用著，忙時用不著」。在山東為官時，公開揭露官場黑暗，災荒之年開倉放賑，終因與當道不合，以莫須有的罪名罷了官。他晚年畫了一塊蒼石，題詩道：「老骨蒼寒起厚坤，巍然直似

泰山尊。千秋縱有秦皇帝，不敢鞭他下海門。」充分表現了他同封建正統觀念鬥爭到底、絕不動搖的氣概。

鄭板橋的民本思想同前人比起來，又進了一步。他說：「織女，衣之源也；牽牛，食之本也。」又說：「工人制器利用，賈人搬有運無，皆有便民之處，而士獨於民大不便，無怪乎居四民末也。」此論未免過於貶低知識份子，但如此看重農民、工人、商人的社會作用，卻是難能可貴的。因此他說：「凡吾畫蘭畫竹畫石，用以慰天下之勞人，非以供天下之安享人也。」

鄭板橋反抗傳統，極力主張按照自己的本性自由地發展。他曾借籠中養鳥、髮繫蜻蜓、線縛螃蟹等事大發議論，批評「屈物之性以適吾性」的做法，提出「萬物之性人為貴」。他的潑墨寫意蘭竹石畫都把表現自己的個性和信念情緒作為主題。書法本來是很難變化創新的，但到鄭板橋手中，六書也幾乎衝垮。詩文更是直抒胸臆，提出「不為古所累，氣與意相輔」。在這裡，已迸發出早期民主主義信念的火花。鄭板橋作為一個文學家、藝術家的同時，在中國思想史上也應占有一席之位。

鄭板橋《蘭竹圖》

鄭板橋的為人與交友

揚州八怪中的鄭板橋，在未到揚州之前，先住在蘇州。他在蘇州城桃花巷東頭開了一家畫室，以賣畫為生。在桃花巷的西頭，也有一家畫室，畫室的主人名叫呂子敬。呂子敬擅長畫梅花，他標榜自己畫的梅花是「遠看花影

動，近聞有花香」。那意思是說，他畫得如同真梅花一樣。鄭板橋自從來到蘇州，畫些竹子，也畫些花羽鱗介和山水，就是不畫梅花。這梅花是呂子敬善畫的，鄭板橋自嘆不如，所以藏拙。平時，若有人要鄭板橋畫幅梅花，鄭板橋總是謙虛地笑道：「我畫的梅花比呂先生差遠了。走吧，我領你找呂先生求畫去！」

鄭板橋真的領著買畫者，到桃花巷西頭找到呂子敬，讓他賣張梅花圖，得些散碎銀子來養家糊口。呂子敬是個落第秀才，拖著多病的身子，上有爹娘，下有老婆孩子，生活頗為艱難。他畫梅遵循寫實的手法，畫得栩栩如生，每個花瓣都活靈活現。鄭板橋總是當著眾人高度評價呂子敬的畫，讚揚道：「呂先生畫的梅花，我再學十年八年，也未必能畫到這個程度。」有個回家養老的吏部尚書，精通翰墨，鑒賞力很強，看到鄭板橋的書法和畫都是極致之品，便出了一個《梅花幽谷獨自香》的畫題，出五十兩銀子的高價，親自來到鄭板橋的畫室，求鄭板橋畫。鄭板橋推辭說：「尚書大人呀，說到畫梅，還是呂子敬先生畫得好。這麼說吧，他畫的梅花能值五十兩銀子，我畫的充其量值五兩銀子！」

老尚書聽了以後，就拿著銀子去求呂子敬了。

日子是一天天打著飛腳過去的。鄭板橋在蘇州住了三年，要遷移到揚州去了。臨行時，呂子敬前來為他送行。文人送別，都要作詞寫詩相贈。畫友分別，當然是要以丹青相送了。這次鄭板橋贈給呂子敬的，卻是一幅梅花。

鄭板橋展紙揮筆，筆走側鋒，由深入淺，畫出了蒼蒼點點帶有飛白的梅花主幹。畫花朵時，用墨濃淡相宜，有輕有重，花瓣用淡墨直接點出，等水分未乾時又在花瓣下端以焦墨滲化。這樣畫出來的梅花酣暢淋漓，筆法流動，神采飛揚。再看整個畫面的結構，只有三四朵梅花畫得清晰，餘者皆塗塗抹抹，真有「觸目橫斜千萬樹，賞心只有三五朵」的意境。

呂子敬看了鄭板橋畫的梅花，驚得張開的嘴好一陣子沒有合上。他愣了半天，才囁嚅著說：「鄭兄有如此高超的畫梅技藝，何不早早教我？」

「怕呂兄謙讓，再不肯作梅花圖，畫酬就會少收許多。」鄭板橋平靜地

說。到了這時候，呂子敬才恍然大悟，感激地說：「鄭兄之所以不畫梅花，爲的是給小弟留口飯吃。」

還有一則關於鄭板橋教訓姚有財的故事。

傳說有一天，兩江總督唐亦賢到揚州遊玩，城裡的八大鹽商爭著擺酒接風，其中最殷勤的莫過於姚有財了。

姚有財爲何如此殷勤呢？原來當年姚有財花天酒地，房產賣盡，淪落街頭時，唐亦賢曾給他一些鹽票，姚自此發家，成了大鹽商，對唐亦賢自然感恩不盡了。

唐亦賢到揚州後，叫姚有財想法弄一幅鄭板橋寫的對聯。主人一聲吩咐，姚有財正是討好的機會，他連忙訂製了兩張特大的宣紙，再央人去求鄭板橋寫對聯。

鄭板橋聽說是鹽商要他寫對聯，一口就回絕了。姚有財急得直冒汗，怎麼去向總督大人交待呢？他又央人去說願出重酬。鄭板橋便說道：「兩千兩一幅！」來人一聽兩千兩銀子一幅，嚇得目瞪口呆，只得跑回去向姚有財稟報。姚有財也被這大數字嚇倒了，他又心痛錢，又不願得罪總督大人，只好叫人再去蠻纏鄭板橋，要求再少一點。鄭板橋問來人：「你捨得出多少？」來人說：「一千兩，我家老闆說的！」

鄭板橋聽完，拿起筆墨，唰唰唰，幾下就把上聯寫好了：「鄉里鼓兒鄉里打」。寫完上聯，他放下筆，就去做別的事了。來人著急了，催促道：「先生，你快寫下聯呀。」

鄭板橋說：「講好了的，兩千兩一幅，你老闆只能出一千兩，我也只能寫一半，公平合理。」

來人再三求情，鄭板橋都不理他。沒有辦法，來人只好回去告訴姚有財。姚有財曉得上了當，不要他寫吧，等於白白送了一千兩銀子，再說，又是總督要的，只好叫人再送一千兩銀子去。鄭板橋看到姚有財認輸了，才又提筆寫下聯：「當方土地當方買」。鄭板橋故意寫這麼鄙俗的對聯，實際是對兩江總督附庸風雅的一種諷刺。

鄭板橋故居

鄭板橋的教育理念

鄭板橋一生充滿親民信念的「善良教育」，同樣是品格教育的典範。三百多年過去了，鄭板橋唾棄暴力、熱愛和平的「善良教育」故事仍然源遠流長。

1. 熱愛大自然

鄭板橋把關愛孩子的成長與關愛大自然看得同樣重要。他52歲得一子，愛子之心，可想而知。然而他說：「愛兒必以其道。」他教育孩子從小熱愛大自然，首先讓孩子整個身心融入大自然。讓孩子感受大自然的美，投身大自然經受各種薰陶，培養善待大自然的良好心態。孩子出生斷奶不久，鄭

板橋就毅然把孩子送出縣衙府邸，直接託付「舍弟」讓孩子在農村有個家，安頓在「千家養女先教曲，十里栽花算種田」的揚州老家，託付勤勞樸實的「郭嫂、饒嫂」管束調教，在自然人和自然物中，潛移默化，在人與自然協調的環境中「抽心田、發奧旨、繪物態、狀人情」。

2. 愛護小動物

對孩子善良教育，鄭板橋以童心塑童心。孩子愛玩小動物，是童趣童心最真切之情。在小動物被孩子玩耍時，他及時寓教於樂。本來「髮繫蜻蜓，線縛螃蟹」，籠中養鳥讓孩子樂一樂，無可非議，但鄭板橋以此為契機教育他：「我圖娛悅，彼在囚牢，何情何理？」「至於髮繫蜻蜓，線縛螃蟹，為小兒玩具，不過一時片刻拽拉而死。」動之以情，曉之以理，心心愛念，為的是小動物的生死存亡，為的是與小動物「一起歡喜跳躍」。為了小鳥，他不許籠中養鳥，引導孩子「欲養鳥莫如多種樹，使繞屋數百株，扶疏茂密，為鳥國鳥家」，以此塑造善良的童心。

3. 同情貧弱者

鄭板橋家教始終貫穿「善良教育」，這同他詩畫中「衙齋臥聽蕭蕭竹，疑是民間疾苦聲」是一脈相承的，他關注孩子善良教育，讓孩子從小善待疾苦弱勢群體。對於身邊的「貧家子弟，寡婦之兒」及周邊家人兒女，都要一視同仁。「凡魚飧果餅，宜分散給，大家歡喜跳躍。」對於弱勢群體疾苦者，要傾注一份愛心，善待他們，賙濟貧苦學生紙墨筆硯，缺少錢買紙訂仿簿者「當察其無意中與之」，而不是倨傲施捨，讓人難堪。如此善良教育是奠定善良美德的堅實基礎。

4. 寬厚以待人

善待別人，寬大為懷，是鄭板橋善良教育的重要方面，他怕孩子有優越感，指出：「我雖微官，吾兒便是富貴子弟。」尊重老師，善待同學，老師只須是「一方之秀，不必海內名流」，教育孩子，「就師所長，訓吾子弟不逮」就行。對待長學稱先生，小一點稱其兄，「不得直呼其名」。在從善如流的教育中，讓孩子「長其忠厚之情，馴其殘忍之性」，唾棄暴力。鄭板橋

的「善良教育」實為家庭教育的光
輝典範。

鄭板橋61歲時辭官回到家鄉，
以賣畫為生。他到52歲時才有兒
子，起名小寶。他對小寶十分喜
歡。為了把兒子培養成有用的人
才，他非常注意教育方法。

鄭板橋被派到山東濰縣去做知

鄭板橋書法扇面

縣，將小寶留在家裡，讓妻子及弟弟鄭墨照管。鄭板橋看到當時富貴人家子
弟，又擔心自己的兒子被嬌慣變壞，所以他身在山東，而心念在家的兒子。
他總想把兒子小寶委託堂弟鄭墨幫助照管，會比自己更嬌慣。所以，他從山
東不斷寫詩寄回家中讓小寶讀。

鋤禾日當午，汗滴禾下土。誰知盤中餐，粒粒皆辛苦。
昨日入城市，歸來淚滿巾；遍身羅綺者，不是養蠶人。
二月賣新絲，五月糶新穀；醫得眼前瘡，剜卻心頭肉。
九九八十一，窮漢受罪畢，才得放腳眠，蚊蟲跳蚤出。

小寶在母親的帶領下，一遍又一遍地背記著這些詩句，從而明白了許多
人生的哲理。

「嬌子如殺子」，這是多少人用血淚換取的經驗教訓。當鄭板橋聽說在
家的小寶常常對孩子們誇耀：「我爹在外面做大官！」有時還欺侮傭人家的
孩子。鄭板橋立即寫信給弟弟鄭墨說：「我52歲才得一子，豈有不愛之理！
然愛之必以其道。」必定要有愛子的辦法。「以其道」是真愛，不「以其
道」是溺愛，溺愛不是真正的愛。所以，他要弟弟和家人對小寶嚴加管教，
注意「長其忠厚之情，驅其殘忍之性」。

弟弟和家人按照鄭板橋的意願對孩子進行教育，成效很大，就給鄭板橋

寫了封信，講了孩子的長進，並說，照此下去，長大之後准是個有出息的人，能像你一樣，當個官兒。

鄭板橋看了這封信後，覺得弟弟對小寶太姑息了，這樣做對孩子並沒有什麼好處。於是，立即給弟弟鄭墨復信說：我們這些人，「一捧書本，便想中舉，中進士，作官，如何攫取金錢，造大房屋，置多田產。起手便走錯了路，越來越作壞，總沒個好結果」。他還說：「讀書中舉、中進士、做官，此是小事，第一要明理做好人。」這裡所說的好人，是品德修養高尚的人，是有益於社會的人。

小寶長到六歲以後，鄭板橋就把小寶帶在自己身邊，他親自教導兒子讀書，要求每天必須背誦一定的詩文，並且經常給小寶講述吃飯穿衣的艱辛，並讓他參與力所能及的家務。學洗碗，必須洗乾淨。到小寶12歲時，他又叫兒子用小桶挑水，天熱天冷都要挑滿，不能間斷。由於父親言傳身教，小寶的進步很快。當時濰縣災荒十分嚴重。鄭板橋一向清貧，家裡也未多存一粒糧食。一天小寶哭著說：「媽媽，我肚子餓！」媽媽拿一個用玉米粉做的窩頭塞在小寶手裡說：「這是你爹中午節省下的，快拿去吃吧！」小寶蹦跳著走到門外，高高興興地吃著窩頭。這時，一個光著腳的小女孩站在旁邊，看著他吃。小寶發現這個用饑餓眼光看的小女孩，立刻將手中的窩頭分一半給了她。鄭板橋知道後，非常高興，就對小寶說：「孩子，你做得對，爹爹真喜歡你！」

鄭板橋對於女兒也非常關心。在他的影響和薰陶下，女兒在詩畫方面也達到了相當水準。眼看女兒就到出嫁年齡了，還未找到合適的對象。他主動為女兒選擇了對象，並且一反婚事大操大辦的傳統，自己親自將女兒送到男方家裡，讓男方家人做了幾個小菜，以示慶賀。當他要返回時，才告訴女兒說：「這就是你的家，你就安心在這裡過吧！」他為了表示自己對女兒婚事的祝賀，特意作畫一幅作為嫁妝送給女兒，在這幅畫上，他題寫了一首小詩：「官罷囊空兩袖寒，聊憑賣畫佐朝餐；最慚吳隱奩妝薄，贈爾春風幾筆蘭。」

鄭板橋非常注意對子女進行自立教育。直到臨終前，他還要讓兒子親手做幾個饅頭端到床前。當小寶把做好的饅頭端到床前時，他放心地點了點頭，隨即合上了眼睛，與世長辭了。臨終前，他給兒女留下的遺言：「流自己的汗，吃自己的飯，自己的事自己做，靠天靠人

鄭板橋塑像

靠祖宗不算好漢。」這則遺言，是對子女的囑咐，也是他對子女教育經驗的總結和概括。

鄭板橋的養生之道

鄭板橋是清代著名的書畫家、詩人，「揚州八怪」中的顯赫人物。

鄭板橋年逾古稀有賴於其養生有術。他的詩、書、畫藝術精湛，號稱三絕。由於他在創作過程中能把詩、書、畫三者巧妙結合，獨創一格，達到了一種新的藝術境界，使他精神上有所寄託，豁達樂觀。這是他養生長壽的重要因素。

鄭板橋雖一生坎坷，歷盡滄桑，但他始終能以樂觀的心情對待。他因幫助農民打官司及賑濟災民得罪了豪紳而被罷官。但他並未因此事而憂鬱沮喪，也不因官場失意而耿耿於懷，而是毅然返回故鄉，寄興於詩、書、畫中，使他恬淡歡樂地度過暮年。

不計得失，此又是鄭板橋養生長壽一術。

他一生當中，為人處世，不為名利，不計得失，言行一致，表裡如一。他曾經寫過兩條著名的字幅，即「難得糊塗」和「吃虧是福」。這兩條字幅蘊含了深刻的哲理，不計得失，求於心安，是其核心信念，也是他一生中為人處世的準則。

一家之言的品評

在江南民間，有三個畫家的名氣特別大。一個是唐伯虎，簡直是「風流才子」的代名詞。據說他有一方印：「江南第一風流才子」。近來有人考證，認為是後人作偽，這是可能的。但考證發現唐伯虎一生坎坷，想風流也風流不起來。印象裡，才子越坎坷，也就越風流。風流或許不是他的本性，而是他的破愁解悶洩憤的脫身之道，也不無自暴自棄和自欺欺人的生活方式。一個是徐文長，不知何故被叫做「惡訟師」，幾乎是惡的象徵。只是這惡惡得不噁心，透著股機智勁，老百姓講起徐文長，更多的還是欣賞。一個就是鄭板橋，「怪」的別稱。鄭板橋也有不少民間故事老百姓覺得他「怪」，就編出了許多「怪」故事往他頭上一套，其實是消遣消遣鄭板橋。老百姓個個自比唐僧，高興不高興的，就把孫猴子拉出來，念上幾回咒，相視一笑。當不得真的。才子玩「風流」，玩「惡」，玩「怪」，老百姓玩才子，這也是生物鏈。

但「揚州八怪」濟濟一堂，又為什麼讓鄭板橋獨占鰲頭？因為鄭板橋的作品在有的人看來恰恰不「怪」，而是「俗」！是「俗」讓鄭板橋獨占鰲頭。俗了，也就容易理解。

接下來的問題是邊壽民的蘆雁也俗得很，大夥兒也很容易理解，那為什麼不把「怪」故事往他頭上套呢？主要原因是邊壽民沒做過官，鄭板橋做過官。做過官的才子在老百姓眼裡自然要比沒做過官的才子好玩，做了官事蹟多，老百姓有猜想，也有說頭。

人稱鄭板橋詩書畫三絕，其實是詩畫書三俗。

先看他的詩。鄭板橋在「前刻詩序」中說：「余詩格卑卑，七律尤多放翁習氣。」這是兩個問題，詩格和具體的寫作。但也是一個問題，具體的寫作決定了詩格的高下。鄭板橋是個聰明人，他知道凡藝術創作一有習

鄭板橋書法

氣，格就卑卑了。鄭板橋不但是七律有習氣，他的詩詞都有習氣，只是在我看來，這習氣不一定就是放翁習氣。放翁習氣是下筆漫漶，而心境上不忘慷慨。其實下筆漫漶，東坡也是如此，只是東坡的心境不忘灑脫。境由心造，心由人生，只要放不下，丟不開，就是習氣了。鄭板橋僅僅得了放翁的一半習氣，只是下筆漫漶。鄭板橋在心境上是不忘尖酸。尖為了刺人，酸為了自慰。尖酸是他人與自我都不能忘，當然就俗了，也就是卑卑。

鄭板橋的畫，像是「詩格卑卑」的「圖解」。鄭板橋畫竹畫蘭畫石頭，最著名的是竹。最俗的也是竹，他的墨竹，千篇一律，變化甚少，一缺乏變化，習氣自然氣衝衝地來了。像是作坊裡的產物。金農的竹，就比他的有味道。金農是寫影寫神，鄭板橋是畫形畫態。金農寫竹如摹魏碑，魏碑本是個俗物，只是文人一摹就雅了；鄭板橋畫竹似臨晉帖，晉帖本是個雅器，只是文人一臨就俗了。晉帖是靈魂的風聲，聽得見，摸不著。橫空出世的王羲之，不知害了多少人。竹是蘭亭，臨不好就俗；蘭亭是竹，畫不好就俗。有俗心的鄭板橋再加上手上功夫差點，畫竹不俗才怪呢。鄭板橋的手上功夫，生不過金農，熟不過李鱓，半生不熟，只得俗了。俗是一種尷尬。

鄭板橋的書，六分半，亂石鋪街，寫好了，像故宮博物院，琳琅滿目又

百年孤獨；寫壞了，像潘家園，亂七八糟又喧嘩騷動。只是鄭板橋寫壞的時候多，他的書法，是隸的贗品，楷的贗品，行的贗品，草的贗品。贗品的品質，第一是假，第二就是俗。

鄭板橋紀念館

俗人這麼多，為什麼老百姓獨愛鄭板橋，鄭板橋是近300年來最後活在老百姓舌頭上的藝術家了，任伯年、吳昌碩也俗在江南，就沒有這等口福，是因為鄭板橋俗成了俗套（他的墨竹與他的六分半書），俗成了俗話（難得糊塗），俗成了俗人（朦朦朧朧的絲質燈罩下閃爍著人性的光芒）。詩畫書三俗，不難，難在鄭板橋用三俗修煉，終於修煉成一個俗人。俗人的許多話，雅人是說不出的。鄭板橋在「後刻詩序」中言道：板橋詩刻止於此矣，死後如有託名翻板，將平日無聊應酬之作，改竄爛入，吾必為厲鬼以擊其腦！

這樣的話，金農是說不出的。金農一心想做雅人。

說鄭板橋詩畫書三俗，實是說他的好。鄭板橋是敏感的，清代以來，文人做雅已是一件可笑的事了，俗倒是得風氣之先。卑卑小人，不俗何為？「人跡板橋霜」，板橋上早已沒有人跡，那就做條板凳吧，你想怎麼的就怎麼的，坐在板凳上扳扳腳丫，喝一杯濁酒，扛上板凳聽戲去……說鄭板橋三俗，也無非戲言而已，三俗是文化，我們不是常講民俗習俗風俗嗎？

東閣大學士「劉羅鍋」劉墉

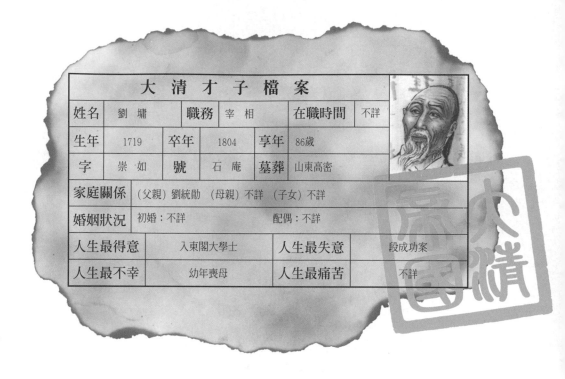

大清才子檔案						
姓名	劉墉	職務	宰相	在職時間	不詳	
生年	1719	卒年	1804	享年	86歲	
字	崇如	號	石庵	墓葬	山東高密	
家庭關係	(父親) 劉統勳 (母親) 不詳 (子女) 不詳					
婚姻狀況	初婚：不詳			配偶：不詳		
人生最得意	入東閣大學士		人生最失意		段成功案	
人生最不幸	幼年喪母		人生最痛苦		不詳	

劉墉生平小傳

　　劉墉（1719～1805），字崇如，號石庵，人送綽號「劉羅鍋」，死後諡號文清。清朝官吏、政治家、書法家，高密縣逄戈莊（今山東諸城）人。大學士劉統勳之子。

　　劉統勳（1699～1773），字世清，號爾鈍，山東諸城人。雍正二年（1724）甲辰進士，選庶起士，授編修。先後直南書房、上書房，四遷至詹事。乾隆元年（1736），擢內閣學士，命從大學士嵇曾筠赴浙江讀海塘工程，收穫巨大。乾隆二年授刑部侍郎，斷糧倉貪贓舞弊案。乾隆六年，擢為左都御史，上疏彈劾大學士張廷玉，因敢於直言，不畏權勢，聲震朝野。十一年（1746），署漕運總督。十三年，遷工部尚書，兼翰林院掌院學士，改刑部尚書，斷了不少大案，公正無私。十七年，任軍機處行走，兼任刑部

和吏部尙書。曾多次勘察河道，對治河很有貢獻。十四年，受命協辦大學士，兼管吏部和工部。當年查勘河南楊橋治河工程進度緩慢的原因，使治河工程逾月完工，受到朝廷的表彰。十九年，命協辦陝甘總督，政績突出，賜孔雀翎。二十六年（1761）拜東閣大學士（宰相）兼軍機大臣，加太子太保，頗得乾隆的信賴，堪稱名相。

劉統勳性耿直，勵清節，博學強識，審時度勢，尤以決疑定計而著稱。例如，溫福在平叛金川之亂戰死後，乾隆皇帝對是否再用兵金川猶豫不決，劉統勳則力主用兵，

「劉羅鍋」劉墉

終平定金川之亂。對選才取士，他也很有貢獻，先後四次任會試正考官。1773年11月1日，入朝過東華門時，卒於輿中，贈太傅，諡「文正」，入賢良祠。

值得一提的是，劉統勳之子劉墉，也在乾隆朝做過大學士（宰相），有人比之於宋朝的包拯，前幾年大陸中央電視臺播映的轟動一時的電視劇《宰相劉羅鍋》中的劉羅鍋，便是此公。乾隆十六年劉墉（1751）中進士，入仕途。乾隆二十年（1755）十月，其父（時任陝甘總督）以辦理軍務失宜下獄，他時任翰林院侍講，亦遭逮治，逾月獲釋，降爲編修。次年，提安徽學政，任職3年，調任江蘇學政。

乾隆二十七年（1762），任山西太原府知府。乾隆三十年（1765）升任冀寧道台。次年因在太原知府任內失察陽曲縣令段成功貪侵公帑，坐罪革職擬死。詔免，發軍台（清廷設在邊疆的郵驛）效力贖罪。次年赦回，仍授編

31

大清才子命運

修。乾隆三十五年（1770），遷江西鹽驛道。三十七年（1772）擢陝西按察使。翌年，因父逝世，歸籍丁憂。乾隆四十一年（1776）初還京，授內閣學士。十月任四庫全書館副總裁。翌年，複任江蘇學政。

劉墉七言聯

在此任內，他劾舉徐述夔著作悖逆有功及督學政績顯著，擢湖南巡撫。時值該省多處受災，哀鴻遍野，貪官污吏猖獗，民怨載道。他嚴劾貪官，勘修城垣，革除陋習，撫恤災民，頗有政績，升都察院左都御史。乾隆四十七年（1782）四月，充任三通館總裁，五月，爲吏部尚書，奉旨審理山東巡撫國太（皇妃伯父）結黨營私、貪縱舞弊案。他至山東境內，化裝道人，步行私訪，查明事實。山東連續三年受災，而國太邀功請賞，以荒報豐，開徵時，凡無力完納者，一律查辦，並殘殺進省爲民請命的進士、舉人9名。及至濟南，經審問，查清國太已知貪贓案發，遂湊集銀兩妄圖掩飾罪行。他如實報奏朝廷，奉旨拿國太回京，並開倉賑濟百姓。時皇妃已爲國太說情，有的御史從旁附和。他遂以民間查訪所獲證據，歷數國太罪行，據理力爭，終使國太伏法。

嘉慶二年（1797），劉墉升任東閣大學士。嘉慶四年（1799），奉嘉慶皇帝旨，辦理文華殿大學士和珅結黨營私、勒索納賄一案。他不畏權勢，立即查明和珅及其黨羽橫徵暴斂、搜刮民脂、貪污自肥等罪20條，回奏朝廷。皇帝處死和珅，並沒收其家財2/3（白銀2.3億兩）入官。不久，嘉慶皇帝加

賜劉墉為太子少保，後又命其充任會典館正總裁。他外嫻政術，內通掌故，博通經史，長於古文考辨。曾三次兼署國子監，數任鄉試、會試正考官。又籌辦編撰過《四庫全書》、《西域圖志》和《日下舊聞考》。並擅長書法，其書貌豐骨勁，味厚神藏，有「錦囊妙計」之妙，與翁方綱、梁同書、王文治、鐵保等齊名。

嘉慶九年（1804）十二月，劉墉病故於京，享年85歲。劉墉去世後，其書用墨濃厚，貌豐骨勁，別具面目，其中部分墨跡，仁宗（嘉慶）命劉墉之侄劉鐶之整理，摹勒上石，以《清愛堂石刻》刊行。後有《清愛堂石刻》四卷傳世，另有《石庵詩集》刊行於世。

劉墉的為官之道

當然，劉墉作為官場中人，自己也很注意打好和乾隆的關係。乾隆四十二年秋天，當時任江蘇學政的劉墉向乾隆皇帝奏請自行刊刻乾隆的《御制新樂府》、《全韻詩》，使之在江蘇全省流布，並建議敕發各直省刊刻。此建議自然讓乾隆皇帝覺得很舒服，此後一段時間裡，劉墉的官職也升遷很快。

劉墉一生為官，並非青雲直上，政治上也曾有過挫折。乾隆二十年（1755），當劉墉剛剛升入翰林侍讀時，其父劉統勳因放棄巴里居，退守哈密，被以阻撓軍機罪革職逮捕進京。劉墉亦受株連，也被革職入獄。後來被釋放，授編修之職督學江蘇。乾隆二十七年（1762），劉墉任太原知府，所轄陽曲縣縣令段成功貪污侵蝕庫項，劉墉當時未察覺。乾隆三十一年（1766），他已升遷為冀寧道之後，段成功案始得暴露，刑部便以劉墉不能事先舉劾罪，擬按「扶同容忍律」將劉墉逮捕判處死刑。時虧高宗（乾隆）對其加恩，才免一死，被發往軍台效力。第二年（1767）又赦還，仍授編修。

劉墉入朝為官後，雖然多次因懶於任事、行事模稜受到乾隆皇帝申飭，但官位還算平穩。據說，乾隆六十年禪位於嘉慶時發生過一件「爭大寶」之事。據當時一位參加過禪位大典的朝鮮官員呈其國君的報告說，臨當受賀時，乾隆皇帝不肯交出印璽，劉墉於是制止群臣向新皇帝道賀，自己入內向太上皇乾隆追索大寶。「半日力爭，卒得大寶而出，始行賀禮」。如果此記載屬實，則證明劉墉在大事上依舊保持著「勁直」之風，並非一味模稜。由此，也隱約可以看出，做了很長時間上書房總師傅的劉墉，與新君嘉慶的關係似乎更密切些。

民間有一則關於劉墉巧計殺和珅的傳說，傳說有一年的秋天，乾隆皇帝帶著一幫子人到居庸關一帶去行圍射獵。隨行人員除了親王、駙馬外，還有大學士劉墉。早晨路過清河的時候，但見河水緩緩地流著，水清見底，河底的小石頭子一粒一粒的看得清清楚楚。劉墉一邊看著河水，一邊想著主意。

到沙河的時候，天快晌午，大隊人馬就在沙河岸上紮營休息。這沙河是清河與榆河會合後的河流，水勢比清河湍急多了。就在御膳房的太監在河旁擺上瓊漿玉液、熊掌、燕窩，準備用膳的時候，劉墉連忙上前跪奏道：「臣有一事不明，特向萬歲求教。」乾隆正要用膳，隨口說道：「有話請講，何必行此君臣大禮？」劉墉站起來，從地上撿起一塊石頭扔到河裡。「撲通」，石頭掉進了河底，只濺起一點小小的水花兒。

「陛下，您看這水有多深？」劉墉問。

乾隆摸了摸鬍子，心裡說：你個劉羅鍋，這麼點事你還想難我呀！就說：「一丈五，差不離。」

「那清河呢？」劉墉又問。

「清河嗎？」乾隆又摸了摸鬍子，「丈把深吧！」

「這麼說，是清河深呢還是沙河深？」

「當然沙河深。」

「真的？」

「當然是真的！」乾隆想：你劉羅鍋鬼主意多，想糊弄我？我不上你的

當。他捻著鬍鬚，洋洋得意地靠在御椅上。

劉墉看了看正在興頭上的乾隆，轉身叫過一個太監說：「你快回城傳聖旨：殺和珅！」

「這……這……」太監嚇了一跳，「這陛下讓殺嗎？」

「你剛才沒聽陛下說『殺和珅』嗎？你只管去好了，有事我擔當。」那太監平日裡也看不慣和珅對乾隆吹牛拍馬，對下邊的人奸詐刁惡那一套。反正萬歲爺有話，這是大

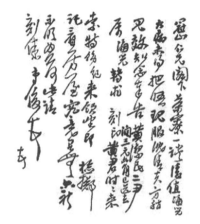

劉墉書法

家都聽見了的，管它是真是假？再說，真要有事，還有劉墉頂著呢！便說了聲：「遵旨！」便跨馬奔了京城。

那天，乾隆玩得還挺痛快，獐子、野雞什麼的，打得也不老少。第二天，高高興興地回到城裡，剛進宮就有太監來稟報說：「和珅已伏法。」

乾隆一聽，立刻拍桌子瞪眼地大叫：「這，這是誰叫殺的？」

「是，是劉墉傳」太監一句話還沒說完，劉墉就大模大樣地走了進來。

「你，你為什麼叫殺和珅？」乾隆怒衝衝地奔到劉墉面前。

「陛下息怒。您怎麼那麼健忘？殺和珅是您昨兒個去打獵時說的呀！我還叮問了一句：『是真的嗎？』你說：『是真的！』」劉墉不慌不忙。

「我，我」乾隆氣得張著嘴說不出話來，心裡狠狠地罵著：「好你個劉羅鍋呀，原來你裝傻充愣是在這兒等著我。我算上了你的大當了！」但他也不敢對劉墉怎麼著。一是不管怎麼說，自己說過這樣的話；二是他還真離不開劉羅鍋，沒有劉羅鍋他就玩不轉了。

劉墉呢，心裡暗自高興，因為他到底替朝廷、替百姓除了此大害。

當然，這是違背歷史事實的傳說，不過是人們對劉墉「劉青天」的一種美好的讚譽而已。那麼，真實的歷史劉墉與和珅有沒有過節，交沒交過鋒，和珅到底是怎麼死的，我們在關於和珅的一節中都將有所論述。

劉墉才學欣賞

劉墉博通百家經史，精研古文考辨，文章書法在清代皆享盛名，尤其以書法最佳，擅長小楷，曾效法董其昌，兼學顏眞卿、蘇軾等名家書帖，後自成一家。劉墉的書法用墨厚重，筆健神藏，別具一格，與當時的翁方綱、鐵保、成親王統稱爲清代四大書法家，而劉墉爲最。

劉墉的書法早年在康熙、乾隆酷愛董、趙書風的影響下，初師董其昌，進而遍涉顏眞卿、蘇軾各家，形成用飽筆濃墨來表現渾厚端莊的書法特點，其行書以隨心所欲、意到筆到、不講究線條粗細勻稱而著稱，尤長小楷。劉墉十分重視臨習諸名家法帖，成名後仍堅持終生孜孜臨習，樂此不疲。其浸潤畢生，集諸賢之大成，深得個中眞諦。

清徐珂《清稗類鈔》評價其書法「論者譬以黃鐘、大呂之音，清廟明堂之器，推爲一代書家之冠。蓋以其融會歷代諸大家書法而自成一家，所謂金聲玉振，集群賢之大成也。……其書之佳妙，正在精華蘊蓄，勁氣內斂，殆如渾然太極，包羅萬有，人莫測其高深耳」。

近代著名書法家、書學理論家康有爲則稱讚劉墉書法曰：「石庵亦出於董其昌，然力厚思沉，筋搖脈聚，近世行草作渾厚一路，未有能出石庵之範圍者，吾故謂石庵集帖學之成也。」但同時也有人對劉墉用筆崇尚濃肥、揮肆自如的書風有不同看法，甚至刻薄地譏諷爲「墨豬、兔類」。

劉墉一生官運亨通，閣老書家，名震天下，當時各種趨炎附勢、附庸風雅、以求一紙爲榮的實在不少，因此劉墉的應酬之作也不在少數，甚至在疲於應付之時，命幾個姬妾代筆應酬，以至於後來他的三個姬妾都能仿效劉墉的字跡，其中尤以黃氏爲甚，筆勢極似，小楷幾可亂眞，傳說連劉墉本人也難以辨別。這也就是造成以後劉墉的書跡進入市場後難求善價、市場定位與其帖學宗師身份不相符的重要原因。

正史記載劉墉極簡，野史及民間傳說頗多。相傳劉墉科考，進行殿試，

乾隆見其貌醜陋，想難爲他，便讓他以自身爲題，詠詩一首。劉墉未加思索，脫口而出：

背駝負乾坤，胸高滿經綸。

一眼辨忠奸，單腿跳龍門。

丹心扶社稷，塗腦謝皇恩。

以貌取才者，豈是賢德人。

文武百官聽罷，想戲弄而戲弄不出。乾隆也一聲歎息，連誇劉墉不庸，並御筆一揮，欽點作本科狀元。可見劉墉才學，折服於當朝。至於字，據說他從不輕易送人，就是皇上，不指名讓他寫，都不寫。一天，殿上與皇上坐，乾隆問他練什麼字。他反問您問的是大個的還是小個的。乾隆說大個的你能寫多大？他答北京方圓四十里我能寫一個字。乾隆怕他要那麼大的紙筆，便問小個的能寫多小。他說一個蒼蠅頭上寫四十七個字。乾隆又怕他讓皇帝滿殿追蒼蠅，不成體統，就一轉念，要他和和珅在五分寬一寸長的紙上，寫一萬個字。和珅作難，他卻提筆寫道：一而十十而百百而千千而萬。千萬全有了，乾隆看罷，只得有賞。這一方面說明劉墉的機智，另一方面也說明他的字朝野公認，連善於書法的皇上也佩服三分。

劉墉聰明過人，又很有才學，只是脾氣有些古怪。所以乾隆既離不開他又惱他。

有一天，乾隆來到御花園散心，遛累了，就坐在樹下歇息，他身旁有許多大臣侍候著。乾隆看見劉墉也在人群中，便衝他招呼說：「劉愛卿，過來。」劉墉向前走了幾步，跪在地上問：「萬歲喚臣有何旨意？」乾隆說：「我問你，古人有一句話，叫做：君叫臣死……」他故意留下後半截話讓劉墉回答。劉墉順口回答：「臣不死不忠。」乾隆便指著前邊不遠的水池說：「好，朕命你即刻跳進去，你自盡了吧。」在當時，皇上嘴裡說出的話都是金口玉言，不聽就是死罪呀！在場的大臣全愣了，心說：「這下劉墉是非死

不可了」。劉墉不慌不忙地回答：「臣領旨。」然後站起身向水池一步步走過去。劉墉暗地裡說：「想出我的醜，沒那麼容易。」他動了動腦筋，主意就有了。

劉墉走到水池邊上停住了腳，他躬著身子朝水池站立，先是側著耳朵，好像在聽水裡的聲音。然後又臉對著水面，嘴裡念念叨叨的，過了一會兒，他又恭恭敬敬地朝水池中施了三個禮。在場的乾隆和大臣們直納悶：「劉墉搞什麼鬼呢？」眼瞅著劉墉轉過身，嘿！又走回來了。

到了乾隆面前，劉墉說：「臣交旨。」乾隆氣炸！把眼一瞪：「你交的什麼旨呀？到了水池你不往下跳，抗旨不遵，該當何罪？」劉墉說：「臣適才領旨後，走到水池邊，剛要往下跳，看見從水裡冒出一條龍。」它對臣說：「劉墉你別自殺，你還有二十年的壽數，現在不該死。」臣對它言明：「萬歲有旨，臣不敢不死。」它對臣說：「沒事兒，你回去吧。萬歲是最敬天的，哪能不順天意？不會再叫你死了。臣謝過龍王，就回來交旨了。」

乾隆站起身手指劉墉：「你胡說，朕不信會有這事，走，看看去。」說罷帶領大臣們走到水池前。乾隆低頭瞧了瞧，水面上很平靜，只有幾條魚在裡面游來遊去。乾隆問：「龍在哪兒？」劉墉對著乾隆深深地施禮，說：「萬歲爺是真龍天子，那龍王哪敢見您啊？它早躲回水晶宮裡去了。」眾大臣也齊聲奉承說：「萬歲洪福齊天，那小小的龍王自然是應該迴避的了」。

乾隆知道劉墉說的是假話，但也暗暗讚歎他的腦子真是太靈了，什麼難題也別想難倒他。不由得怒氣全消，苦笑著對劉墉說：「好吧，朕免了你的死罪，你再湊合著活二十年吧。」下面是山東諸城劉墉故居聯：

心為大清，不要管劉姓何姓；
志在報國，何必分漢人滿人。
匾額：天下第一家

據傳，有一天，早朝已退，文武百官都各自散去，只有和珅跪在金鑾殿

劉墉草書扇面

不走，乾隆皇帝問他：「愛卿沒有退朝，莫非有什麼要緊事嗎？」和珅說：「啓奏萬歲，我近日聽說，劉墉私持八旗公款，在他的山東老家大興土木，修建一座比御花園還要講究的園林。劉墉心存不軌，望皇上明察。」乾隆聽了一愣，皺起眉頭想道：都說你劉羅鍋子爲官清正，原來你也是個口是心非的貪官呀！於是決定趁南巡的機會，親自到劉墉的山東老家察看一番。

這一天，皇帝南巡的一隊人馬，來到山東濟南府地界，老遠就見一戶民宅，楊柳成行，溪水環繞，眞是一處風景幽雅的地方。走到跟前一看，門上寫著這副聯匾。乾隆思索了一會兒，覺得有點好笑，心想：普天之下，除了愛新覺羅氏我弘曆這一支，有誰敢來妄稱什麼天下第一家呢？他想知道個究竟，就去扣門。隨著敲門聲，走出來一位黑鬍子老頭，約有五六十歲。乾隆問他：「請問，這天下第一家作何解釋？」黑鬍子老人搖搖頭說：「這事還得問我父親。」乾隆跟隨進到二門，老頭敲了幾下門，又迎出來一位花白鬍子老頭，大約七八十歲，乾隆躬身施禮：「請問，這天下第一家作何解釋？」花白鬍子老人也搖搖頭說：「這事還得問我父親。」乾隆暗自琢磨：這兩位老者儀態高雅，舉止非凡，必然有點來歷，斷然不是一般人家。這時候，第三道門已經打開，迎出來一位白鬍子老頭，約摸有百歲開外的年紀。

他穿著一身素色衣服，手掛一根龍頭拐杖，乾隆趕緊上前施禮。老人連忙把皇上攙扶起來，說道：「請萬歲免禮。」皇帝的隨從正在納悶：皇上是一國之君，爲什麼向一個鄉下老人行禮呢？就聽乾隆對老人說：「我在年幼時，聽皇祖（康熙）對我說，他曾經把一根龍頭拐杖賞賜給濟南府的一位功臣，這根龍頭拐杖被敕『上打君，下打臣』，有至高無上的權威，我怎麼敢

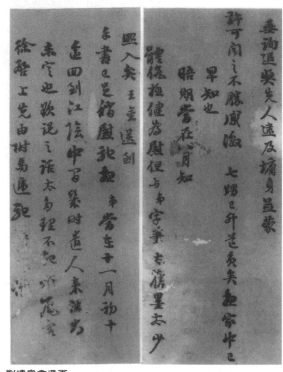

劉墉家書選頁一

失禮呢？」白鬍子老人微微一笑，高聲喊道：「皇上駕臨敝舍，家人快來迎接。」這一聲好似洪鐘，傳遍幾層院落，不一會兒，全家百十來口人都跪在當院，拜見過了皇上，然後又都散去了。乾隆跟著白鬍子老人來到堂屋，他已經對大門上的橫批有了點理解，但他還是問道：「請問，這天下第一家作何解釋？」那老人捋了捋尺把長的白鬍子，慢慢地說：「我家自秦漢以來，宗族興旺，枝蔓繁盛，遍及天下各府州縣，算起來總共出了八十個翰林，三個狀元，十二個宰相，成百個王侯，如今老夫我是五世同堂，全家共有人丁一百單八個。」說著，從櫃櫥裡取出一卷黃綾來。打開一看，寫的是「天下第一家」，下署康熙某年御筆，印有皇帝的玉璽。乾隆對老人說：「這麼說，這就是劉愛卿的家了。」老人點頭說：「劉墉正是老夫的重孫。這孩兒性情直憨，恐有不周之處，還望皇上海涵。」乾隆說：「正是因為劉墉秉公正直，我才如此器重他呀！」

這時已是正午，老人說：「已到午飯時刻，臣無備，請皇上賞光，就在寒舍用膳。」乾隆點頭答應了。只聽鐘聲一響，端來了飯菜。皇上還以為是山珍海味呢，沒想到是一個盤子裡盛著個玉米麵窩頭，還有兩碗青菜湯。老人把窩頭切成四塊，遞給皇上一塊。乾隆勉強吃下半塊窩頭，就再也咽不下去了，剩下那三塊老人全吃光了。乾隆看著老人吃得是那樣香甜，斷定他是

大清才子命運

大學堂

粗茶淡飯，勤儉度日慣了的人。心想：這與和珅家那種花天酒地的生活，是無法相比的。乾隆南巡返回北京後，對劉墉更加賞識、更加信任了，相反，對和珅卻增加了幾分疑慮。

湖北武漢民間收藏家陳祖坤家中，有一副劉墉手書墨跡漢繡聯：

有猷有為有守；
多福多壽多男。

經鑒定，這是一副漢繡對聯。這副繡品色彩絢麗，長112公分，寬30公分，紅色的緞面上繡著「有猷有為有守，多福多壽多男」，落款是「石庵劉墉」，並繡有印章。陳祖坤介紹，此對聯是他在新洲一農家覓得。他還出示了上海紡織科學研究院原副院長高漢玉的來信：「從照片來看，是一副刺繡花卉組成的堂幅對聯。在清代，這種用花卉紋組字的形式並不多見……這是一件少有的繡品。」武漢文物鑒賞家王瑞華說：該聯應是清末時期的漢繡。估計是後人描了劉墉的字，然後製成繡品。漢繡傳人任本榮稱：花卉紋組字是漢繡的特色，他曾見過許多清代漢繡繡品，但都毀於「文革」時期。

山水有情娛永日；
古今無盡寄長年。
——甌渠村收藏劉墉手書墨跡聯

浙江省永嘉縣西溪鄉甌渠村發現清嘉慶三年劉墉題寫的這副對聯。落款署：「嘉慶三年夏石庵劉墉」，並蓋有劉墉印章。永嘉縣西溪鄉甌渠村在歷史上就是一個崇文習武的古村，名人輩出，民間民俗文物眾多。這副古對聯是甌渠村民祖上流傳下來的，距今雖有200餘年的歷史，但保存完好，墨跡清晰。現甌渠村民俗博物館已將對聯複製，供遊人觀賞。

鏡水屏山開勝境；
瑤林珠樹擷名香。
——劉墉手書墨跡行書聯

　　時人對劉墉和王夢樓的書法有「濃墨宰相（也有說濃墨狀元），淡墨探花（指鎮江人王夢樓）」之美譽。劉墉的行書七言對聯，就充分顯現出這樣的特點。劉墉又擅草書，他繼承了北宋蘇軾開創的「韻勝氣貫」、「尚意」的書風，他讚揚蘇東坡的草書《黃州寒食詩帖》曰：「筆軟墨豐皆入妙，無窮機軸出清新。」他以「蘇體」書寫的蘇軾三首詩，瀟灑超逸、酣暢淋漓、惟妙惟肖，更為稱絕。劉墉的墨跡傳於世者，有由其侄兒劉鐶之（嘉慶朝戶部尚書）刊刻行世的《清愛堂石刻》。

　　劉墉的詩也值得稱道，但可惜留傳下來的太少，只有由其侄孫劉喜海輯其遺詩成集，於道光六年（1826）刊刻行世的《劉文清公遺集》17卷，《應制詩》3卷。英和贊其詞章曰：「其言沖然以和」，「瀏然以整，而又貫串乎經史，宏覽乎諸子百家佛老小說，故其言高而不華而不絅，雄而不矜，透迤而不靡世。」王昶《蒲褐山房詩話》稱劉墉的詩「清新超悟，有香山東坡風格」。這些評價都有中肯的成分，人們從僅存的《劉文清公遺集》中也可看到這一點，他的詩體裁和內容都很廣泛，語言樸實清新，頗有可讀性。如他在乾隆三十一年寫的一首《從軍行》道：「辛苦長防萬里秋，歸期休問大刀頭。不驚夜火烽傳警，卻怕新聲笛起愁。」真實地反映了軍旅生活的思鄉之苦。《甲辰重陽節什剎海燈下》寫道：「天際白雲吹盡，林間黃葉飛來。原自不離色相，何曾一惹塵埃。明月同光處處，蓮花妙印心心。會取定中不隔，無勞夢裡相尋。」寫出了當時的季節風景和他對佛學的認識。題跋更是如此，一首《題畫》寫道：「一樹垂楊萬縷金，春風澹蕩碧波深。閨人倦繡間相約，來試綸竿就綠陰。」描繪了閨中女子春天出遊的情景。

南極一星朝北斗；

五雲多處是三台。

——謝振華收藏劉墉手書墨跡聯

謝振華，1948年生，廣東省中國文物鑒藏家協會會員，廣東省鑽石商會古玩玉器藝術專業委員會理事，廣州市海珠區、番禺區收藏家協會理事。20世紀70年代中涉足收藏，藏品主要以明、清至民國的名家字畫為主，兼藏陶瓷、玉器、端硯等。在謝振華藏室的一角，掛著一副對聯，為清朝一代名相劉墉所作。所用的紙是官場紙（當年達官所用的一種紙）。

閒中覓伴書為上；

身外無求睡最安。

——沈秉成收藏劉墉手書墨跡聯

在蘇州，耦園幾乎家喻戶曉，但知道園主沈秉成是一位著名藏書家的人較少，知道園內有一藏書樓叫「鰈硯廬」的那就更少了。沈秉成是清咸豐元年的進士，曾做過兩江總督，有政聲。清代末期辭官寓居蘇州時，購得保寧太守陸錦所築「涉園」的廢址，請名畫家顧芸規劃設計，擴建增築成耦園。園分東西兩部，西園以書齋織簾老屋為主，前後列山石，以藏書樓壓其背，小軒隱其前。此藏書樓名曰「鰈硯廬」。沈秉成喜藏硯，在京師得千陽石，似魚形，制為二硯，名曰「鰈」，乃以「鰈硯廬」命名書樓。經學大師、曲園「春在堂」主人俞樾為之賦詩云：「何年東海魚，化作一拳石。天為賢梁孟，產此雙合璧。」堪為文房佳話。樓為二層飛簷式建築，站在小院裡看此樓，整個格局為曲形，只見樓上樓下都是木雕的窗扇和欄杆，古樸而清冷。這種安排，倒是完全符合明代造園家計成《園治》關於書齋的造址原則：「書房之基，立於園林者，無拘內外，擇偏僻處，隨便通園，令遊人莫知有此。」這座藏書樓保存如此完好，在蘇州也是僅見的。沈秉成在園內曾題對

聯：「萬卷圖書傳世富，雙雛嬉戲志懷寬」之句。清劉墉在園內手書對聯：「閒中覓伴書為上，身外無求睡最安。」從對聯可以看出，當時沈氏辭官後，過著隱居安閒的日子。以園為樂，以書為伴。其時，蘇州著名藏書家潘祖蔭、李鴻裔、吳雲、鄭文焯等都是其藏書樓的雅客，經常前往鑒賞古器、碑版、金石、古籍，相互探討研究。

由於園內的文化氛圍濃厚和藏書樓的藏書基礎，因此在沈氏過世後，大量文人在此借住，研究學術。吳昌綬為近代著名刻書家，其精版本目錄之學，寄寓耦園時潛心校讎古籍，搜集遺文，刊有《雙照樓叢書》，其中《景刊宋元本詞》61卷，旨在保存宋、元、明刻本的真面目，精美絕倫，被詞學家稱為「在中國詞史上可謂空前之創舉」。晚清四大詞人之一的朱祖謀，去職後歸居蘇州，寄寓耦園之「織簾老屋」，時詞學家鄭文焯、曹元忠常至園中共同商討詞學。朱氏在園中輯歷代詞，後刊為《彊村叢書》。1939年，史學家錢穆，自昆明重返蘇州，居住園中，潛心治學，完成了《史記地名考》、《國史大綱》等著作。1946年，史學家顧頡剛也曾借住在園中靜心研讀。耦園之所以能成為世界文化遺產，其中原因之一是與耦園歷史上所附的人事分不開的。

沈秉成不僅藏書甚豐，更喜金石字畫，所藏金石、字畫、典籍皆為精絕，藏書數量更超萬卷。如今「鰈硯廬」的藏書早已散失，書去樓空，這彷彿是古今藏書家無法逃避的宿命，但其留下的文化氛圍，還留在當今甚為熱鬧的耦園。

清風偶與山阿曲；
明月聊隨屋角方。
——何文秀收藏劉墉手書墨跡聯

此聯為舊裝原裱，高132公分，寬32.5公分，上聯「清風偶與山阿曲」，下聯「明月聊隨屋角方」。上款「瑜圃屬」，款上鈐「御賜清愛堂」印；下

款「石庵劉墉」，款下鈐朱文「劉墉印信」、白文「石」二印。此聯楷書筆勢厚實豐澤，於端莊中含秀潤，圓轉中見雄闊。「清」、「曲」、「角」、「方」諸字結字頗有特色，轉折處採用圓轉的筆法，橫輕豎重，蠶頭燕尾，兩豎筆微帶弧形的特徵十分明顯。綜觀全聯，既有顏體雄偉大氣的氣魄，又有蘇書秀穎俊逸的風采，應屬劉墉中年精力旺盛、書藝鼎盛時期的精要之作。劉墉書法，各重一時，當時踵門求書，以得一紙為榮的人實在不少，使他窮於應付。相傳在不得已時，曾命幾個姬妾代筆。包世臣《藝舟雙楫》稱：「諸城有攝夫人黃氏，筆勢極似，諸城晚年書多出黃手，小真書竟至莫辨。」

鏡裡有梅新晉馬；
金中無藥舊唐雞。
　　——劉墉撰題

李伯元《南亭四話》卷七《費解對》（大東書局1925年印本，上海書店影印本，1985年1月版）：諸城相國為人書聯，常書此聯十四字。見者皆不得其解。陽湖汪子淵太史解之曰：「上四字，蓋用『梅裡梅花白髮新』也。晉馬者，晉人有屈產之乘，隱喻其馬齒加長也。下七字用《唐君房碑》：『雞犬皆升仙』也。言金中無藥，則雞犬不得升仙也。」

兩已耆宴今猶健；
五掌烏台古所無。
　　——劉墉題北京虎坊橋閱微草堂

閱微草堂的門樓，坐落在草堂院落的東北角，向南開門，正臨大街。由門樓進入，徑直向裡，是一條通向後院的長廊。進門向左，就是閱微草堂的前院。前院有一座假山，山下巧設一洞，可通向長廊，名為「洩雲洞」，洞

大清才子命運

大學堂

前一池花圃，花圃周圍，梅、蘭、竹、樹相間而生。假山西面有一泓清水，叫作「凝碧池」，凝碧池的北面，就是紀曉嵐的三間書房，自西而東，依次名爲「綠意軒」、「瑞杏軒」、「靜東軒」。

在這三軒的牆壁上，爬滿了蔥綠的藤蘿。穿過瑞杏軒，是草堂的中院，北面是五楹瓦房，中間是客廳，西側爲寢室，藹雲、卉倩曾居住在這裡。房前有兩株海棠，長得茁壯茂盛，枝杈已經齊著屋簷，這是爲了紀念文鸞，特意栽種的。穿過中間客廳，就來到草堂的後院，東側有一株古樸的槐樹，西側有一株高大的梧桐，因此樹下的房屋，又分別叫作「槐安國」和「孤桐館」，馬夫人和沈明生前曾住在這裡。從後院和中院，都可入東面的長廊，直抵草堂大門口，長廊內張掛著當時名人的書畫，壽辰之前，紀曉嵐將自己題詠宅邸的幾首詩，請書法名家寫成詩幅，裝裱後張掛在廊內和室內：閱微草堂讀書如遊山，觸目皆可悅。嘉慶八年六月，是紀曉嵐的80大壽。閱微草堂修茸一新，大門上鐫刻著這副劉墉撰題書寫的對聯。劉墉的這副聯相當出色，將紀曉嵐一生的兩項殊榮寫了進去，稱讚了他在乾隆五十年、六十年兩次出席了乾隆皇帝舉辦的千叟宴，並有從乾隆五十年到嘉慶二年，紀曉嵐五次專任或兼任都察院左都御史的殊榮，這種經歷的人，在中國歷史上也只有紀曉嵐一個。

雲容水態不相厭；

畫意詩情分與投。

——劉墉題江蘇鎮江焦山

焦山位於鎮江市中心（大市口）東北4.5公里的長江之中，海拔70.7公尺，周2000公尺。因滿山蒼翠，宛如碧玉浮於江中，又稱「浮玉山」，爲現時長江中唯一四面環水的風景。焦山原名樵山，傳說宋眞宗爲紀念曾隱居山中的東漢處士而改名焦山，並沿用至今。焦山山水天然眞實，向以古樹名碑飲譽遐邇，寺廟建築皆掩映於老樹蔥籠之中，與金山相對，素有「焦山山裏

寺」的說法。焦山歷來爲軍事要地。南宋建炎四年（1130），韓世忠曾率領將士駐紮焦山堵截金兵。道光二十二年（1842）英軍發動揚子江戰役，英艦侵入長江，曾遭到焦山炮台守軍的英勇抵抗和打擊。山南有定慧寺，寺東寶墨軒，又名焦山碑林，珍藏歷代碑刻400多方，新建的國際碑林，是書法愛好者經常涉足的地方。

彭城魁元無雙士；
雍丞療饌第一家。
——劉墉題江蘇徐州易牙齋

清乾隆二十八年（1763）四月，朝廷協辦大學士劉墉因赴南京公差，路上偶感風寒，決定在徐州小憩一日。徐州官員在南郊易牙齋設宴款待劉墉。劉墉雖然食慾不佳，卻對席上的養心鴨子、四蹄丸子、杏仁豆腐和三正雞等菜感覺特好。這四道菜不僅味道不同一般，而且食後渾身清爽，第二天感覺身體好了許多。本想在徐州多待幾天，無奈急務在身，不敢耽擱，只得火速起行。辦完公事，劉墉決定回京途中再在徐州停留一日，劉墉不僅學識豐富，而且書法超群，第一次到易牙齋時，店老闆不知道他是誰，不敢造次。此次重來，憑他的經驗，店老闆很可能會求他留下

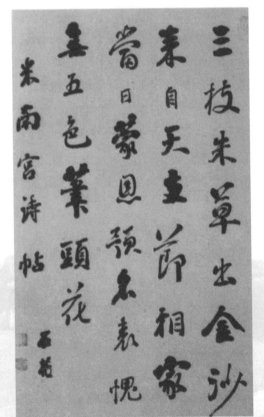

劉墉（米芾詩帖）

47

墨寶。因此，他在來徐的路上，心裡已經有所準備。果不其然，二進易牙齋，酒足飯飽之後，店老闆恭恭敬敬端來文房四寶，懇請題字。劉墉欣然應允，從容撰題書就此聯。眾人見後，爭相拍手稱好。店老闆更是高興得合不攏嘴。對此墨寶愛不釋手。爲防損壞，沒敢貼在店門口，而是掛在客堂中，精心加以保護。劉墉寫此聯時年44歲，正是官運亨通之時。後來，隨著劉墉官位的升高，這副對聯的名氣也越來越大，以致劉墉題聯的故事成爲徐州餐飲界的一段佳話，流傳至今。

「彭城魁元無雙士」，是指清代康熙年間徐州籍狀元李蟠，他是徐州歷史上唯一的一名狀元。「雍丞療饌第一家」則是稱讚易牙齋的佳餚味道好，療效眞，有蓋過天下之意。雍丞，即易牙，春秋時代雍人，名丞，字易牙（一字狄牙），被齊桓公任用爲御廚。善調味。齊桓公寵愛的衛姬生病，易牙調理烹製食療菜數種，五味兼備。敬獻衛姬，食之病癒。爲此深得桓公賞識。易牙不僅是古代的食療大師，也是中國食療的創始人，同時與徐州也有著比較密切的關係。相傳他曾三赴彭城求師，學習彭祖的烹飪方法，世人稱他是彭祖的再傳弟子。前人有詩贊云：「雍丞善味祖籛鏗，三訪求師古彭城。九會諸侯任司庖，八盤五盞宴王卿。」是說他三訪彭城，廚藝精湛。齊桓公九會諸侯時，他任總司庖，他創制的八盤五盞流傳廣泛，影響深遠。

> 啟匣尚存歸國詔；
> 解弢時指射潮弓。
> ——劉墉題浙江省杭州錢王祠

「弢」，謂弓袋，「解弢」，即解開弓袋。據《十國春秋》記載，錢鏐有妻室6房，生子33人。他執掌吳越國後，先後派自己的子嗣充任各州的長官。後來，宋太宗將錢鏐的孫子錢弘俶一家接到汴京定居。世代相襲，錢王的後裔便在各地分佈開來。錢鏐子孫，簪纓累葉，人材蔚起。遠的不說，單當代便有著名水利專家錢黌、錢正英父女，都是著名的水利專家，父親取得

美國水利工程碩士學位，女兒當了水利部長。國家級名人錢昌照，著名古文學家錢基博，中西文學研究泰斗錢鍾書，著名文史學家錢穆，中國科學院院士錢鍾韓、錢臨照，著名文學理論家錢玄同，著名工程力學家、大連工學院院長錢令希，中國科技大學研究院副院長錢志道，植物學家錢崇澍，泥沙運動及河床演變專家強尼，美國霍普金斯大學教授致榕，都是錢王後裔。錢氏英才如滿天繁星，不勝枚舉。

劉墉家書選頁二

頭上青天為父母；
堂前翁姑即神仙。
——劉墉題山西平遙古城日升昌票號

晉中祁縣的喬家，因《大紅燈籠高高掛》曾在此拍攝，引得遊人的腳步踏破門前青石。其實，喬家從不納妾，早早將之列入家規「六不准」之首條，哪有紅燈籠讓你窺探風月？喬家庭院門廊，掛著的是古樸對聯，卻不大為人在意。那些歲月留痕，已滲出銅鏽般的青綠，訴說著鄉間哲學和紳門情致。譬如喬家正院這副「富貴貧賤總難稱意知足即是稱意，山水花竹無恆主人得閒便是主人」，有點統領全院「聯魂」的氣勢，緣於它表達了儒商喬家在平遙古城的「日升昌票號」，有劉墉撰書的這一副對聯掛在客廳，又見喬家經商童叟無欺，以誠信廣開財運。

亙古來今，雲閒天淡；
佳時令節，竹笑蘭言。
——永昌鎮朱村徐醫生收藏劉墉手書墨跡聯

2003年6月，浙江省蘭溪市發現了清朝大學士劉墉題寫的一副楹聯。在該市永昌鎮朱村一徐姓鄉村醫生家中，這副祖傳的木製楹聯長1.6公尺，寬0.3公尺，上聯為「亙古來今雲閒天淡」，下聯為「佳時令節竹笑蘭言」。劉墉的落款及印章清晰可辨。蘭溪市文物主管部門經過鑑定和比對，初步判斷此為劉墉真跡。這家主人稱，據流傳下來的說法，當年劉墉被貶官到現在的金華市做城門官時，他家祖上可能與劉墉「同事」過，而且交情甚厚，也許這是劉墉當年贈與他祖上的。但這還有待考證。

三五人可做千軍萬馬；
六七步如行四海九州。
——劉墉題天津薊縣盤山江山一覽閣戲臺

天津市薊縣的盤山「江山一覽閣」有三副生動有趣的戲臺對聯。清乾隆帝曾八遊盤山，並留下了「早知有盤山，何必下江南」之句。傳說，乾隆皇帝有一次到此看戲時，乾隆心血來潮，要群臣為戲臺擬聯。某大臣才思敏捷，立即獻上一聯：「聽律呂，點破世態炎涼；見衣冠，描盡人間冷暖。」應該說，這副對聯生動傳神地概括了戲曲的藝術規律，對仗工整，寓意深刻。但乾隆覺得它過於文雅。片刻之後，另一大臣交出了第二副對聯：「似我非我，我看我我也非我；裝誰像誰，誰裝誰誰就是誰。」這副戲聯就像繞口令似的，也不太合律，難怪乾隆嫌它粗淺。要求眾臣再想一想。此時，戲臺上剛好在演《空城計》。諸葛亮端坐城樓焚香撫琴，司馬懿率領大軍兵臨城下。老臣劉墉（即劉羅鍋）見此情景，靈感忽至，撰寫了這樣一副對聯：「三五人可做千軍萬馬；六七步如行四海九州。」乾隆很滿意，認為此聯平易樸實，雅俗共賞。

惜食惜衣非為惜財原惜福；
求名求利但須求己莫求人。

——江西樟山鎮文石村某村民收藏劉墉手書木刻聯

　　江西省吉安市吉州區政協組織有關學者對散落民間的古文物進行考證時，在樟山鎮文石村一村民家中發現了由清朝官吏劉墉手書且保存完好的兩副木刻楹聯。這兩副木刻楹聯均採用樟木材質。其中一楹聯為六字聯：「有猷有為有守，多福多壽多男」。另一楹聯為十一字聯：「惜食惜衣非為惜財原惜福，求名求利但須求己莫求人。」有學者對這兩副楹聯進行考證後認為，其筆力雄健，氣勢磅薄，法度整然，為後人賞析劉墉的書法藝術成就增添了一份寶貴的實物資料。同時，它也吸引人們從其聯語闡述的哲理中，去體驗其為官為人的操守和情懷。

　　香草美人鄰，百代豔名齊小小；
　　茅亭花影宿，一泓清味問憨憨。
　　——劉墉題江蘇蘇州虎丘擁翠山莊抱甕軒

　　擁翠山莊園門居南，門前石階井然。門楣「擁翠山莊」用正楷書就。大門左右兩壁白牆上嵌有「龍、虎、豹、熊」行草大字石刻四方，蒼勁有力，氣勢磅薄。相傳為清咸豐八年（西元1858）桂林陶茂森所書，由他處移置於此。據李根源《虎阜金石經眼錄》所載，「龍、虎」兩大字為乾隆五十年參議蔣之逵所書，原在五人墓東蔣參議祠內。園基為臺地狀，依山勢分四個層次，逐層升高，總平面呈縱長方形，範圍雖小，但由於每層臺地的佈局都不相同，景色十分豐富。入山莊門，為園之第一層，地勢最低。其間建有抱甕軒，面闊三間，也是全園的主要建築。軒東花窗粉牆環繞，牆外即古憨憨泉，軒後有邊門可通井臺。井泉猶如一個盛水的甕，故以抱甕名軒。軒內原有劉墉撰寫的這副對聯。意謂軒對面是真娘墓，有幸與之為鄰，因為真娘與名妓蘇小小齊名，一泓清洌甘美的泉水從何處來，只有去問憨憨和尚了。隨山勢而上，第二層園景為四角形問泉亭。亭敞三面，東南面對古憨憨泉，

因泉而置。內設石桌石凳，可供小憩，壁置「廢山瀑布」掛屏及詩條石碑兩塊。亭之西北兩面堆疊太湖石擬態假山，形似龍、虎、豹、熊，和外牆題字相呼應。峰石之間，蹬道宛轉，沿路配置白皮松、石榴、柴油薇、黃楊，散植花卉，自然有致。圍牆隱約於樹叢間，牆內牆外森木交相輝映，融爲一體，呈現出一幅「擁翠」的生動圖景。

學到會時忘粲可；
詩留別後見羊何。
——劉墉贈福鼎白琳鎮翠郊村吳家

福建省福鼎市白琳鎮翠郊村，距市區20公里，是一個偏僻、寧靜、民風古樸的山村，因擁有一座古香古色的民居而聞名遐邇。翠郊古民居建於清乾隆10年，距今約250年。整個建築占地面積1.4萬平方公尺，房屋占地面積5000平方公尺，既有皇家宮殿建築的恢宏跋扈，又融合了江南民宅的精雕細琢，整體佈局以三個三進四合院爲主體，由6個大廳、12個小廳、24個天井、192間房、360根木柱組合而成。古厝內代表江南建築風格的木雕飾品精美絕倫，所有的梁、柱、窗、門皆飾以木雕圖案，或人物、或花卉、或祥禽、或瑞獸，栩栩如生。

翠郊古民居是迄今爲止在江南地區所發現的單體建築面積最大、保存最完好的古民居，堪稱江南古民居之傑作。翠郊古民居被收入中國「老房子」大型畫冊，並於1998年在世界圖書博覽會上展示，引起國內外建築界專家的關注。翠郊古民居的興建者系春秋五霸之一的吳王夫差第104代孫，歷經13年、耗資白銀2萬兩。光在同一時辰豎立360根木柱子就動用了1,000多人。清乾隆朝大學士劉墉與吳家關係甚密，曾贈與「學到會時忘粲可，詩留別後見羊何」的楹聯，寄望於朋友間讀書有成，友誼長存。古民居還保留著宋代大詩人蘇軾親筆題字的筆筒、清代宮燈等珍貴文物，保留著鬥雞、布袋戲表演等傳統活動項目，傳承著一個古老家族的故事。

務觀萬篇，半皆歸里作；
啟期三樂，全是達生言。
　　——劉墉贈趙翼

　　趙翼任官不久，即辭歸故里，主講安定書院。上聯「務觀萬篇」，典自陸遊，字務觀，南宋詩人。生作詩近萬首，多半為辭官歸里後所作。下聯「啟期三樂」句，「啟期」，典自傳說中的古賢人榮啟期。曾答孔子問說：「天生萬物，唯人為貴，而吾得為人是一樂也；男女之別，男尊女卑，故以男為貴，吾既得為男矣，是二樂也；人生有不見日月，不免襁褓者，吾既已行年九十矣，是三樂也。」

郊外黃花，似金釘釘地；（乾隆）
城內雙塔，如玉錐錐天。（劉墉）
　　——劉墉應對乾隆

　　在河北涿州市城裡東北角兒上，矗立著兩座鑽天的寶塔。兩塔相距在半里多地，北塔高七尺叫雲後寺，南塔高六尺叫智度寺，那還是大遼太平十一年時建的，到現在已有950多年的歷史了。傳說乾隆下江南來到涿州地面兒，老遠的就瞧見了這兩個白塔。再一看城外，一片金黃的油菜花，一時詩興大發，就和劉羅鍋子對開了對子。乾隆說上聯，劉墉對下聯。那兩個白塔都在三四十丈高，可不是玉錐錐天

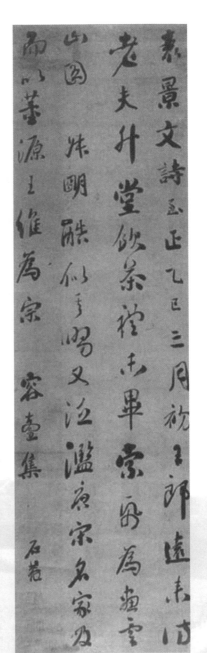

劉墉（畫論行草立軸）

嗎？這對聯對得太妙了。可是乾隆和劉墉光是看見這兩個白塔好看，卻不知道雙塔還會冒煙，雙塔晴煙可算是涿州八大景中最好的景色了。雙塔晴煙是怎麼回事？

老人們都說蕭天佐、蕭天佑是兩條惡龍轉世。大遼攻宋的時候，他們來到涿州地面兒作了不少的孽，老天爺發怒，就把他們倆打入地獄。蕭天佐、蕭天佑就埋在涿州城東北。可是，這兩條惡龍被埋了也不老實，兩座墳變成了兩個海眼，黑水冒出地面，淹沒附近的七村八寨。老百姓們磕頭禱告蒼天，求神仙把這兩個海眼堵上。一天傍晚，天空中五色祥雲朵朵，有兩朵像芙蓉花一樣好看的雲彩在兩個海眼的上空飄飛。原來，這是天上的神女：一個小姑一個嫂子。她們要修兩座寶塔把海眼堵上，並約定天明以前修成。天黑後，姑嫂二人忙了起來。小姑修北塔，嫂子修南塔。修哇，修哇，一個比一個修得快，一個比一個修得好。天才四更，她們就都修好六層。正在這時候，嫂子的小孩子哭了，嫂子的奶也脹了。沒法子，嫂子只好去給孩子餵奶。過了一會兒，「咯咯咯兒！」雞叫了。小姑子不慌不忙地修完七層，末了把自己納鞋底兒的錐子安在了塔尖上。嫂子呢，一聽雞叫慌了神兒，這可怎麼辦？一下炕看見鍋臺上放著個蓋鍋的漿蓬，右手抄起它左手繫著衣扣兒就飛上了南塔，把個漿蓬結結實實地扣在了塔尖兒上。不信可以看：北塔比南塔高一層，那塔尖明明是個錐子，那針尖兒下邊的葫蘆兒和我們現在用的針錐把兒一模一樣。南塔呢，比北塔少一層，那是嫂子給孩子吃奶耽誤的。塔頂是圓的，那形狀和我們現在用的漿蓬一模一樣。因為修塔的是小姑嫂子倆，所以又叫姑嫂塔。再說，這兩條青龍被壓在塔底下還是不服氣。太平年月涿州地面上常有五色祥雲環繞，一到大災之年，兩個塔就冒煙了。人們說那是蕭天佐和蕭天佑在塔底下折騰呢。

水冷酒，一點兩點三點水；（劉墉）
丁香花，百字千字萬字頭。（紀昀）
——紀昀應對劉墉

花甲重逢，又增三七歲月；（乾隆）

古稀雙慶，再添一度春秋。（劉墉）

——乾隆、劉墉合題河北安州柳莊子村某村夫141歲高壽

　　傳說，有一年劉墉陪同乾隆去安州私訪。那時候村與村相隔幾十里，街里也沒有飯館。兩個人走了一天，又饑又渴。當他們倆來到柳莊子村時，正趕上村裡的一個老頭過壽日。劉羅鍋靈機一動，對乾隆說：「皇上，咱們也上一份禮吧，這樣咱們就有飯吃了。」乾隆點頭表示同意。劉羅鍋上禮的時候，慶喜的人們都走了，光剩下禮房和幫灶的人。寫禮的人問：「你們是哪裡的？」劉羅鍋說：「京城皇村的。」「寫什麼名字？」劉羅鍋想了想說：「姓乾名劉。」這時房東老頭來了，一看他兩個就知道不是一般人物，便熱情地邀請他們一同就餐。吃飯的時候，老頭說：「今天是我141歲大壽，活到我這個年齡的不算多。有今年，可能就沒有明年了。你們都是文人，給我留個紀念吧！」禮房的人插嘴問：「留個什麼呢？」老頭說：「給我留副對子吧！」邊說邊讓人準備文房四寶。乾隆皇帝略略思索了一會兒，提筆寫了上聯。然後把筆交給劉墉說：「你寫下聯吧！」劉羅鍋接過筆，馬上寫出了下聯。老頭看後非常高興，連連說：「這對聯太好了，這對聯太好了！」乾隆、劉墉走後，人們都很納悶，這兩個人才氣這麼大，到底是什麼人呢？後來一打聽，才知道是乾隆皇帝和吏部天官劉墉劉羅鍋。

　　此聯上、下兩聯都是一道多步計算應用題，答案都是141歲。上聯的「花甲」是指60歲，「重開」就是兩個60歲，「三七」是21歲，就是 $60 \times 2 + 7 \times 3 = 141$（歲）。下聯的「古稀」是指70歲，「雙慶」就是兩個70歲，多「一度春秋」就是多1歲，也就是 $70 \times 2 + 1 = 141$（歲）。此聯另一版本為乾隆和紀昀合撰，見《清·紀昀》之《紀昀合撰、應對聯》。

大佛寺前，竟有千嬌佳婦；（乾隆）

小家碧玉，俱屬萬歲臣民。（劉墉）

——劉墉應對乾隆

　　乾隆身邊大臣中多有機智善辯之才，乾隆貴為皇上，既好與群臣開個玩笑，又要保持身份的尊貴。而大臣們在乾隆面前，既應抒發觀點，適時進諫，又須防皇上遷怒，應答時非常小心。於是，許多對句就採用了含蓄的方法，寓意其中，充滿著巧妙與機智。據說乾隆是個「風流才子」，有些貪戀美色。一天劉墉跟隨他出訪，在大佛寺門口，見他看著一位美貌少婦發呆，便覺不妥，故意問：「是否凝思佳對？」乾隆不禁脫口道出上聯，說罷催劉墉對下聯。劉墉覺得該打消他這個念頭，就婉轉地對以下聯。乾隆明知其用意，雖有些不悅，卻也收回心思移開了腳步，細思這個對句確也是對得十分精妙。

半壁山，山中石，稀爛棒硬；（乾隆）

武烈河，河內水，翻滾冰涼。（劉墉）

——劉墉應對乾隆

　　乾隆出對也有遊戲或粗俗一些的，像是與對方開個小小的玩笑，卻是別有味道。如民間老藝人楊志民講述的《劉墉與皇帝對對聯》的故事說：乾隆與劉墉登「四面雲山」亭上觀景，見山莊對面的半壁山，山石裸露，大大小小，靈機一動就出了這句上聯，讓劉墉對。劉墉一時不知如何答對，抬眼往東一看武烈河水滾滾東去，不覺句上心來，忙對以下聯。乾隆接下又指武烈河邊的羅漢山與南面的僧帽山戲說一上聯（見下）。

羅漢光頭，為何不帶僧冠帽？（乾隆）

拐李腿瘸，焉能走過天橋山？（劉墉）

——劉墉應對乾隆

劉墉聯想到遠處的天橋山答對下聯。這上聯詞語粗俗，但對得也算精妙。只是劉墉這聯稍有欠處，「拐李」雖與「羅漢」相對，但「羅漢」指的羅漢山，乃城中一景，而「拐李」雖字面相符，卻無實地實景可錄。雖有欠處，但此聯實在難對。據說後來不少文人學士爭相爲此聯續對，終未有滿意之作，劉墉對得上來已算是不錯了。

　　風吹鳥巢，二三子連顆擊地；（乾隆）
　　雨打荷葉，眾諸侯頂帽朝天。（劉墉）
　　——劉墉應對乾隆

　　相傳某日，乾隆皇帝光臨宰相劉羅鍋家，正值山雨欲來，一陣風起，屋簷下巢邊的雛燕被吹落了幾隻。此時，乾隆皇帝便有感於心。進得門來，劉羅鍋慌忙來迎，叩拜謝恩，大禮過後，乾隆皇帝突然想出一聯，要劉羅鍋對，上聯是：「風吹鳥巢，二三子連顆擊地；」劉墉聽罷，確實爲難，此聯一語雙關，這「二三子」指的是諸侯，「連顆擊地」是諧音雙關，既「連科及第」，喻指中了狀元，乾隆皇帝賜聯高妙。劉墉正爲難之際，窗外已經下起雨來，忽見景山之上，一群猴子正在雨中，爲了避雨，猴群便把池邊的荷葉摘下扣在頭上。看見此景，劉墉豁然開朗，拍手道：「啓稟皇上，有了。」乾隆道：「對來」。於是劉墉便對出下聯：「雨打荷葉，眾諸侯頂帽朝天。」乾隆聽罷，哈哈大笑，連連稱讚對得巧妙。原來下聯的「眾諸侯」正好和上聯的「二三子」相對，指同一事物，從表面上看，並不對仗（應該是數量詞相對），但是，「眾」和「諸」都是指「多」，所以應該是很工整的對偶句，再看「頂帽朝天」，喻指對天子的尊重，用猴群取代群臣，一語雙關。

　　因火爲煙，若不撇開終是苦；（劉墉）
　　舛木成桀，全無人道也稱王。（紀昀）
　　——紀昀應對劉墉

大清才子命運

大學堂

因火成煙，若不撇開終是苦；（劉墉）
采絲為綵，又加點綴便成文。（戴東原）
——戴東原應對劉墉

因火成煙，若不撇開終是苦；（劉墉）
人言為信，倘夫尚書乃小人。（董曲江）
——董曲江應對劉墉

因火成煙，若不撇開終是苦；（劉墉）
少女為妙，大來無一不從夫。（嫦娥）
——藝妓嫦娥應對劉墉

因火成煙，若不撇開終是苦；（劉墉）
女卑為婢，女又何妨也稱奴。（小如）
——藝妓小如應對劉墉

別有風味，雪煮狗肉成上品；（劉墉）
洞天佳餚，梅花佐酒大不同。（鄭板橋）
——劉墉、鄭板橋合題揚州別有洞天
　　狗肉火鍋店

劉墉行書軸

相傳清乾隆年間，揚州書畫海內聞名，而
「揚州八怪」是盡人皆知，這八怪之首當推鄭板
橋第一，板橋人稱詩、書、畫、「三絕」，但行
事怪癖，達官貴人厚金買字，板橋不賣，貧老孤
兒分文沒有，板橋卻能慷慨相贈字畫，在揚州傳為美談。板橋生性簡樸，只
有一嗜好，那就是喜食狗肉，每到冬日，當壚熱酒，有狗肉相佐，則為平生

第一大嗜好也。話說一日，天降大雪，揚州乃江南之地，雪極少見。板橋頗想踏雪尋梅之雅，於是，帶一書童，往城南而走。為何去城南，因城南的梅花最好。

到城南過一小橋，見有一院落，梅花開得正旺，大門上題一匾額「別有洞天」寫得古雅樸茂，引人注目，又聞有肉香飄忽，歷久不散，板橋提鼻聞是狗肉的香味，這可正對了板橋的心思，可這狗肉的味道與往日不同，香得動人心魄，讓人必食之而後快！板橋吩咐書童，我欲結識其家主人，你去通報，就說鄭板橋來訪！說罷轉身一旁橋邊等候。

過了一會兒，那書童手中拿了一張紙，說：「先生，那家主人說久仰你的大名，但不知是真是假，出了一個上聯讓您對。」哦？這下板橋可來了興致，對聯，小菜一碟。板橋接過上聯，略一沉吟，筆走龍蛇，對上下聯。那童子奔跑如飛，送去了。片刻只見大門洞開，裡面走出一人，弓腰駝背，是個羅鍋。那人走到板橋近前一抱拳「板橋先生，在下石庵，請裡面敘話」！板橋大吃一驚，連忙回禮，與那人攜手入室。

石庵是誰，乃名臣劉墉也，因得罪權臣和珅，被皇上貶到揚州看起了城門，那劉墉寵辱不驚，卻雅好書畫，早想結識怪傑板橋。他知板橋常來城南，就在此買了一處宅院，取名「別有洞天」。恰好天降大雪，劉墉告假回家，用火鍋燜起了狗肉。這燜狗肉可是劉墉的獨門絕技，因其祖上為醫家，曾以狗肉為主料，佐以龜湯和煮，專用於延年益壽，補養身體，可得奇效。劉墉家傳，用此秘方絕技。得知鄭板橋到此，這下派上用場了。

卻說板橋與劉墉走進客廳見門上有副對聯上聯寫「別有風味，雪煮狗肉成上品」；下聯配「洞天佳餚，梅花佐酒大不同」。此即為二人先前所對之聯也。二人相視大笑，共用狗肉。品嘗之餘，板橋讚歎「這狗肉火鍋，以龜湯入美味，真是別有洞天啊！」劉墉拍手稱妙，連聲說：「謝板橋兄為狗肉賜名。」板橋一愣，恍然大悟。他真誠地對劉墉說：「石庵先生寵辱不驚，在下敬佩之至。願以墨存世，以志後人。」說罷揮毫寫下八個大字：「別有洞天狗肉火鍋」，劉墉與板橋結為知己。

後來，劉墉官復原職，「別有洞天狗肉火鍋」得以落戶京城，這「狗肉火鍋」以其龜和、補湯、味美號稱「三絕」而名揚天下，流傳至今。

棗棘為薪，截斷劈開捆成四束；（乾隆）
閶門起屋，移多補少蓋作兩間。（劉墉）
——劉墉應對乾隆

密雲不雨旱三河，雖玉田亦難豐潤；（乾隆）
懷柔有道皆遵化，知順義便是良鄉。（劉墉）
——劉墉應對乾隆

1959年9月9日傍晚，毛澤東乘坐的火車停在密雲縣冀莊子村南……對密雲人民生活非常關心，他問：「密雲是窮縣還是富縣，人民生活好嗎？」閻振峰說：「據縣誌記載，近500年來，這個縣多是水災，還有旱災，現在仍是缺糧縣，人民生活比較困難。」毛澤東聽到這裡，就風趣地問：「你知道乾隆與劉墉用縣名聯起的對聯嗎？密雲縣不下雨旱了三河縣，玉田縣有地難豐收呀！現在修了大水庫，這副對聯應該改了。」毛澤東說的對聯，是個民間傳說，乾隆與劉墉私訪時，乾隆用四個縣名出了上聯。劉墉也用四個縣名對以下聯。全聯共嵌入密雲、三河、玉田、豐潤、懷柔、遵化、順義、良鄉八個縣（市），且構思奇巧，無斧鑿之痕。

文壇的泰山北斗紀曉嵐

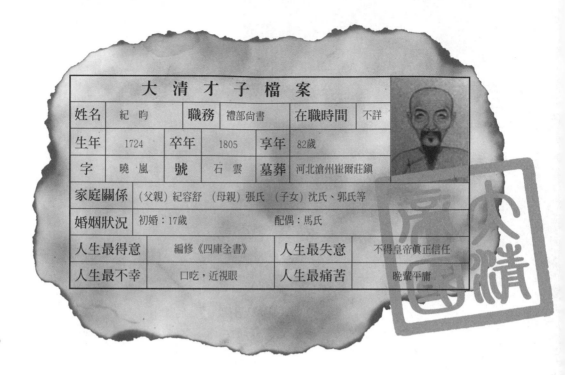

大 清 才 子 檔 案					
姓名	紀 昀	職務	禮部尚書	在職時間	不詳
生年	1724	卒年	1805	享年	82歲
字	曉 嵐	號	石 雲	墓葬	河北滄州崔爾莊鎮
家庭關係	(父親) 紀容舒　(母親) 張氏　(子女) 沈氏、郭氏等				
婚姻狀況	初婚：17歲		配偶：馬氏		
人生最得意	編修《四庫全書》		人生最失意	不得皇帝真正信任	
人生最不幸	口吃，近視眼		人生最痛苦	晚輩平庸	

河間才子入翰林

　　紀昀，字曉嵐，一字春帆，晚號石雲，道號觀弈道人。生於清雍正二年（1724）六月，卒於嘉慶十年（1805）二月，歷雍正、乾隆、嘉慶三朝，享年82歲。因其「敏而好學可爲文，授之以政無不達」（嘉慶帝御賜碑文），故卒後諡號文達，鄉里世稱文達公。

　　紀昀祖籍爲應天府上元縣，傳其家爲紀家邊。明永樂二年（1404），奉命「遷大姓實畿輔」（乾隆《獻縣誌》），始遷來獻縣，入安民里四甲籍，卜居獻縣城東九十里之景城鎮。到紀曉嵐，北遷已十四世。

　　關於他的出世，民間有許多神奇的傳說，史傳也有過記載，江藩所著《漢學師承記》中就說：「河間爲九河故道，天雨則窪中汪洋成巨浸，夜有火光。天申（紀曉嵐之祖父）夜夢火光入樓中而公生，火光遂隱。人以爲公乃靈物託生也。」

這難免有傳奇色彩，但紀曉嵐小時候有「特異功能」卻是眞實的事情，他本人69歲時在《槐西雜誌》中曾自述：「余四五歲時，夜中能見物，與晝無異。七八歲後漸昏闇，十歲後遂全無睹。或半夜睡醒，偶然能見，片刻則如故。十六七歲以至今，則一兩年或一見，如電光石火，彈指即過。蓋嗜慾日增，則神明日減耳」。

這個時候，他已年近七十，成為文壇的泰山北斗，當不會胡言亂語來欺騙世人。

紀氏遷獻後主要從事農業，由於原來家底厚，很快成為獻縣富戶，但比較開明。某年，遇大災，流民甚多。紀氏捨糧放粥，招官怨被誣入獄，並令其自己出錢蓋牢房，鑿水井。水井鑿於縣城東門外，人稱紀家井，民國初年時尚存。此後紀氏銳意讀書仕進，成為書香門第。至明末，受到農民起義的打擊和清兵入關的變亂，

紀曉嵐

家道中落，四散奔逃，紀曉嵐的兩位伯曾祖避亂河間，城破被殺。但稍一安定，「便勤鉛槧，再理丹黃」（紀鈺碑文），讀書不輟。有據可考，自紀曉嵐上推七世，都是讀書人。

高祖紀坤，庠生，屢試不第，有詩名，著有詩集《花王閣剩稿》。曾祖父紀鈺，17歲補博士弟子員，後入太學，才學曾受皇帝褒獎。祖父紀天申，監生，做過縣丞。父親紀容舒，康熙五十二年（1713）恩科舉人，歷任戶部、刑部屬官，外放雲南姚安知府，為政有賢聲。其道德文章，皆名一時，尤長考據之學，著有《唐韻考》、《杜律疏》、《玉台新詠考異》等書。至

大清才子命運

大學堂

紀容舒，紀氏家道衰而復興，更加重視讀書，遺訓尚有「貧莫斷書香」一語。紀曉嵐爲紀容舒次子，他就是出生於這樣一個世代書香門第。

紀曉嵐印章

紀曉嵐兒時，居景城東三里之崔爾莊。4歲開始啓蒙讀書，11歲隨父入京，就讀生雲精舍。21歲中秀才，24歲應順天府鄉試，爲解元。接著母親去世，在家服喪，閉門讀書。31歲考中進士，爲二甲第四名，入翰林院爲庶起士，授任編修，辦理院事。外放福建學政一年，丁父憂。服闋，即遷侍讀、侍講，晉升爲右庶子，掌太子府事。

乾隆三十三年（1768），授貴州都勻知府，未及赴任，即以四品服留任，擢爲侍讀學士。同年，因坐盧見曾鹽務案，謫烏魯木齊佐助軍務。召還，授編修，旋復侍讀學士官職，受命爲《四庫全書》總纂官，慘澹經營十三年，《四庫全書》大功告成，篇帙浩繁，凡3,461種，79,309卷，分經、史、子、集四部。紀並親自撰寫了《四庫全書總目提要》，凡200卷，每書悉撮舉大凡，條舉得失，評口精審。同時，還奉詔在《四庫全書總目提要》基礎上，精益求精，編寫了《四庫全書簡明目錄》20卷，爲涉獵《四庫全書》之門徑，是一部研究文史的重要工具書。《四庫全書》的修成，對於搜集整理古籍，保存和發揚歷史文化遺產，無疑是一重大貢獻。紀曉嵐一生精力，悉注於此，故其他著作較少。

在主編《四庫全書》期間，紀曉嵐由侍讀學士升爲內閣學士，並一度受任兵部侍郎，改任不改缺，仍兼閣事，甚得皇上寵遇。接著升爲左都御史。《四庫全書》修成當年，遷禮部尙書，充經筵講官。乾隆帝格外開恩，特賜其紫禁城內騎馬。嘉慶八年（1803），紀曉嵐八十大壽，皇帝派員祝賀，並賜上方珍物。不久，拜協辦大學士，加太子少保銜，兼國子監事。他60歲以後，五次出掌都察院，三次出任禮部尙書。紀曉嵐卒後，築墓崔爾莊南五里

之北村。朝廷特派官員，到北村臨穴致祭，嘉慶皇帝還親自爲他作了碑文，極盡一時之榮哀。

紀曉嵐一生，有兩件事情做得最多，一是主持科舉，二是領導編修。他曾兩次爲鄉試考官，六次爲文武會試考官，故門下士甚眾，在士林影響頗大。其主持編修，次數更多，先後做過武英殿纂修官、三通館纂修官、功臣館總纂官、國史館總纂官、方略館總校官、四庫全書館總纂官、勝國功臣殉節錄總纂官、職官表總裁官、八旗通志館總裁官、實錄館副總裁官、會典館副總裁官等。人稱一時之大手筆，實非過譽之辭。紀曉嵐晚年，曾自作輓聯云：「浮沉宦海同鷗鳥；生死書叢似蠹魚」，堪稱其畢生之眞實寫照。

魯迅先生在《中國小說史略》中，稱紀曉嵐「處世貴寬，論人欲恕」，是十分中肯的。他與那些虛僞的道學先生是截然不同的兩種人物。紀曉嵐及其作品，都是很值得研究的。

紀曉嵐四歲開蒙，從此卷軸筆硯，一生未曾離身。他天資聰穎，讀書過目不忘，被視爲神童。

關於他少年時非凡的才華，民間有很多故事流傳。據說，紀曉嵐一日在街上與同伴們玩球，正好太守經過，不巧球誤扔進太守的官轎。別的孩子早四處逃散，他居然上前攔轎索球。太守見他憨態可掬，於是說：「我有一聯，如果你能對上，就把球還你，否則就歸我。」紀昀同意了。太守出上聯：「童子六七人，唯汝狡」。紀昀不加思索地答道：「太守二千石，獨公……」最後一個字遲遲不說。太守問他「何以不說出末一字？」他回答說：「太守若將球還我，就是『廉』字；若不還，便是『貪』了。」太守不禁大笑，自然把球還他了。

天資固然重要，但是後天的學習更是紀曉嵐成爲「一代通儒」的基本要素。紀昀從小就深受父親影響，也受到家人嚴格督促。當然，他自己也勤奮好學，博覽群書，加上他自己的聰穎稟賦，其學問與日俱增。

雍正十二年，十一歲的紀曉嵐隨父親到京師，不久，與當時有名的學者李穆堂（紱）、方望溪（苞）相往來，並師從董邦達（董邦達是清代皇家畫

院中繼王原祁之後的一代宗匠），同在一起切磋的朋友有劉補山、蔡季實、竇元調、陸青來、李應弦、陳楓崖、李雲舉、霍舉仲等。這些人後來大都成為一代名流。

名師自然出高徒。這段時間潛心讀書和廣為交遊，使紀曉嵐在24歲那年考上了順天鄉試的第一名。乾隆十九年甲戌會試，他中二甲第四名進士，授庶起士，從此步入翰林，開始了他的官宦生涯。

此後他先後擔任山西、順天鄉試的主考官，並曾視學福建。紀昀在奔忙於學官和侍奉皇帝期間，每每君臣之間，同僚之間，多有酬唱應答，妙語佳對，不僅贏得廣泛讚譽，而且也頗得乾隆帝嘉獎。

紀曉嵐入主翰林後，他的聰明才智得以盡情發揮。有一年乾隆帝東巡泰山，紀昀隨駕。至東嶽彌高岩前，乾隆帝突然想起《論語》裡的「仰之彌高」之句，欣然集成一副頗難應對的上聯：「仰之彌高，鑽之彌堅，可以彌上也。」紀曉嵐不假思索地念出了下聯：「出乎其類，拔乎其萃，宜若登天然。」對得自然工巧，無懈可擊。

還有一次，紀曉嵐覺得有點悶得慌。整天得陪著皇上，不能隨便離開一步不說，還得事事小心，處處留神。要是說話走了嘴，惹得皇上生氣，可不是鬧著玩的。而且，自己的親人也難得相見。紀曉嵐為這事發愁，人也瘦了，臉也黃了，成天沒精打采的。

乾隆皇帝看出來紀曉嵐不大安心。有一天，他半開玩笑地對紀曉嵐說：

「紀學士，我看你臉色兒不大好，是不是有心事哪？我琢磨著，你是口十心思，思妻、思子、思父母。」

這個出句是個合字聯，「口」、「十」、「心」合成個「思」字，還是個複字聯，連著用了四個「思」字。

紀曉嵐一聽，乾脆實話實說吧，就衝乾隆帝磕了一個頭說：「皇上猜對了。要是您能給我幾天假，讓我回家看看老小，那就太感謝您了。我是言身寸謝，謝天、謝地、謝君王！」

紀曉嵐對的也是合字聯，「言」、「身」、「寸」合成了「謝」字，同時還重複用了四個「謝」字。

景城紀氏祖墳

　　乾隆帝聽紀學士對得這麼高明，心裡一高興，當時就給了他假，讓他回家看看。在民間傳說中，紀曉嵐的形象風流倜儻，一表人材；在螢光幕上，基本上由張國立「壟斷」的紀曉嵐形象，也頗說得過去。眞實的情況完全不是這樣。據史書上記載，紀曉嵐「貌寢短視」。所謂「寢」，就是相貌醜陋；所謂「短視」，就是近視眼。另外，跟紀曉嵐交遊數十年的朱珪曾經有詩這樣描述紀曉嵐：

　　　　河間宗伯妊，口吃善著書。
　　　　沉浸四庫間，提要萬卷錄。

　　如此說來，紀曉嵐還有口吃的毛病。當然，紀曉嵐既然能通過各層科舉考試，其間有審音官通過對話、目測等檢查其形體長相以及說話能力，以免上朝時影響朝儀「形象」，應該不至於醜得沒法見人，但無論如何，紀曉嵐長相不好看，卻是無疑的。長得醜，近視眼，口吃，這些生理特點都成爲紀曉嵐一輩子與乾隆貌合神離、不得乾隆眞正信任的重要原因。

宦途生涯多煙雲

　　相貌醜陋的紀曉嵐卻偏偏又碰上乾隆，所以即便他再才華橫溢，也難得到眞正的重視，難以參與重大的政治決策，只能以文字安身立命。紀曉嵐只

能做乾隆的詞臣，而難以做乾隆的寵臣、重臣。紀曉嵐一生中兩次任鄉試考官，六次任會試考官，三次任禮部尚書，均是這種際遇的展現。這種官職並無重權、實權，只是大清朝廷的擺設而已。

乾隆十九年（1754）至三十三年（1768），是紀昀在翰林院春風得意、醋酒高歌的日子。這時與他交遊的朋友中有王鳴盛、錢大昕、朱筠、王昶等。乾隆二十年，紀昀在北京歙縣會館拜見了戴震。兩人一見如故，並折節與交。

乾隆三十三年（1768）六月，據《清高宗實錄》記載，兩淮鹽政盧見曾因有營私貪污行為而被革職查辦。紀昀則因為通風報信而被發配烏魯木齊。這件事《清朝野史大觀》的記載更為生動有趣：當時紀昀得知消息，想預先通知盧家。但又怕引火焚身，不敢輕易傳話、寫信。他想出了一個絕妙的辦法，把一點食鹽和茶葉封在一個空信封裡，裡外未寫一字，星夜送往盧家。盧見曾從中終於悟出其中的隱語：「鹽案虧空查封」。後經劉統勳等人的嚴密偵輯，紀昀終於敗露，同年十月，被遣戍烏魯木齊贖罪。

在乾隆三十六年六月奉詔回到京城之前，紀昀在新疆呆了兩年多。在這兩年多時間中，其大兒子紀汝佶病亡，愛妾郭彩符在紀昀東歸不久也撒手人寰。這段日子裡，紀曉嵐對人生有了更深切的感悟，體會到了君主的無常、官場的險惡與世態的炎涼。一種人生的空幻感與彌漫感傷的情緒時時縈繞於心際。

兩年的大漠風沙沒有使他意志頹唐，卻讓他更加參透了人生的三味，讓他變得更豐厚、更扎實了。160首《烏魯木齊雜詩》，洋溢著他的才情，也蘊藉著他對人生的大思考。

恩命召還，治裝東歸，走了四個多月才回到冠蓋雲集的京華。紀曉嵐恍如隔世，面對友人贈送的一張《八仙對弈圖》，他寫下了這樣的詩句：

十八年來閱宦途，
此心久似水中鳧。

如何才踏春明路，
又看仙人對弈圖。
局中局外兩沉吟，
猶是人間勝負心。
那似頑仙癡不醒，
春風蝴蝶睡鄉深。

他對「世事如棋」發出了感慨，他嚮往「春風蝴蝶睡鄉深」的悠閒境界。但這不過是一種心靈的憧憬而已。

這一年，他點勘了《瀛奎律髓》、《文心雕龍》、《王子安集》、《韓致堯集》、《唐詩鼓吹》諸書。重返翰林院，使紀曉嵐的心在為仕與隱退的抉擇中激烈的交戰。他對人生世事的認識更加清醒，對勝衰榮枯之理也有了更深的理解。與其爭強好勝，還不如酣然「癡不醒」而來得快活。但是，紀昀最終還是選擇了繼續過那種「水中鳧」的生活，火熱的經世情懷終於戰勝了退隱的念頭。紀昀人生後期，備受恩寵。他三遷御史，三入禮部，兩次執掌兵符，最後竟以禮部尚書、協辦大學士加太子太保管國子監事致仕。紀昀不僅居高位，享盛名，而且執學術牛耳，為士林所宗仰。洪亮吉就稱他「當代無人可並論」，是名副其實的一代文宗。雖然如此，他晚年的內心世界卻日益封閉。年輕時一度才華橫溢、血氣方剛的他，至此，日感疲憊，再「無復著書之志，唯時作雜記，聊以消閒」，其《閱微草堂筆記》正是此心境的產物。所以當《閱微草堂筆記》脫稿時，他不無抱憾地吟詠道：「平生心力作消磨，紙上煙雲過眼多。擬築書倉今老矣，只因說鬼似東坡。」

80歲後的紀曉嵐似乎已進入他生命的暮年，但這只是生理上的現象。在他的一生中，他很少有袖手不問世事的時候。在他去世的前二年，還上奏摺駁山東巡撫請增設左丘明五經博士，並且為婦女請命，認為橫遭侮辱屈死的婦女，應打破循例予以旌表，視同屈死的烈士忠臣。這個舉動在當時頗有驚世駭俗之意義。

大清才子命運

大學堂

嘉慶十年正月初六，紀曉嵐調禮部尚書，協辦大學士，加太子少保，並管國子監事。二月，他負責祭奠田妃事宜，充先醫廟承祭大臣，這次他感染了風寒，遂一病不起。

　　紀曉嵐卒於是年二月十四日，享年82歲，諡文達，取「敏而好學可為文，授之以政無不達」之意。

立身之道與交遊

大清才子命運

　　紀曉嵐的一生充滿了戲劇性，比小說中的情節還精彩。紀曉嵐自小聰明伶俐，能言善辯，深得家人寵愛。小時候的紀曉嵐雖然淘氣頑皮，但讀書時卻也特別認真，老師所教授過的東西他只要讀過兩三遍就能一字不漏地背誦下來。由於天資聰穎，紀曉嵐很快便領會到對聯的技巧，出口成對，人所不及。他於乾隆十九年考取進士，從此入仕。因為紀曉嵐幽默的天性與豐厚的才學，所以深得乾隆皇的喜愛。當時，和珅也得寵於乾隆，他是小人得勢，一時間張狂起來，把一班文臣武將全不看在眼裡。他仗著皇上的寵愛，廣收賄賂。當時乾隆對和珅的話，句句相信，件件依從。別人的話，卻很難聽進去。紀曉嵐儘量不與和珅正面衝突，但有時會在詩文中暗地嘲諷和珅開開玩笑。之後，紀曉嵐和劉墉等人為了募款賑災，一同出謀策劃，讓和珅自己掉入他們的陷阱裡，自動拿出銀兩來賑災。此事被和珅知道後，他就一直耿耿於懷，並且暗地裡派人窺伺紀曉嵐的行蹤，布下了羅網，以報多次戲弄和敲竹槓之仇。

　　乾隆三十三年的夏天，和珅利用「鹽引」事件來報復紀曉嵐，不僅使紀曉嵐家破人亡，而且貶官到烏魯木齊。但紀曉嵐並沒有怨天尤人、自怨自艾，反而將他在西域時期的生活見聞隨手整理成筆記。紀曉嵐在辛卯年過後被赦免，然後負責《四庫全書》的總纂。不過最重要也最值得一提的是紀曉嵐幽默豁達的胸襟和樂觀開朗的心態。即使面臨更多的災難和不幸，他癒合

傷口的能力也比別人還快。

紀曉嵐，後世之所以稱他爲「清代第一才子」、「幽默大師」是有他的原因的。那時候的政局是小人和珅當道，紀曉嵐在夾縫中生存，如同走鋼絲，一不小心就身敗名裂、萬劫不復。曾經，紀曉嵐因爲他的博識多聞、談吐詼諧而贏得乾隆的喜愛和信任，但卻也幾度罹禍，如履薄冰。他的幽默感卻可以適時地化解危機而且讓自己有個臺階下，也可以爲他周遭的人帶來歡樂。此外，他的幽默並非下流低俗而是蘊含豐富理性的大智慧，卻也是處理挫折的一種建設性方式。他被貶官到

紀曉嵐手抄詩稿

交通和民生均不方便的烏魯木齊時，生性樂觀的他，坦然地面對一切種種不幸，卻也激發出在文學方面不凡的價值。所以說樂觀的人並不會有走絕路的想法，取而代之的是「絕處逢生」。許多的悲觀主義者在遇到挫折時總是逃避現實，常陷於不幸的低潮，對於旁人的安慰和鼓勵，卻再也沒有力氣重新站起來。其實，接納災難並不是消極的屈服，而是積極的克服。不自己遮蔽陽光，是迎向光明的唯一快捷方式。抱怨陰暗的人，常常忽略了一件事實：那就是他自己不經意地用手遮住了陽光。

不妨學學紀曉嵐，他的處世經驗，他的生存哲學，雖常爲世人所詬病，但事實上，這種內圓外方的性格，卻也是生存所必需的。而西方諺語說：「即使明天是世界末日，今晚還要在花圃種植玫瑰。」所以，保持著樂觀開朗的心胸，在待人處世方面將無往而不利。

紀曉嵐素有四大嗜好，一日好書，從四歲起每天埋首書堆中。二日好菸，行走坐臥不離煙槍，其煙鍋能裝菸葉四兩；三日好肉，每日必食肉不吃五穀，案上霧氣繚繞、泡茶烹茗從不間斷；四日好色，一日不御女，則雙目

似炬，頰紅如火，紀大學士的這些嗜好，自然可以看作是由一個文化人的文名和才名派生出來的另一種文化習性，但一個深耽於其間，過於依賴物質世界的人，要讓他義無反顧地去殉道怕是萬萬不能的。就是風流倜儻如紀曉嵐者，倘使他離開了煙，離開了肉，離開了女人，還能不能生活？

紀曉嵐在清代官場上馳騁近半個世紀，又多次擔任鄉試、會試的主考官，另外他還主持編纂《四庫全書》，是乾嘉時期公認的文壇領袖。他官位雖大，但為人通達，禮賢下士，人情味很濃，所以交遊甚廣，其友朋知己、門生故吏不計其數。從其作品或一些文獻裡可以查證，當時許多著名漢學家、文人學士都和他有密切的交誼，諸如戴震、王昶、王鳴盛、錢大昕、余集、邵晉涵、孫星衍、王念孫、段玉裁、朱筠、阮元、蔣士銓、洪亮吉、黃仲則、羅聘、劉墉等，乾嘉漢學風尚的形成，紀曉嵐起了重要推動作用。

乾隆二十年夏，紀昀初識戴震。當時戴震是來京避難的。兩人情深意篤。紀昀還曾出資將戴震的《考工記圖》付梓，並為之作序。戴震後來幾次到京師都住在紀昀家。乾隆三十八年，戴震還因紀昀的推薦進入四庫館。戴震去世後，紀昀曾深情賦詩，說是「披肝露膽兩無疑」的朋友。戴震對程朱理學「存天理、滅人欲」等扼殺人性的尖銳抨擊，這在紀曉嵐纂修的《閱微草堂筆記》和《四庫全書總目提要》中也都有相當深刻的反映。

晚年的紀曉嵐多次述及他和陸青來的結交經過。陸青來曾官至湖南巡撫、戶部郎中。治學宣導經世致用。他與紀曉嵐少年時代同受業於董邦達，是非常要好的同學。紀曉嵐說，他小的時候常喜歡戲侮陸青來，但青來並不為忤，稱紀曉嵐的喜怒變化是真性情的表現。為此，紀昀頗有知己之感。

紀曉嵐的同窗好友還有一個董元度。董元度，字寄廬，號曲江，山東平原人。乾隆十七年進士。二人相識於乾隆十三年，交誼甚篤，有多首酬唱詩傳世。董氏性情灑脫，不喜歡受人約束。入翰林做官後，仍常乞假外遊。後仕途不順，窮困而死，所以其詩多清婉而感傷。紀昀《戲贈曲江》詩中曾說他「疏狂全未減，落拓久無聊」，並稱：「愛爾如兄弟，結交三載餘。每憐同寂寞，相與惜居諸。」《閱微草堂筆記》也多次表示對董元度所秉持的

「人到無求品自高」的處世態度推崇備至。

紀昀和劉墉更有著不解之緣。劉墉的父親劉統勳正是紀昀的鄉試主考官。對劉統勳的知遇之恩，紀曉嵐一直是感激零涕、念念不忘的。而後來紀昀被發配的案件，又恰是劉統

「閱微草堂」舊址

勳負責。還有更巧的，舉薦紀昀擔任四庫館總纂官的，也是這位劉大人。劉墉，字崇石，號石庵，劉統勳長子。劉墉在民間是個頗具知名度的人物，家喻戶曉的《劉公案》就是表彰他的。劉墉比紀昀年長4歲，都是一代才子。和珅專權數十年，內外諸臣，無不趨走，唯劉墉、紀昀等為數不多的幾個大臣始終不曾依附。他們一個善文，一個工書，卻都有收藏硯臺的癖好。有時相互贈送，也常為一個心愛之物而互相攘奪，但彼此都恬不為意，並以之為笑談。

紀昀交遊的名單當然遠不止這些，還有像錢大昕、王傑、王鳴盛、朱筠、王昶、洪亮吉等人，這些都是一代著名大師，是清代乾嘉時期的文化脊樑。正是這麼一批人，為盛世學術文化思潮的形成增添了一道絢麗的色彩。

治學為人「近人情」

紀昀為人寬厚，學識淵博，是乾嘉時期官方學術名副其實的領軍人物。江藩在《國朝漢學師承記》中曾這樣評論紀昀：「於書無所不通」。但他廣博的學問與其通達的為人是相輔相成的。他治學為人皆講求寬容，表現了一

代通儒的博大胸懷。魯迅在《中國小說史略》中就說他「其處世貴寬，論人欲恕，故於宋儒之苛察特有違言。……且於不情之論，世間習而不察者，亦每設疑難，揭其拘迂。」

紀曉嵐書法

其《閱微草堂筆記》便每每以是否通情達理作為評論的標準。《如是我聞》（四）裡便說：「聖人通幽明之禮，故能以人情知鬼神之情也；不近人情，又烏知《禮》意哉！」

紀昀論文有一個基本要求，這就是堅持「務取持平」的批評原則，儘量做到客觀公正。詩文作品是一種複雜的創造性活動。在他看來，「人生境遇不同，寄託務異，心靈浚發，其變無窮」（《瀛奎律髓刊誤序》），所以，其是非得失，不可簡單處理。他能比較公允地評價李清、錢謙益等人，對於文學史上各種流派也能夠比較客觀地加以評價。比如明代前後七子的復古，紀昀就把他們放到當時的社會背景中進行認真考察，得出的結論是令人信服的。

另外，紀昀身為漢學大家，卻沒有一點門戶之見。他最反對文人結社，而強調學術獨立。他在《耳溪詩集序》中就曾說：「余天性孤峭，雅不喜文社詩壇互相標榜。第念文章之患，莫大乎門戶……朋黨之見，君子病焉。」紀昀對出自性靈的各種不同風格的作品都是充分肯定的。作為乾隆年間的一名封建正統文人，紀曉嵐對文學創作的要求自然也是「溫柔敦厚」的詩教原則，他也說「詩本性情」，但他所說的性情與別人有所不同，他強調的是植根於人之本性基礎上的「本天而動」的「至性至情」。「詩之分葩競豔，要

皆發乎情思，抒乎性靈」（《冰甌詩草序》）。他反對充滿理氣的文章，同時也反對不近人情的道學。在其《閱微草堂筆記》中，他就曾大力揭露道學家的虛偽和無情。

一生的榮耀與輝煌

乾隆三十八年（1773），《四庫全書》的編纂工作在清高宗親自主持下廣泛展開。經劉統勳舉薦，紀昀和陸錫熊出任總纂官。

紀曉嵐五十歲，天降大任於斯人，受詔總纂《四庫全書》，他一生的榮耀與輝煌，在此達到了頂點。

《四庫全書》是一項曠古文化工程，紀曉嵐入主四庫館，十有餘年，凡六經傳注之得失，諸史記載之異同，子集之支分派別，罔不扶奧提綱，溯源徹尾。它著錄書籍3,461種，79,309卷，存目書籍6,793種，93,551卷，總計10,254種，172,860卷，幾乎囊括了乾隆以前中國歷史上的主要典籍。

紀曉嵐又瘁畢生之力，著《四庫全書總目》，撮著作之大凡，審傳本之得失，成爲中國目錄學的巨著。又編《四庫全書簡明總目》20卷，大而經史子集，以及醫博詞曲之類，提綱挈領，別采精要。

總纂《四庫全書》的艱辛與躬謹，已印證了他驚人的意志力和博大精深的學識。

在纂修《四庫全書》期間，紀昀曾得到過乾隆帝的許多賞賜，但也遇到很多麻煩。一次，乾隆帝發現閻若璩《古文尚書疏證》中「有引李清、錢謙益諸說未經刪削者」，而這部書當初是紀昀親自校理的。於是龍顏大怒，專諭詰責紀昀：「何以並未刪去？」令其速「刪改換篇」，並「自行賠寫」。乾隆四十五年（1780），《四庫全書》複校完成，後發現大量訛誤，乾隆帝又「令紀昀、陸錫熊兩人一體分賠」。

紀昀主持編纂的《四庫全書》，對保存和整理中國古代文化遺產功不可沒。其中，有380多種佚書是經過眾多學者長期搜集失而復得的珍品。還有不少書籍，經過艱苦的考訂而恢復了原貌。酈道元的《水經注》，便是經戴震精心研究而使長期混淆的「經」與「注」得以區別開來的。《四庫全書總目提要》頗有思想學術價值，介紹著錄與存目書籍，寫明作者名姓、所處時代、該書要旨和基本評價，是一部非常優秀的目錄學著作。清人周中孚《鄭堂讀書記》卷三十二曾這樣評價《四庫提要》：「竊謂自漢以後簿錄之書，無論官撰私著，凡卷第之繁複，門類之允當，考證之精審，議論之公平，莫有過於是編。」積平生精力研讀《四庫提要》的余嘉錫亦全面肯定其應有的學術價值：「嘉（慶）、道（光）以後，通儒輩出，莫不資其津逮，奉作指南，功既巨矣，用亦弘矣。」（《四庫提要辯證‧序錄》）

但由於《四庫全書》的編纂是一種官方行為，編纂指導信念受政治目的所左右，所以著錄的書籍並非兼收並蓄，而有著嚴格的取捨標準。這在《四庫全書》卷首的《聖諭》中說得很清楚。他們在對古代書籍進行輯佚、校勘、考辨等整理的同時，也做著對不利於清朝的一些書籍進行銷毀、刪削或改易的不光彩勾當；在鉤沉、輯佚、保存古籍的同時，也在破壞、摧殘文化。其結果，不僅使許多具有珍貴史料價值的書籍遭到摒棄，而且使收錄的一部分書籍尤其是宋元以後的許多具有異端色彩的書籍失去了原貌。從此意義上說，也是一次文化浩劫。如對明代李贄的言論，清政府就不僅把他的著作列為焚毀書目，而且直斥李贄「非聖無法，敢為異端」，「為小人無忌憚之尤」。（《四庫提要》卷五十史部‧別史類存目《藏書》提要）再如對屈大均等那些強烈抵觸清朝人的作品，自然盡在銷毀之列；至於偶有一二語傷觸清朝而又氣節凜然的明代遺民作品，則稍加「酌改」即為我所用。（《清高宗實錄》卷1095）其政治目的是顯而易見的。據官方上報的數字統計，在編纂《四庫全書》期間，銷毀、抽毀的書目多達2,600多種，其實際情況恐怕還不止這個數字。

紀曉嵐生活的年代，是所謂「雍乾盛世」，也是民族矛盾和階級矛盾日

益激化的一個時代。尤其是乾隆皇帝在位期間，封建專制統治發展到了登峰造極的地步。此歷史時期的顯著特點，便是大規模文字獄的興起。

有清以來，嚴酷的文化專制從康熙帝始，到雍正朝為發軔。紀曉嵐出生的第二年，便有川陝總督年羹堯的文字獄。紀曉嵐五歲那年，即有呂留良文字獄、謝濟世私注《大學》誹謗案等。雍正朝十三年，文字獄近20起，乾隆朝六十年，文字獄有130餘起，這是僅僅見諸史冊的記載，被湮滅者尚不在其數。

乾隆朝的文字獄五花八門。它的罪名有妄議朝政、謗訕君上、妄為著述、不避聖諱、纂擬禁史、懷戀勝國、收藏禁書、隱匿不首、隱寓譏諷、私懷怨望、多有悖逆之詞、隱藏抑鬱之氣等。用最荒唐的邏輯推理，胡亂引申作者原意，只憑想像斷定作者動機，使一大批無辜人受到迫害。在受害人當中，既有一般生員、塾師、舉人等中下層知識份子，也有宗室貴族及政府官吏，此外還有商人、僧侶、江湖術士等。文字獄的株連，也遠遠超過了《大清律》的規定。製造文字獄是乾隆一生政治活動中的一個重要內容，也是其文化政策中的一個重要方面。借文字獄打擊朋黨、提高皇權，至少在雍乾二朝是個發明。

乾隆構築文字獄的手法也是十分卑劣的。

文字獄高潮期間，所有的統治機器為了清查案情，追究同黨，查繳書版而全速運轉。觸此網者，或被凌遲，或被砍頭，或被流徙，便是墳墓裡的僵屍也不放過。文網恢恢，甚至連那些偶爾信手塗鴉的瘋子也不能倖免。乾隆朝瘋漢文字獄有二十起之多，可視為一大奇觀。

紀曉嵐就是在這樣一片文化專制的風聲鶴唳之中，入主《四庫全書》纂修之事的。

作為乾隆帝「文治武功」的一項重要內容，開館修《四庫》是他對知識份子「胡蘿蔔加大棒」式的籠絡和威逼，在種種文化專制的高壓之下，從事這項工作的危險決非聳人聽聞。

一方面，隨著禁書政策的日益嚴厲，修書過程中，不斷有書籍被指控為

違礙而遭禁毀，《四庫》開館期間的五十餘起文字獄，大多是從修書得到的「眼線」。僅是乾隆四十五年，爲了徹底清理「違礙」字句，乾隆帝傳諭，四庫館對存目書及準備發還藏書家的書籍進行檢索，總計查出了應毀書144部，抽毀書181部，數量之大，令人瞠目。長達19年的禁書活動中，共禁毀圖書3,100餘部，銷毀書版8萬塊以上。這個統計數字，尚不包括民間自行銷毀之書版。

另一方面，雖然四庫館臣屢被恩寵，賞哈密瓜，賜千叟宴，然因繕寫違制或校書訛錯，動輒得咎。紀曉嵐屢被記過，因《古文尚書》、揚子《法言》等書多次獲咎，出錢賠寫過校錯書籍，幾次被罰往承德校書，頗有幾番險象叢生。然而他比起陸費墀來，還算是幸運的。乾隆五十二年，帝於進呈全書中發現違礙字句，令重新繕寫，並嚴飭館臣，總校陸費墀因此賠光了家產，憂憤而死，死後仍被抄沒房產祖業，只留下兩千兩之數作爲家屬贍養。另一總纂陸錫熊，則在赴盛京（瀋陽）校書途中，連凍帶嚇，死於客次。

難能可貴的是，在這種種高壓之下，紀曉嵐還是以一己之力，保護了一大批書籍免遭秦火。紀曉嵐的仕途基本上是順暢的，他一直是乾隆皇帝的一個寵臣，這並非是他處事圓滑。他曾自作輓聯曰：「浮沉宦海如鷗鳥，生死書叢似蠹魚」，可謂心境之眞實寫照。他要在夾縫中生存，其實難矣哉。

朝鮮書壯官徐有聞說過：「和珅專權數十年，內外諸臣無不趨走，惟王傑、劉墉、董誥、紀昀、鐵保、玉保諸人，終不依附。」

朝鮮多至書壯官沈永興，曾評價紀曉嵐：「尙書紀昀，文藝超倫、清白節儉，雖寵愛不及和珅，而甚敬重之。一敞裘七八年。」紀曉嵐能夠潔身自好，不與權臣同流合污，是一個知識份子氣節之所在。

紀曉嵐以才華橫溢名世。他閱覽博聞，文情華贍，於書無所不通，貫徹儒籍，修率性情，時人稱爲通儒。他在學術上的建樹是多方面的，在音律學、考據學、譜牒學、目錄學諸方面皆可扛鼎。

他不輕率著書。嘗謂：

吾自校理秘書，縱觀古今著述，知作者固已大備，後人竭其心思才力，

紀曉嵐等館臣編寫的四庫善本書

要不出古人之範圍，其自謂過之者，皆不知量之甚者也。

　　陳康祺《郎潛紀聞二筆》也曾說他平生未嘗著書，間爲人作序記碑表之屬，亦隨地棄擲，未嘗存稿。從以上他的話可以看出一個眞正的飽學之士的謙虛。

　　70歲的紀曉嵐曾總結過自己的心路歷程：

　　余性耽孤寂，而不能自閒，卷軸筆硯，自束髮至今，無數十日相離也。三十以前，講考證之學，所坐之處典籍環繞如獺祭。三十之後，以文章與天下相馳驟。抽黃對白，恆徹夜構思。五十以後，領修秘笈，複折而講考證。今老矣，無復當年之意興，惟時拈筆墨，追錄舊聞，姑以消遣歲月而矣……大旨期不乖於風教。

晚年生活名作

　　《閱微草堂筆記》是繼《聊齋志異》之後出現的又一部有重要影響的文言小說集。由於紀昀當時特殊的身份，加之為人通達、學識淵博而詼諧，另外他在敘述故事時採用了「追錄見聞、憶及即書」（《灤陽消夏錄序》）的寫實手法，所以藝術風格獨特。

大清才子命運

大學堂

　　《閱微草堂筆記》共24卷，約40萬字。包括《灤陽消夏錄》6卷、《如是我聞》4卷、《槐西雜誌》4卷、《姑妄聽之》4卷、《灤陽續錄》6卷。該書寫於乾隆五十四年（1789）至嘉慶三年（1798）之間。該書是紀曉嵐十年心血的結晶，又是紀曉嵐晚年心靈世界的反映，也從某一個側面顯現出清代中期紛繁複雜的時代文化風貌。該書的取材，一是來自於紀曉嵐本人的親身經歷和耳聞目睹，二是來自於他人提供或轉述的材料。小說涉及的社會生活領域，從文人學士、妓女乞丐，到三教九流、花妖狐魅，幾乎無所不包。豐富的生活素材，為作家提供了廣闊的思維空間。書中有些怪異奇譎的故事，雖然充滿了因果報應、禍福天定的迷信思想和忠孝節義的封建倫理道德觀念，但也客觀而真實地反映了清中葉的某些人生實相，並觸及到當時某些社會弊端，不僅具有重要的認識價值，而且表現了一定的進步思想傾向。

　　《閱微草堂筆記》有不少故事章節揭露了封建社會官場的腐朽和黑暗，道學家的虛偽和卑鄙。如官吏的營私舞弊、草菅人命；有的貌似正人君子，道貌岸然，其實一肚子男盜女娼，卑鄙下流。諸如此類，都直接或間接地反映了那個光怪陸離的時代。如《灤陽消夏錄》（六）第十則，作者就借山中「鬼隱士」之口，生動地描繪出幽冥世界亦如人間世道，充滿了相互傾軋和追名逐利，揭露了官場的黑暗腐朽。《灤陽消夏錄》卷四則寫「有兩塾師臨村居，皆以道學自任」。在公開場合，他們「剖析理欲，嚴詞正色，如對聖賢」，暗裡卻互相勾結，喪盡天良，謀奪寡婦田產。

　　另外，《閱微草堂筆記》中還有不少篇章揭示了處於社會下層普通百姓

北京紀曉嵐故居

的生活狀況及悲慘境遇。作為乾隆皇帝的一個文學侍臣，紀曉嵐雖缺乏直面慘澹人生的勇氣，但他忠實記錄傳聞的寫作精神及其正義感，在某種程度上也透露了他的是非觀念和善惡標準。《灤陽續錄》（五）就講到一件既令人心酸又使人深思的事情。河北滄州有個董華，家裡窮得無立錐之地，以賣藥卜卦為生，「一母一妻，以縫紉浣濯佐之，猶日不舉火。」適逢這年又發生了大饑荒，更使董家雪上加霜，全家人奄奄待斃。無奈之下，董華只好「鬻婦以求活」。在這則故事裡，作者對那名「萬不得已而失身」的女子沒有絲毫的指責之意，反添幾分同情和理解，真實形象地展現了當時民不聊生的社會現實。

　　《閱微草堂筆記》如魯迅在《中國小說史略》中所說，有「過於議論」之嫌，「不安於僅為小說，更欲有益人心」，但其中不少形象化的寓言和

81

諷喻性的故事還是頗為生動風趣的，甚至能給人以啟發和教益。《如是我聞》卷三寫一「相見輒講學」的翰林官員，別人也以為他「崖岸高峻」，美名在外。沒想到，他也竟會因沒有及時接受來賓的送禮而「悵悵惘惘，若有所失，如是者數刻」人物表裡不一的性格特徵和心靈世界，著實讓人難以忘懷。另外諸如《姑妄聽之》卷二「河中尋獸」之類富有哲理的小故事，也往往給人耳目一新之感。

紀昀雖把《閱微草堂筆記》視為「消遣歲月」的一部閒書，甚至也很難與《聊齋志異》相媲美，但它不蹈舊轍，自成一家，風格獨特，是不可多得的佳作。

紀曉嵐治學為人皆講寬容，表現了一代通儒的博大胸懷。魯迅在《中國小說史略》就說他「其處世貴寬，論人欲恕，故於宋儒之苛察特有違言……且於不情之論，世間習而不察者，亦每設疑難，揭其拘迂。」

行為思想與人迥異

即使是在時人眼中，他的行為方式和思想也與常人迥異。比如，他終生不吃米穀，麵只有偶爾食之，飲酒時只豬肉一盤，熬茶一壺。宴請客人吃飯，唯舉箸而已。英熙齋曾見他的僕人捧火肉一盆，約三斤多，紀曉嵐一邊說話一邊吃，須臾，這一餐飯就算打發了（事見沈雲龍輯《清代名人軼事》）。《妙香齋叢話》記他在家時，几案上必羅列榛、梨、棗之屬，隨手攫食，時不住口，因此人們說他是猴精轉世。雖然以肉當穀，但紀曉嵐卻不吃鴨肉。《聽松廬詩話》云：「西滇不食豕紀文達不食鴨。自言雖良庖為之，亦覺腥穢不下嚥。且賦詩云：靈均滋芳草，乃不及梅樹。海棠傾國姿，杜陵不一賦。」

另外，紀曉嵐平生不善飲酒，嘗自述：「平生不飲如東坡，銜杯已覺朱顏酡。今日從君論酒味，何殊文士談兵戈。」紀曉嵐不以不善飲為憾事，且

將此同蘇東坡相比，以爲雖不能飲酒，卻自有其旁觀者的樂趣在，再詩謂：「僕雖不能飲，跌宕亦自喜，請爲壁上觀，一笑長風起。」

在紀曉嵐時代，滄州所出產的滄酒馳名海內，聲譽如同今日之茅臺，一罌可值四五金。然地方釀酒人爲防徵求無饜，相約不以眞酒應官，雖笞捶不肯出，十倍其價亦不肯出。地方最高行政長官，連一滴酒也嘗不到，其他人就可想而知了。滄州酒有許多神妙之處，一是舟車運輸，一搖味即變，須在安靜處澄半月，其味乃復。二是庋閣保存二年者，可再溫一次；十年者，溫十次如故，十一次則變味。一年者再溫即變，二年者三溫即變，毫釐不能假借。紀曉嵐的同年好友董曲江的叔叔董思任，最嗜酒，他做滄州牧時，竟連一口滄酒都沒能嘗到。罷官後，再到滄州，一位進士請他喝滄酒，他喝了如醍醐灌頂，大發感慨曰：「吾深悔不早罷官」。紀曉嵐的《灤陽續錄》記下了這段佳話。雖不善飲，然紀曉嵐卻頗知酒之三昧。

跟他不能飲酒可相提並論的，是他極嗜旱煙，且煙道頗爲出神入化。《清稗類鈔》記：

河間紀文達公，嗜旱煙，鬥最大，能容菸葉一兩許。菸草之中，有黃煙者，產於閩，文達亦嗜之。

又記：

紀文達有戚王某喜吸蘭花煙，入珠蘭花於中，吸時甚香，然王之菸斗甚小。一日訪文達，自謂煙量之宏，文達而語之曰：「吾之鬥於君之鬥奚若。」乃以一小時賽吸，於是文達吸七鬥，王亦僅得九鬥也。

《芝音閣雜記》也記載他的煙槍甚是巨大，煙鍋亦絕大無朋，能裝煙三四兩，每裝一次，可自虎坊橋宅邸至圓明園，吸之不盡，都人中稱他作「紀大煙袋」。有一天他的煙袋丟了，別人都替他著急，他卻連說無妨。第二天去東小市，果然見一小攤上擺著他的煙槍，於是以微值購還。因爲這支煙槍奇大，別人得之無用，況且京中絕無第二支，所以容易找回來。因爲嗜菸，紀曉嵐也實在鬧出不少類似「靴筒走水」之類的笑話。

紀曉嵐感情生活，是典型的顯貴方式。17歲那年，他娶東光縣望族、時

83

任城武縣令的馬永圖之女爲妻。操辦這件婚事的是他同父異母的哥哥紀晴湖，紀晴湖比紀曉嵐年長18歲，幼時提挈保護，逾於所生，爲紀曉嵐娶親，又花費數百金，而她自己嫁女兒，僅略具簪環衣裳而已。紀曉嵐對這門親事是滿意的。但是他又廣續妾媵，這件事也得到了他那位兄長的認可，他自記謂：「公（紀晴湖）自少至老無二色，昀頗妾媵，公弗禁，曰：妾媵猶在禮法中，並此強禁，必激而蕩於禮法外矣。」（《伯兄晴湖公墓誌銘》）

在眾多的妾媵中，他最喜歡的沈氏和郭氏。沈氏字明玕，其祖上爲長洲人，流寓河間。明玕神思朗徹，殊不類小家女，曾說：「女子當以40以前死，人猶悼惜。青裙白髮，作孤雛腐鼠，吾不願也」。明玕死時，年僅30歲。郭氏名彩符，死時年紀也很輕。紀曉嵐爲她們題寫了許多詩篇，極其纏綿悱惻。他爲郭氏寫的悼詩，其一云：

風花還點舊羅衣，
惆悵醞釀片片飛。
恰記香山居士語，
春隨樊素一時歸。

他爲沈氏所寫的悼詩謂：

幾分相似幾分非，
可是香魂月下歸。
春夢無痕時一瞥，
最關情處在依稀。
到死春蠶尚有絲，
離魂倩女不須疑。
一聞驚破梨花夢，
卻記銅瓶墮地時。

紀曉嵐故居

　　而紀曉嵐爲馬氏寫的祭文，卻充滿著禮教，而無愛戀之情。他之所以對馬氏還比較滿意，一是她顯赫的家世，二是她賢淑的女德。馬氏對沈氏明玕，不僅不潑醋，反而疼愛有加，待如親生女兒，這使紀曉嵐非常感動。然而紀曉嵐的情愛觀畢竟沒有走出一般士大夫的圈子，他極力主張守節是一種順化自然的愛情極致，在他所著的《閱微草堂筆記》中，許多情愛故事都反映了他的這種觀念。

因才發跡、因貪而亡的和珅

大 清 才 子 檔 案						
姓名	和 珅	職務	軍機大臣	在職時間	22年	
生年	1750	卒年	1799	享年	50歲	
字	致 齋	號	不 詳	墓葬	不 詳	
家庭關係	(父親) 常 保 (母親) 不詳 (子女) 不詳					
婚姻狀況	初婚：18歲 配偶：馮氏					
人生最得意	二皇帝		人生最失意	不得善終		
人生最不幸	生母早亡		人生最痛苦	繼母虐待		

和珅的身世回顧

　　和珅的神秘，在於他能夠從滿州正紅旗下一個破落的鈕祜祿氏家裡卓然立世，經受父母雙亡的淒寒，飽嘗奔走求貸的煎熬，10歲入咸安宮官學，20歲任鑾儀校衛，乾隆四十年以後則連連擢升，從一個抬轎的奴才搖身變為最高統治集團中的一員，做軍機大臣時，他才28歲。

　　《和珅列傳》是嘉慶年間整理的原始檔案，詳細記錄了和珅的身世和他的經歷。

　　和珅（1750～1799），字致齋，原名善保，鈕祜祿氏，滿洲正紅旗人。他生於乾隆十五年，父親名常保，曾任福建副都統。他祖上是今遼寧清原縣人，清初隨清帝入關，住在北京西直門內驢肉胡同。

　　和珅發跡很早，20多歲的時候受到乾隆賞識，此後便平步青雲，迅速成為大清帝國政治舞臺上一手遮天的人物。一代巨貪和珅早年竟是聲名不錯的

八旗才俊，其家庭生活也有值得稱
道之處。

　　《清史稿》和《清史列傳》中
只記載，和珅「少貧無籍，為文
生員」，除此之外，有關和珅青少
年時期的記載很少。大概受這些史
料的影響，有些學者就認為和珅出
身於地位低下的「包衣旗人」，也
就是內務府包衣（包衣在滿語裡是
「奴僕」的意思）。不過，此說並
不確切。馮佐哲曾在《和珅評傳》
中做過詳細考證，和珅應該是滿
洲正紅旗人，他家曾一度被抬入正
黃旗，獲罪後其家屬又被劃歸正紅
旗。

和珅像

　　和珅童年時曾在家裡與弟弟和琳一起接受私塾先生的啟蒙教育。又由於
他的父親曾任福建副都統，所以和珅十來歲時，得以和弟弟一起進入咸安宮
官學。

　　咸安宮官學是當時官學中之最上品，用通俗的話說實際上是一所師資力
量雄厚、學生素質很高的全國重點學校。青年和珅能夠就讀咸安宮官學，正
說明了他的非同凡俗。有史料記載說，和珅是一個地地道道的美男子，玉樹
臨風，臉龐白皙，行動敏捷，舉止端莊，言語詼諧。這不正是一個惹人喜愛
的形象嗎？可是，目前流行的電視劇中的和珅總是油頭滑腦，阿諛奉承，不
學無術，機關算盡，又常常被劉墉、紀曉嵐等人捉弄的可笑形象。其實，歷
史上的紀曉嵐反而是相貌醜陋，又有口吃近視眼的毛病。可以看出，電視劇
中的和珅與紀曉嵐跟歷史上真實的形象似乎剛好調了個個兒！

　　和珅天資聰明，記憶力強，過目不忘，加上他努力讀書，所以經常得到

老師們的誇獎。除了能將四書五經背誦得滾瓜爛熟外，和珅的滿文、漢文、蒙古文和藏文也都相當不錯。

和珅18歲時結婚，娶英廉之孫女馮氏為妻。和珅與馮氏結婚後，相親相愛，感情頗好。嘉慶三年（1798）馮氏去世時，和珅極為難過，他為妻子連作六首悼亡詩。馮氏對和珅也極為體貼，即使是在病中，也念念不忘和珅的腿病。

和珅是一個非常重感情的人。他總想讓他的家族保持著蒸蒸日上、人丁興旺的局面。他的弟弟和琳是他一手提拔和精心栽培的，他也一直為弟弟的家庭操勞。由於和琳常年在外，和琳子女的婚嫁也都由和珅操辦。嘉慶元年（1796），和琳在外督辦軍務，不幸染病身亡。和珅非常傷心，寫了15首輓詞，「言不成聲，淚隨筆落」，感情真切淒慘。

令人驚奇的是，乾隆對和珅的寵遇並不是一時性起，而是長久不衰。即使是在明知和珅是一代巨貪的情況下，也並不怪罪。和珅這顆政治明星就此在帝國的政壇上持續閃耀了20多年。

乾隆三十四年，20歲的和珅繼承祖上三等輕車都尉的爵位。第二年，參加順天府科舉鄉試，沒有考中舉人。不過，沒有功名的和珅後來卻因頗有才學主管了許多文化、教育事業。

乾隆三十七年十一月，23歲的和珅被任命為三等侍衛（正五品），成為他人生的一個重要轉捩點。

和珅楷書詠物詩

大清才子命運

大學堂

和珅的仕途轉折

皇帝的侍衛很多，但為什麼和珅會得到乾隆的賞識？

在大清王朝的歷史上，清高宗乾隆是一代英明君主，大貪官和珅是一個奸佞小人。以乾隆之英明卻寵倖劣跡斑斑的和珅長達二十餘年，是君臣相得，還是另有隱情？是乾隆看錯了和珅，還是和珅鑽了乾隆的空子？歷來眾說紛紜，莫衷一是，真是千古奇謎。

乾隆與和珅之關係絕非世人想像的那麼簡單，其中攸關兩人際遇、性情、愛好與志趣等諸多因素，說到底，他們二人之間是一個相互依存、互相利用的矛盾統一體，原本就有著密不可分的融洽關係。

據《清宮遺聞》和《清朝野史大觀》記載：乾隆做太子的時候，一次因事進宮，看到父王雍正的一個妃子嬌豔無比，正對鏡梳妝，不禁想和她開個玩笑，於是就從後面用雙手捂住了那個妃子的眼睛，妃子不知就裡，遂用梳子往後擊打，正好打到了乾隆的額頭上。乾隆的母后見了，就說那個妃子調戲太子，將她賜帛自盡。乾隆覺得對不住這個妃子，就用朱砂在妃子的頸上點了一下，悲痛地說：「我害爾矣，魂而有靈，俟二十年後，其復與吾相聚乎？」

後來，和珅入宮侍駕，乾隆越看和珅越像那個冤死的妃子，驗其項頸，果見其頸上有一紅色胎記。叩其年齡，也與那妃子死去的時間相合，正是25年。乾隆愈發吃驚，遂認為和珅就是那冤死的妃子之後身所化。為償還年輕時的「孽債」，乾隆對和珅關愛有加，處處袒護，致使和珅平步青雲，步步高升，以至權傾朝野，作威作福長達二十餘年而不倒。直到後來乾隆死後，嘉慶皇帝才將他扳倒，死時居然也是白綾賜死，與那妃子一般無二，真是歷史的巧合。

乾隆寵愛和珅原因是多方面的，除了「還債說」載於野史，不足全信之外，其中有和珅自身的原因，也有乾隆的原因，當然更主要的還是封建官場

的專制機制，三者互起作用，才成就了這一對令人難解的君臣之緣。

　　和珅生於鈕祜祿氏旗，屬於滿洲正紅旗，幼時喪父，家境貧寒，使他過早地嘗盡了人間世態的炎涼，同時也使他對金錢有了更加深入的認識。他認為：只有有了錢，才能被人尊重；只有有了錢，才能做人上人。這一認識，為後來他瘋狂斂財烙上了深深的印記。

　　為了出人頭地，還在咸陽宮官學讀書時，他就奮發努力，成了一個品學兼優的好學生，為他日後進入清朝政壇打下了堅實的學問基礎。據說和珅身材頎長，眉清目秀，不僅是個標準的美男子，而且還是一個聰明絕頂、出口成章、處事機敏的幹練之材。

　　《庸庵筆記》記載：某日乾隆要外出，倉促中找不到儀仗用的黃蓋，乾隆責問：「這是誰的過錯？」眾侍衛都嚇得不敢出聲，只有和珅應聲說道：「執掌此事的難辭其咎！」乾隆馬上將他升了職。

　　另一說法是，某日乾隆在轎中背誦《論語》，忘了下文，和珅順口背了出來，乾隆很是歡喜。總之，年輕的和珅英俊瀟灑，又頗有才學，可能在某一偶然的機遇中引起了乾隆的注意，從此時來運轉，飛黃騰達。

　　而且他以最會理財、斂財專長。例如：在他任內務府總管之前，這個主管皇家事務的機構經常入不敷出，常常虧空，和珅做了總管之後，內務府不僅不虧空，而且還略有贏餘；他不僅善於從各省封疆大吏、鹽政織造及富商大賈那裡聚斂錢財獻給皇上，而且還首倡在朝廷施行「議罪銀」，收入所得，全部併入內務府特別收入，以滿足乾隆驕奢淫逸和好事鋪張的生活需要，這點深得乾隆皇帝嘉許。乾隆自稱儒雅皇帝，和珅相貌俊俏且精通滿漢蒙藏四種語文，平時巧答應對、處理政務幹練決斷，都甚合乾隆心思，是乾隆晚年不可多得的助手。

　　從這一點上看，和珅受寵不僅僅是靠溜鬚拍馬，而且確實也有一些真本事，不然他也不會做到清朝的文武兼備的一等侯爵。當然，只靠本事還是不行的，和珅的過人之處還在於他對乾隆的耿耿忠心和善於揣摩乾隆的想法意圖，他「以帝心為心」，處處變著法兒哄乾隆高興，可謂乾隆的心腹密臣。

乾隆愛好黃金，他就建議乾隆建造萬佛樓，讓王公大臣和各級文武官員獻金佛給皇上，藉以斂財；乾隆喜歡談文論史，自譽無所不知，他就在編纂二十四史時在明顯的地方故意抄錯幾個字，讓乾隆一一指出來，以示天子的英明和學識淵博，藉以滿足乾隆的虛榮心；另外和珅在乾隆面前不失時機地表現自己的忠心，比如即便他成了一等侯爵，在乾隆面前仍然自稱「奴才」，而不是像別的大臣那樣自稱「臣」或「老臣」，有時碰上皇帝咳唾，他也總是親自「以溺器進之」，時時處處都給乾隆留下是自己人的感覺，這在個人感情上對於取得乾隆的信任絕對是必要的。當然他的這些手段都沒有白費，皇帝的信任換來了和珅仕途上的光輝前程，也造就了一個權傾朝野、「挾天子以令諸侯」的「竊國大盜」。

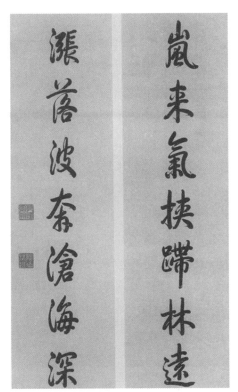

乾隆（弘曆）行書七言聯

嵐來氣挾蹄林遠
瀼落波奈滄海深

大清才子命運

大學堂

乾隆四十年閏十月，26歲的和珅被提升為乾清門侍衛，十一月再升為御前侍衛，並授正藍旗副都統。四十一年正月，授戶部左侍郎，三月授軍機大臣，四月，授總管內務府大臣……

短短半年，和珅從一名普通的侍衛，進入清王朝權力的最高層，成為乾隆皇帝的親信寵臣。

據說和珅被抄家時，統計家有良田八千多公頃，當鋪、銀號、古玩店、洋行店遍佈全國各地，總計家財8億多兩白銀。

古語講：「狡吏不畏刑，貪官不避贓。」原因就在於狡吏和貪官的膽大妄為都是對下不對上。在皇帝面前，他們絕對都是清白廉潔的好官，他們

聚斂的錢財都是在「合法的」、「正當的」名義下進行的，絕對讓人抓不到把柄。說到這裡，我們不難看出：和珅們的出現，不僅是個人的問題，而且也有著封建官場機制的深層問題。在封建專制制度下，「普天之下，莫非王土；率土之濱，莫非王臣。」皇帝是最高的統治者，只要獲得了皇帝的信任，凡事皇帝不追究，狡吏和貪官們就沒有什麼可怕的。其實，這些狡吏和貪官們都深深地懂得：皇帝握有生殺予奪的大權，只要把功夫下在皇帝身上，有皇帝這棵乘涼的大樹和保護傘，他們就可以高枕無憂了。至於其他大臣的彈劾攻擊，還不是以皇帝的是非善惡為是非善惡，皇權至高無上，和珅抱了乾隆的粗腿，當然也就可以為所欲為了。

綜上所述，乾隆寵倖和珅，一是有「還債的內疚」，乾隆想刻意提拔重用和珅；二是和珅確有才幹，是乾隆處理政務的得力助手；三是和珅善於揣摩帝心，能讓皇帝的生活時時刻刻都充滿情趣；四是封建官場官官相護的痼疾，有時皇帝也不能例外。有此四點我們也就不難理解乾隆寵倖和珅的原因了。

和珅的為官之路

和珅的魅力，不僅在於他體魄奇偉，氣宇逼人，整個兒浸潤了八旗子弟的秀逸神俊、滿洲國將門之後的貴族氣息；他的非凡之處，還在於「秀外之餘，多有慧中」，雖科舉未中，卻才識豐贍，孔孟文章庶幾倒背如流，經史子集無不遍覽強記，滿、漢、蒙、藏等各種語言都能讀寫流利，兵器騎射無所不通。

1799年2月7日，乾隆崩逝於乾清宮；2月12日，日夜在乾清宮值殯殿守靈的和珅即被收拘鞫訊。俗稱「和珅跌倒，嘉慶吃飽」，從和珅家中抄出的財產竟相當於乾隆朝十餘年的國庫收入。他擁有土地80萬畝，房屋2,790間，至於當鋪、銀號、古玩鋪、布莊、糧店則像蛛絲般佈滿了北京城內外。和珅

的收藏之豐，洵屬天下無匹，路易十五、十六好收藏，但傾當時法國的所有，也難以望和珅的項背！

嗚呼！和珅做官做到這個份上，壽不得正寢，福未能盡享，「南柯鄉里夢未覺，白練偏向梁上懸」！這誠然是和珅的悲劇，也是所謂的「康乾盛世」貽笑於後人的一個大荒唐。

和珅在朝中二十餘年，即使位極人臣，但「歲俸銀 **和珅像**
一百九十兩」的薪資也未必能讓他暴發至此，可見他弄權斂財的手段是怎樣的了得！和珅手裡攥著一根線，一頭串住了伏惟惶恐、搖尾乞憐的地方官，是蚱蜢；另一頭又牽牢了年邁昏聵、性嗜揮霍的乾隆爺，仍是蚱蜢。和珅處在中間的位置上，雙方利益均沾，權錢數運兩旺，吃「蚱蜢血」竟吃出一個「位列宰輔」的世界首富來，這實在是一個充滿西方幽默的「中國玩笑」！

在乾隆朝摩肩接踵、威儀烜赫的朝班序列中，我們萬萬不可忽略了兩個頻頻持笏言事的朝臣：一位是面貌寢醜的劉墉，另一位則是在腰裡別了個大煙袋的紀曉嵐。

劉、紀兩人才高八斗，名馳海內，都是乾隆御下的第一大才子。劉墉自己曾說：「我生平有三藝，題跋為上，詩次之，字又次之。」其實他書法的成就最為卓著。中年後融諸家大成而自成一家，超然獨立，推為一代之冠。說到那個紀曉嵐，我們熟悉他微言大義、語多雋永的《閱微草堂筆記》，卻少有人知道他曾呆在國史館裡替乾隆編纂了卷帙浩繁的《四庫全書》，其博覽之豐，才名之熾，冠蓋當朝。

這兩位大學士都做過乾隆手下的「左都御史」，熱衷於發動奏議，彈劾劣黨，且好「風聞言事」，褒貶時政，往往是語出似劍，驚動四座。這自然容易惹火燒身，卻也在民間給他們留下了不錯的口碑。歷史延續到今天，仍有人拿「劉羅鍋」的故事在教育世人，乃有人爭閱紀曉嵐的文章而捧若琬

琰，這無疑佐證了人們對劉、紀二公在文化人格上的認同和敬崇。

然而，當大清朝的生存空間和文化空間裡突然殺出了一個無法無天的和珅，他們在錯愕之餘，竟變得格外含蓄和拘謹起來。

劉墉跟和珅的一次交鋒是在彈劾山東巡撫劉國泰的問題上。乾隆四十五年，御史錢灃查知山東官吏貪婪無厭，征賂州縣，便在金鑾殿狠奏了一本，要將劉國泰「舉職拿問」。乾隆明知這山東巡撫原是和珅親薦之官，便命劉墉協助錢灃「再行查實」，不可據「一時無根之談託言陳奏」。劉墉辦案，向以雷厲風行見譽，此次微服入魯，未出旬餘，便將劉國泰一案查了個水落石出。不料在回京途中，劉墉又意外地截獲了劉國泰遣人飛馬送給和珅的一封密信，他幾乎不相信這是真的，他的手給猛地烙痛了！劉墉步履蹣跚地走進了西風夕照裡的官驛，居然閉門數日而不出。眼看交差的日期已近，劉墉和他的僕從們才選擇了先前走過的那條黃土古道，繼續北上。一路上黃葉紛飛，驚鴻聲聲，坐在馬背上的劉墉鬢髮飄零，瘦若秋風……

是年孟冬，惡貫滿盈的劉國泰在朝中伏法。當乾隆拿著劉國泰的密信徵詢劉墉的意見時，劉墉卻說：「拘審劉國泰多日，和大人嚴詞拘訊，無有私情。」乾隆馬上結論說：「國泰對和珅是一廂情願，確無私情」。一樁涉嫌和珅的朝廷要案就這樣波瀾不驚，像驅趕一隻擾人的蚊子那樣被輕輕拂過。

而此事過後，劉墉因「察山東案有功」，升工部尚書。應該說，他敢把這封密信呈於乾隆，不啻給了和珅一個小小的儆示。這當然出於他「食君俸祿」的人臣本分，也是他作為「左都御史」的職業良心使然。也許此番對「密信事件」的降溫處理，大異於他以往除惡務盡的辦案作風，但和珅的背景複雜，政治舞臺上晴雨難料，豈可「輕露其芒，動輒有傷」？劉墉為乾隆十六年進士，畢竟做了幾十年的京官，其間坐過監獄，也得過皇寵，宦海沉浮，官場歷練，已使過了知天命之年的他真正地成熟起來了。君子凡有所作，必取「忍」字為先，以求自定。這是連傻子都懂的道理，何況是學貫百家，深得黃老精髓的劉墉呢？

劉墉跟和珅的較勁從此轉入「地下」，彼此都心存戒備，彼此都把對方

大清才子命運

大學堂

推到當然的政敵位置，但他們之間偶有發生的摩擦，則大多表現為一種玩耍式的鬥氣。某年某月，和珅在皇上面前嘲弄劉墉駝背，有礙聖視，以為不宜位列朝班。這卻引出劉墉的一番絕妙說辭。劉墉說：「和大人所言甚謬，自古就有眼斜貌醜者在朝為官，且為官清正，萬古流芳。」乾隆問：「朕倒不知是哪一位？」劉墉順水推舟：「五柳先生陶淵明，其風如何？」乾隆答：「其風如菊。」劉墉馬上振振有詞：「有詩為證，『采菊東籬下，悠然見南山』，這五柳先生如若不是斜眼，怎能東籬采菊卻望見南山？」此語一出，滿朝譁然。和珅卻逮住不放：「這純屬戲謔之言，實是對皇上不敬。」乾隆哈哈一笑，和稀泥道：「雖是牽強附會，卻見才思敏捷，實為詼諧，並無不敬。」……在類似的宮廷笑鬧中，劉墉總能在乾隆爺寬容的翼蔽之下向和珅討得一點半點的便宜，且智慧火花迸濺，妙語總能解頤。他還以駝背為題做了一首自娛詩，詩云：「背駝負乾坤，胸高滿經綸。一眼辨忠奸，單腿跳龍門。丹心扶社稷，塗腦謝皇恩。以貌取才者，豈是賢德人？」這首詩在京城不脛而走，曉之婦孺。劉墉寫這首詩至少是一石三鳥，一是討好乾隆爺，二是拔高了自己，三是罵你和珅。「痞氣」十足的劉墉分明是在說：今天我劉羅鍋明裡罵你也不怕你對號入座，你去吹鬍子瞪眼好了，活活氣死你！這就是劉墉的手段，也是天下讀書人在積憤愈深時藉以發洩的慣用法寶。

無獨有偶，同樣好於此道的還有紀曉嵐紀大學士。

乾隆四十七年，和珅家裡的天香閣落成，又值其母生日，便請乾隆御駕遊園。乾隆因紀曉嵐編纂《四庫全書》有功，遂邀他同往，以為助興。沒料到紀曉嵐全然不顧「第一大才子」的體面，一到和珅家裡就要吃要喝，一壺茶工夫就吃了人家一隻三斤重的蹄膀。膳罷，乾隆提議要為和母題詩，紀曉嵐晃著個大煙袋，噴出一口濃煙也帶出一句詩來：「這個婆娘不是人」，唬得滿座皆驚愕，以為他搭錯了神經。又聽他吟：「九天仙女下凡塵。」大家才如釋重負。驚魄甫定，不料他又迸出一句：「生個兒子去作賊，」眾人無不嚛聲失色，卻見他拈鬚吟來：「偷得蟠桃送母親」。大夥兒聽了哈哈大笑，和珅也轉怒為喜。

乾隆皇帝時常與紀曉嵐、和珅談論天、地、人三者相關之事。這年，寧夏銀川地震，驛馬快傳入京，乾隆皇帝展表一看，內報曰：「十二月二十四夜初更，地忽震。有聲在地下如雷，地搖盪掀簸，衙署即傾倒。寧夏地苦寒，冬夜家設火盆，屋倒火燃，城中如畫。地多裂，湧出黑水，高丈餘。是夜，動不止，城堞、官廨、屋宇、城堡，無不盡倒。震後繼以水火，民死傷十之八九，積屍遍野。暴風作，數十里皆成冰海。」

乾隆見報大驚，急召紀曉嵐、和珅商洽銀川救災之事宜。

乾隆憂慮道：「天降災禍，乃警示也！朕有何失道之隙，請愛卿明言指出，以正人道而順天道。」

和珅獻媚安慰道：「皇上何必為一個小小地震而憂心。地震在西北，乃預示西北邊陲狄夷將衰落，對我朝來說，乃是好事一椿，皇上應該寬心高興才是。」

紀曉嵐聽了，馬上指責和珅道：「地震是發生在我大清國土之上，百姓遭受苦難，你不勸告皇上速解民苦，反要皇上高興，你的良心何在？」隨之，上前奏曰：「皇上能自謹自查失道之隙，此乃皇上英明之處。現銀川百姓處於水深火熱之中，正翹首懸望朝廷予以解危，現今當務之急，應是速派賑濟大員，趕赴災地救急。待民眾生活恢復安定之後，即應著手修復那禦敵城堡，以防狄夷乘虛而入，再次擾亂民安。」

乾隆覺得紀曉嵐的救災防禦兩項措施提得甚為得當，即宣諭按紀曉嵐所講的照辦。

和珅剛才本要拍乾隆皇帝的馬屁，想不到卻被紀曉嵐搶白了一番，心裡很不是滋味。現聽皇帝說是要選派賑濟大員赴寧夏，不禁大喜，覺得是個撈錢的機會，急忙上前自薦道：「皇上，適才紀學士責我『良心何在』，今和某自請前往寧夏賑濟救災，以表和某憂國憂民之心。」

乾隆皇帝聽了，高興道：「難得和愛卿一片忠心和愛民之心，深得朕之歡心。」

紀曉嵐在旁嘲笑道：「和大人想當賑濟大員，怕是一片財心呀！」

和珅老宅

　　乾隆皇帝道：「紀曉嵐，你這話從何說起呢？」

　　紀曉嵐道：「皇上您難道沒聽說過，和中堂是個善於理財之人，而且更是善於撈財的。」

　　和珅一聽，即刻火冒了起來，指著紀曉嵐罵道：「紀曉嵐！你瘋了你，竟敢在皇上面前胡說八道！皇上，您看，這紀曉嵐無中生有在誣陷和某，該當何罪？」

　　乾隆皇帝道：「是呀，紀曉嵐你怎麼無憑無據說是和珅善於撈財呢？他撈過哪些錢財？」

　　和珅即刻道：「是呀，紀大煙袋！皇上英明，他就不相信我會撈什麼財的，你竟抽煙抽昏了頭腦，隨便誣陷好人！」

　　紀曉嵐笑道：「我只不過開開玩笑而已，和中堂何必那麼當真。不過，和中堂有『雁過拔毛』的本領，倒是人人皆知的呀。」

　　乾隆皇帝道：「開玩笑也得有分寸，怎能將堂堂的一品大員隨便拿來開玩笑？」

　　和珅馬上附和道：「是呀，是呀！皇上要為臣作主，追究紀曉嵐的大不

敬之罪！」

紀曉嵐道：「和大人，你這人眞是『狗咬呂洞賓，不識好人心』。你說，那寧夏是什麼地方，路途有多遠，行路有多艱難，那地方有多荒涼，你知不知道？你養尊處優慣了，那是你去的地方嗎？我這麼一攪和，皇上就另選了別人，這豈不是爲了你好？」

和珅道：「皇上，你看看，紀曉嵐誣陷了我，還說是爲了我，眞是『銅牙鐵齒』，儘是他有理！」

紀曉嵐奏道：「皇上，賑濟救災須得有大筆的錢糧銀餉，當前國庫虧空，哪來這麼多的救濟錢糧呢？救災如救火，有錢出錢，有力出力。和大人富可敵國，可讓他出錢賑濟，一則可解國庫虧空之急，二則可表和大人對災民的愛心和對皇上的忠心。豈不兩全其美？」

乾隆皇帝驚問：「什麼，國庫虧空？這麼大的事，朕怎不知？」

紀曉嵐道：「這事應問和中堂和大人了。他隱瞞不報，是犯欺君之罪的呀！」

乾隆皇帝道：「和珅，國庫虧空之事，爲何隱瞞不報？」

和珅一聽，急忙跪下，顫慄地磕頭謝罪道：「臣該萬死！臣實不該向皇上提出『收繳議罪銀』之策！導致今日國庫虧空之局面。」

原來，乾隆皇帝曾聽信和珅的花言巧語，不顧紀曉嵐的反對，竟頒佈了一些什麼「收繳議罪銀」之類的條令，其條令是，被查到的受賄官員，能自動上繳一定數目的銀兩，便可以不受罰，還可以繼續做官。這樣，本來不敢貪的或小貪的官員，膽子就變大，就敢貪或變大貪了；那些本來是貪官的，頒佈條令之後，更加變本加厲。他們不僅刮盡了民膏民脂，而且還挖空心思巧立名目，化公爲私，如拆下城牆修建新房，又拆了舊房補修城牆，這樣，拆拆補補的費用，全是向朝廷伸手要錢，而從費用中剋扣下來的銀錢，全落入那些貪官污吏的腰包中。結果，造成了民窮國庫空的嚴重後果。

乾隆皇帝聽和珅說是因提出「收繳議罪銀」而導致國庫虧空的局面，心想，條令是自己頒佈的，這個責任自己也有份，便說道：「既然是因『收

繳議罪銀』而導致國庫虧空，那麼朕也有責任。現在朕宣佈，廢除『收繳議罪銀』的條令。和珅和朕既犯有錯誤，就得當罰。紀曉嵐，你說，該如何罰？」

紀曉嵐奏道：「臣說過：『救災如救火，有錢出錢，有力出力』。既然皇上和和大人肯認罰，恕下臣斗膽定裁，你們就各出一半錢糧。如果皇上手頭緊的話，那一半就請和大人代出，以表其對皇上的一片忠心。為臣也知道，那些救濟錢糧，對和大人來說，只不過是『九牛之一毛』而已。救災人人有責，既然你們出了錢財，紀某便要出力了，願不辭勞苦親往寧夏賑濟。」

和珅聽了，心裡更恨紀曉嵐，既要斷他撈財之路，又要讓他破費大宗的錢財，他如將賑濟之事攬到手，可以在賑濟中撈回損失的錢財。於是急忙上前奏道：「皇上肯認罰是皇上英明的展現，錢財事小忠心事大，下臣願代出錢糧，以表下臣對皇上的一片忠心和孝心。既然錢糧全由下臣出，那賑濟之事當然也應由下臣辦理才妥當，臣願肝腦塗地以報皇恩。」

乾隆皇帝道：「怎麼啦？賑濟之事乃是件苦差事，你們兩人竟都爭著去，這其中定有緣故！既然要爭，我就出個題目，看誰能完成得好誰擔當此事。好，就這樣定了！」

紀曉嵐道：「請皇上出題。」

乾隆皇帝道：「你們兩人就以地震為題，談談地震與人事的關係，之後要用一副對聯來概括，誰論得有道理誰去。和珅，你就先談吧！」

和珅眨巴著眼想了想，答道：「這腳下的地本來是好好的，怎麼說震就震呢？哦，對了，地震是老天對我們的一種警示，這叫什麼來著？……」

乾隆皇帝提示道：「這叫『天誡』！」

和珅高興地接下道：「對對對，叫天誡。皇上真是天資聰明，一語道出了地震的本質，又使臣頓開茅塞。好，我接下說，地震這種災異是一種天誡，它關係著王朝的興衰。如商帝乙三年，岐山地震，那是預示商朝無道，不久周便代替了商。又如，周幽王因昏淫無道，於周幽王二年就有岐山三川

皆震，山崩川竭。再如，漢呂雉篡了漢惠帝劉盈帝位，天怒人怨，於高後二年，甘肅武都就發生了地震。為此，臣就以聯概之：『天道恢恢行譴誡……人世冥冥致災殃』。」

乾隆皇帝聽了點頭稱是，說道：「好，輪到紀愛卿了。」

紀曉嵐道：「和大人談論得不全面。臣以為，各朝皇帝若能做有道明君，雖天降災殃，對朝廷人事亦不足為害。如漢文帝元年齊、楚地震，二十九山同日崩。因漢文帝乃是有道明君，他以慈惠愛民見稱。他認為，地震是『天地之不足，人定可勝天，天亦悔禍，此人所以與天地參也』，此次地震促使他重新審查自己的治國之道，國家變得更加強盛。又如，先朝康熙皇帝在位期間共發生大地震15次，災情之重，損失之大，歷史罕見，然而，先皇治國有方，很快就醫治了地震創傷，達到國泰民安，創下了康熙盛世。臣也以一聯概之：『周幽王無道三川竭而亡，漢文帝有德諸山裂至治』。」

乾隆皇帝大喜道：「論得好，還是紀愛卿說得全面，朕和愛卿一籌。朕下諭，和珅、紀曉嵐聽旨：和珅備足賑濟糧餉即日交付工部。紀曉嵐為賑濟欽差，速赴寧夏賑濟救災！」

在與和珅的明爭暗鬥中，紀曉嵐的聰明就顯示在這些方面。平心而論，他打心眼裡看不起，也惹不起和珅，就這麼語藏機鋒，讓你去一驚一乍，讓你惱不得，恨不得，心裡卻像吞了蒼蠅那樣不自在。他無力動搖和珅，只能興之所至，打幾個「擦邊球」。不錯，憑紀曉嵐的那散漫和落拓，我們還能更多地要求他做些什麼？

薰蕕不可同器，牛驥安能同槽？歷史把劉墉、紀曉嵐與和珅的名字戲劇性地安排在一起，看奸的如何作奸，看忠的怎樣盡忠，都說中國士子得意時便尊儒入世，失意後就崇道出世，這劉、紀二公竟是儒還是道，是非儒非道，不是亦儒亦道？「自古忠奸同冰炭」，其實清濁猶如忠奸，哪裡能像評話小說那樣簡單分辨得清楚？

就在和珅飛揚跋扈，整個大清基礎為之隱隱顫動之時，有一個小人物大

張旗鼓地向他發難，而另一個小人物則已經動手爲他挖掘盛屍斂身的墓葬之穴了。

這第一個小人物叫尹北圖，雲南昆明人，爲內閣學士，兼禮部侍郎。乾隆五十五年，逢乾隆八十歲壽大典，在全朝文武一片嗡嗡嚶嚶的頌揚聲中，冷不防殺出了一個尹北圖，屬詞指陳當朝推行的「議罪銀」制度弊端百出、貽害甚廣，且各省督撫因此而吏台廢弛，聲名狼藉，商人、百姓無不怨聲沸沸，佇罵於途，直說得天顏震怒，從他八十壽典的龍座上跳了起來。尹北圖的此番發難，其矛頭直逼和珅。所謂「議罪銀」制度，就是乾隆晚期「以銀抵罪」的治案條例中的一條，其始作俑者和實際受惠者則是和珅及其一班奸佞桀口的死黨。此例一開，各級官吏有事沒事者堂而皇之地拿錢說話，勒索屬下，搜斂地方，黎民百姓，烹爲魚肉。應該說尹北圖這一著是該刺刀見紅的，但他未能準確把握好時機，結果非但沒有彈掉和珅的半根汗毛，還落個「虛謗朝事，蔑視朕功」的不赦之罪。

這尹北圖卻不愧是一條漢子，在刑部判了他「斬決」之後，居然大呼「和珅小人」，搖身跺足，窮極唾罵，嚇得前來「監審」的和珅面無人色，倉皇而走。後乾隆開恩，赦其不死，尹北圖以母老乞歸，結果病死驛中。有意思的是，爲其驗屍的仵作竟從他的袍袖間，從他像雞爪一樣僵縮的指掌裡摳出一篇折疊起來的無題文稿，字字是弧瘦金體，筆筆顯得剛勁峭拔。

文曰：「日月行天於永遠，乃因其通體光明；江河萬古不廢，實由百折不回。日月雖有蝕缺，卻一心總想光明；江河雖遭阻擋，卻只向東方。其心如此，其性如此，何物可奪其志，何物可折其性！……」

全文凡三百餘字，每一字皆爲珠璣，每一句盡顯錦繡。讀之如長風過耳，驚濤撲面，一股震懾靈魂的浩蕩之氣將你裹於其中，熱血爲之奔湧，心脈爲之狂跳，即使休眠已久，但仍深蓄於體內的理性和良知也霎時爲之萌動歡躍。這是一篇示之權貴的宣言書？還是一本引以爲律的備忘錄？是一紙啟發鴻蒙的警世說，還是一方昭鑒後人的墓誌銘？不管怎麼說，尹北圖死得乾乾淨淨，去得一無掛礙，他既不想別人來弔唁，也不要別人來追謚，他的死

大清才子命運

如同他的生，整個兒是明朗的，大氣的，沒有半點畏怯，也不存絲毫矯情。

後來，這份遺稿輾轉到和珅手裡，竟使和珅在較長的一段時間裡「慨然不作」，病臥榻中。他抱病作了一首《無題》詩云：

> 既道無愁卻有愁，詩不良士自休休。
> 人情變幻同飄絮，世事沉浮等泛舟。
> 鄰我東西皆一律，後先真妄總宜收。
> 成仙成佛事由己，始信莊生悟解牛。

應該說和珅還是有一點危機感的，畢竟他樹敵過多，且身上的血腥味太重。雖然皇寵有加，權柄日重，但他還是在尹北圖的遺稿裡讀出了「人情變幻」的莫測，「世事泛舟」的恐懼。想像不出他是在何種情形下寫這首詩的，他那「白如蔥根」的纖長手指在他搦管拈毫的那一刻，會不會像發了瘧疾那樣地瑟瑟發抖？

「孔子作春秋，亂臣賊子懼！」這話該是不假的。

和珅的預感並非宿命。另一個叫朱石君的人正在日夜兼程，憂勞不輟，義無反顧地做了他的掘墓人。朱石君，順天大興人，乾隆十三年進士，為山西代理巡撫。他是一個較為純粹的讀書人，視政之餘，唯學問讀書是好；但他又不能不看到和珅當道、朝政廢弛，官府衙門徇庇同黨，蒼頭百姓深陷水火的嚴酷現實，他因此窮思竭慮，夙夜憂歎。「國運飄搖民如煮，躬事翰墨豈安然；哪得神擘拯水火，共工怒觸不周山。」他終於無心於翰墨，走出了書齋。他冷眼注視著朝廷，他在焦灼的期待中尋索著希望。

朱石君最後把目光投注到儲君顒琰身上，他的眼睛迸出一道熾烈的光亮。

朱石君按捺不住「眾裡尋他千百度」的喜悅：「啊啊，這可是咱大清未來的皇帝，這是一塊渾然天成的玉璞！他日收拾和珅屍骨者，非其屬誰？」清制規定：大臣一律不准接近皇子，違例者斬。朱石君接近這位儲君的唯一

104

途徑，就是設法去做他的老師。

目標已定，這位膽大包天的朱石君便開始動作起來。他幾乎在一夜之間搜集了乾隆的所有詩作，然後關進書房，逐首唱和，見機獻與皇上。乾隆大喜，漸漸與他有了翰墨往來，初時寥寥，後來頻頻不絕。稍後，朱石君又把乾隆的詩文分門別類，編輯成部函，加上注釋和按語，評論那些詩歌過「三曹」，比肩「李杜」。乾隆本來就頗視自己的詩作高妙，而朱石君又精當地點出了其「形象大於思維」之處，禁不住他三捧兩捧，御筆一揮，批註道：「以上所語都是紀實，其題跋更為得體恰當，知我詩文之博大精深者，朱愛卿也！」一高興就把自己的著作欽定為皇子皇孫的補充教材（或云「鄉土教材」？），而朱石君這位「學術權威」就順理成章地被任命為「上書房師傅」，並專授皇十五子顒琰之學業。是年為乾隆五十一年。

好一個朱石君，他終於盼來了能親臨「上書房」，執師道之尊，盡人臣忠義的日子。他發誓把顒琰培養成一個能辨忠奸、明是非，憂國憂民，摒奢尚儉的君王。於是，他在教授顒琰李杜詩篇、韓柳文章、蘇辛詞句的同時，更從《四書》、《五經》中闡發仁政愛民、國以民為本的道理；對歷代帝王的治國方略，成敗教訓，尤其講得明白，析得透徹。當講到《出師表》中「親賢臣，遠小人，此先漢所以興隆也；親小人，遠賢臣，此後漢所以傾頹也」時，更是批隙導窾，循循以誘；動情之處，竟自涕泗滂沱，聲淚俱下。

朱石君無疑是一個最最傑出的工程師，他是在教書，他更是在塑造一個未來帝王的英明靈魂。星換鬥移，一根剪除大奸的絞索在悄悄編織著……

忽喇喇如大廈傾，昏慘慘似燈將盡。大清，終於氣喘吁吁地走到了西元第18世紀的盡頭，世紀末的晚鐘響徹原野。和珅這位長了個聰明腦袋的大清巨佞，直到他在嘉慶手裡栽覆時，也沒曾想到：早在十多年以前，一個與他素無怨隙的糟老頭兒，已那樣毅然決然地宣判了他的死刑。

「和珅們」的後人評論

一部電視連續劇《鐵齒銅牙紀曉嵐》火遍大江南北，著實有點出人意料，平心而論，有關紀曉嵐的生平並無太多令人回味之處，在那個時代，像紀曉嵐這樣的文人多如牛毛，恃才傲物，想清高而又不能脫俗，憑著肚子裡的那點墨水，在皇帝老兒面前裝瘋賣傻，加上劇中戲說的成分太多，不值得太多圈點。倒是那個油腔滑舌、八面玲瓏的大貪官和珅，讓人看後感慨萬千，思緒總是離不開那個老問題：在浩瀚的歷史長河中，「和珅們」為何總是吃香？

和珅其人，歷史上有過明確記載：清朝大臣。字致齋，滿洲正紅旗人，生員出身，原在鑾儀衛當差，因善於逢迎獻媚，深得乾隆皇帝所寵，屢擢為戶部侍郎兼軍機大臣、侍衛內大臣、理藩院尚書。乾隆四十六年（1781），任欽差大臣，與阿桂督師鎮壓蘇四十三領導的甘肅撒拉族、回族人民起義，升任文華殿大學士，封一等公。他擅權納賄，貪贓枉法，網羅親信，禍國殃民，控制朝政達二十年。嘉慶四年，被諸官彈劾，論罪賜死。抄家產計八十三號，其中二十六號折銀二億多兩，故民間有「和珅跌倒，嘉慶吃飽」的說法。一部和珅的發家史，可以說是中國歷代官場的一個縮影。

代代朝朝，朝朝代代，無不是貪官和弄臣們的天下。一些人工於心術，把全部的智慧與聰明用在了投機鑽營、結黨營私、謀取私利上。按理說，這樣的貪官既是人民的公敵，也是毀掉皇帝老兒世代江山的蛀蟲，這是為歷史所一再證明了的，可奇怪的是，不管是昏君還是明君，身邊總少不了幾個像和珅這樣的人，深得皇帝老兒的賞識和寵愛，前後左右，把持朝政，甚至「挾天子以令諸侯」，成為地地道道的「竊國大盜」。乾隆皇帝應該算得上是一個明君，對和珅的所作所為也並非一無所知，可還是被和珅利用。真是千古之謎。

和珅老宅大戲樓

　　說來說去，皇帝也是人，不是神，是人就肯定有共同的愛好與弱點，喜歡阿諛奉承，聽信讒言，奴才給他幾句臭恭維，再來個「萬歲不離口」，就不知道自己是姓什麼的，再加上貪官手中有的是錢，逢年過節，投其所好，或者是民間珍藏，或者是稀世珍寶，或者是絕代佳人……說到底，皇帝老兒不是不知道「和珅們」的奸滑，而是他離不開這樣的左膀右臂，若是缺少了「和珅們」的伺候，皇帝老兒也就過不成「皇帝」的快活日子了。民間有話：「千穿萬穿，馬屁不穿。」就是這個道理。古今中外，概莫能外。而「吃人家的嘴短，拿人家的手軟」，明知「和珅們」做盡見不得人的壞事，也不得不「睜一隻眼閉一隻眼」，有時還免不了替其打個圓場，充當一下保護傘。所謂「拔出蘿蔔帶出泥」，事情鬧大了，自己的那點「好事」也就免不了公諸天下，有損「皇室的臉面」。這大概就是「和珅們」每每吃香的原委所在。

　　另一方面，「官官相護」是中國官場的痼疾，大凡當官的，不論其官位高低，職務大小，屁股後面總有點不那麼乾淨，總有一些「小辮子」可揪，遠的不說，一座「遠華紅樓」就醉倒了多少貪官，至今也沒有一個說法。都在官場中，吃點拿點，玩個把女人，已是「小菜一碟」，只是大家「心照不宣」而已，而「和珅們」利用的就是這一點，抓住你的「小辮子」，威逼利誘，不怕你不就範，於是你就只好心甘情願地成為他的死黨，為虎

作恨，更加大膽地搜刮民脂民膏。「和珅們」的勢力一天天壯大，就是皇帝老兒有心動他，也奈何不了，推「革新」的皇帝有幾個有好下場的？你要推「革新」，就要反「腐敗」，這樣你的對手就是一大批大大小小的官僚，他們人多勢眾，加上有幕後撐腰，你那幾個書生意氣，還真不是對手。聰明的主子，大多只是想方設法利用「和珅們」的勢力，達到鞏固自己統治地位的目的。除非是「和珅們」犯了眾怒，又不把皇帝老子放在眼裡，忍無可忍之下，才像嘉慶皇帝那樣，將他們「斬首示眾」。然而，殺掉一個「和珅」，又會滋生出幾百個、幾千個……「和珅」，他們的生命力遠比韭菜要強，因為他們本身就是官場的產物，只要有官場在，就少不了是「和珅們」的天下。

「和珅們」吃香，有其一定的必然規律。誰來打破這種規律？這既是國運所繫，也是民眾所盼，但是，有句老話，「百無一用是書生」，靠你我這樣的書生肯定是不行的。對於「和珅們」，我們除了恨，好像也沒有別的辦法。「紀曉嵐」能鬥得過「和珅」嗎？

「三百年間第一流」的文才名儒龔自珍

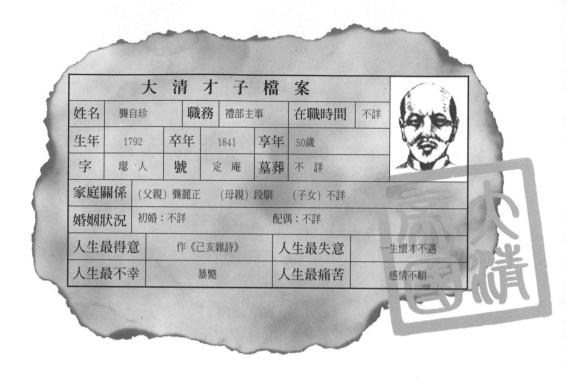

大清才子檔案					
姓名	龔自珍	職務	禮部主事	在職時間	不詳
生年	1792	卒年	1841	享年	50歲
字	璱人	號	定庵	墓葬	不詳
家庭關係	(父親) 龔麗正　　(母親) 段馴　　(子女) 不詳				
婚姻狀況	初婚：不詳　　　　　　　配偶：不詳				
人生最得意	作《己亥雜詩》		人生最失意	一生懷才不遇	
人生最不幸	暴斃		人生最痛苦	感情不順	

懷才不遇的書香才子

　　龔自珍字璱人，號定庵，更名鞏祚，又號羽山民，浙江杭州人。生於清乾隆五十七年（1792）七月初五，卒於道光二十一年（1841）八月十二日。他出身於一個仕宦的書香門第，祖父龔敬身爲乾隆進士，曾任內閣中書、知府、道員等官；父親龔麗正爲嘉慶進士，曾任知府、兵備道、署江蘇按察使等官，是乾嘉時著名訓詁學家段玉裁的門生和女婿；母親段馴，在當時也頗有文名，著有《綠華吟榭詩草》。龔自珍從小受到經學和舉業的薰陶，8歲便讀《登科錄》。龔自珍38歲中進士，留京任禮部主事，主客司主事等職，提過一些改革政治的建議，不被人重視。他和林則徐、魏源等人同爲禁煙派，議論激烈，得罪權貴，受到排擠。後回到杭州任紫陽書院講席，又到丹陽雲陽書院教書，1841年暴卒於丹陽。

　　嘉慶七年（1802），11歲的龔自珍隨父親來到京師，先師事建德貢生

宋璠，次年又隨外祖父段玉裁讀《說文》，接受了嚴謹的訓詁訓練。14歲即考究古今官制，撰有「漢官損益」等文。16歲開始通讀《四庫全書提要》。他不滿足於私塾之學，曾逃到附近的法源寺去讀書。21歲時，龔自珍由副榜貢生考充武英殿校錄。未幾，又隨父往徽州任官，參加了《徽州府志》的編撰，負責修撰「人物志」，並創立「氏族表」，初步顯示了才華。然而，他的科舉仕途卻坎坷不平，27歲考中舉人，以後五次參加會試考選進士，都落榜不第。十幾年中，他隨父親升遷調任，往來於直隸、江蘇、安徽一帶，出入官

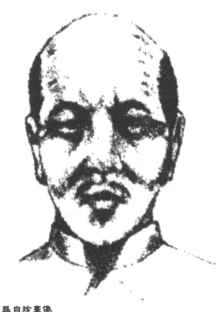

龔自珍畫像

場，目睹吏治的黑暗腐敗、貪污橫行。這些人間不平事與他胸中積聚的懷才不遇悒鬱心情屢屢撞擊，迸發出改革弊政的思想火花。

嘉慶十八年（1813），天理教徒攻入皇宮的巨變震驚了朝野，嘉慶皇帝也不得不下「罪己詔」，然而同時卻把責任推在群臣身上，斥責他們寡廉薄德。龔自珍借此機會，撰成著名的《明良論》，第一次明快地表露了自己的政治見解，對君權專制進行抨擊。他指出，腐敗的原因首先在於皇帝視臣下如犬馬、奴才，使大臣不知廉恥，只知朝夕長跪，只知追求車馬、服飾，以言詞取媚君上。在這種制度下，「官愈久則氣愈偷，望愈崇則諂愈固，地愈近則媚益工」。入骨三分的針砭，令外祖父段玉裁閱後又驚又喜，他欣然加墨批點：「四論皆古方也，而中今病，豈必別制一新方哉？」他欣慰地說「猶見此才而死，吾不憾矣！」這一時期，龔自珍詩文中「傷時之語，罵坐之言，涉目皆是」，「甚至上關朝廷，下及冠蓋，口不擇言，動與世忤」。龔自珍此時期的政論文章，揭露重於說理，感情重於理性。他需要更深刻的

思想理論來闡明自己的信念主張。

　　嘉慶二十四年（1819），28歲的龔自珍會試不中，在京師與魏源一起師事今文學家劉逢祿，研讀《公羊春秋》。今文經學本是西漢的一個儒家學派，他們以五經推測人間禍福，以微言大義解釋統治權術，帶有濃厚的神秘色彩，在諸經中尤重《春秋公羊傳》。古文經學則相反，注重詮釋詞義、訓詁名物，不問政事，在諸經中推崇《周禮》。自魏晉以降，今文經學一直無立足之地。然而到了清中後期，作為對乾嘉漢學埋頭考據、脫離實際的一種挑戰，今文經學開始復興，首倡者為莊存與，劉逢祿是他的外孫和學生。龔自珍從劉逢祿講述的今文經學那裡找到以微言大義、託古改制的形式來闡發自己改革思想的理論根據，他興奮地在詩中吟道：「昨日相逢劉禮部，高言大句快無加；從君燒盡蟲魚學，甘作東京賣餅家。」從此，他便以今文經學家的繼承者自許，「但舉大誼，不為厄詞矣」。

　　嘉慶二十五年（1820），龔自珍會試再度落第，以舉人挑選為內閣中書。從道光元年起，又任國史館校對等官職，先後十幾年。其間，他閱讀了內閣豐富的檔案和典籍，勾索舊聞，探討歷代得失，以後又參加《大清一統志》的修撰，寫出了《西域置行省議》等有深刻見解的文章。

　　道光九年（1829），38歲的龔自珍經過第六次會試，終於考中進士。他在殿試對策中仿效王安石「上仁宗皇帝言事書」，撰《禦試安邊撫遠疏》，議論新疆平定張格爾叛亂後的善後治理，從施政、用人、治水、治邊等方面提出改革主張。「臚舉時事，灑灑千餘言，直陳無隱，閱卷諸公皆大驚。」主持殿試的大學士曹振鏞是個有名的「多磕頭、少說話」的三朝不倒翁，他「以楷法不中程，不列優等」，將龔自珍置於三甲第十九名，不得入翰林，仍為內閣中書。在歷任京官的20年中，龔自珍雖困厄閑曹，仍屢屢上書，指斥時弊，但都未被採納，甚至被同僚視為「痼疾」。這一時期，他也撰寫了更加成熟的一些政論，如《乙丙之際箸議》、《大誓答問》、《古史鉤沉論》等，譏刺封建官僚的昏庸。

　　在京中，與龔自珍密切交往的好友，除了魏源等常州學派的師友外，還

大清才子命運

有不少憂國憂民的有識之士，如姚瑩、湯鵬、張際亮、黃爵滋、包世臣等。他們常常在詩酒酬唱、賞花觀月的聚會中抒發自己救時補弊的情懷。道光十八年（1838）十一月，湖廣總督林則徐受命爲欽差大臣到廣東禁煙，龔自珍極表支持，作《送欽差大臣侯官林公序》，向林則徐建議嚴懲煙販，積極備戰，並表示願隨同南下，共事禁煙。

由於龔自珍屢屢揭露時弊，觸動時忌，因而不斷遭到權貴的排擠和打擊。道光十九年（1839）春，他又忤其長官，決計辭官南歸，於四月二十三日（6月4日）離京。同年九月又自杭州北上接還眷屬。兩次往返途中，百感交集的龔自珍寫下了許多激揚、深情的憂國憂民詩文，這便是著名的《己亥雜詩》315首。

振聾發聵地指摘時弊

龔自珍的思想在政治、學術、經濟、文學諸方面，都起了振聾發聵、開一代風氣的作用，其中尤以他猛烈批判封建黑暗、鞭撻混濁士林風氣的政治信念最爲激憤。

嘉慶、道光年間，雖已內盡隳壞，但官僚地主、士子文人卻還沉醉在「盛世」的迷夢之中，文恬武嬉，歌舞昇平。龔自珍以鋒利的筆觸，挑破了欺人外皮，無情地擠壓著內中的污穢。他在《西域置行省議》一文中指出，嘉慶以來國勢凌夷，已是「日之將夕，悲風驟至」的衰世了：

承乾隆六十載太平之盛，人心慣於泰侈，風俗習於遊蕩，京師其尤甚者。自京師始，概乎四方，大抵富戶變貧戶，貧戶變餓者，四民之首，奔走下賤，各省大局岌岌乎，皆不可以支月日，奚暇問年歲？

然而，在這樣危機四伏的社會裡，高踞於統治階級廟堂之上的又是些什麼人物呢？久居官場、出入士林的龔自珍看得很清楚：京師和地方到處充塞著昏庸卑劣之徒，他們只知道升官發財、封妻蔭子。這些醜類互相勾結，盤

根錯節，已形成一股強大的惡勢力。在他們控制下，「俄焉寂然，燈燭無光，不聞餘言，但聞鼾聲，夜之漫漫，鷄且不鳴」，整個社會呈現出一幅豺狼當道，正氣不伸，鴉雀無聲，黑暗淒涼的景象。龔自珍還指出，另一個使人才被壓抑、摧殘的原因是官場論資排輩的用人制度和專重八股的

曹氏會館——自珍故居

科舉制度。朝廷取士全看代聖賢立言、脫離實際的八股時文，因爲內容空疏無以見高下，便用楷法工整作標準。一個有幸得中的士子又面臨著以歲月的累積決定升遷的漫漫之路。自庶起士至尚書，大約需30～35年，至大學士又需要10年，這時身膺重任的一品宰輔「齒髮固已老矣，精神固已疲矣」，「仕久而戀其籍，年高而顧其子孫」，就像官府門口的石獅子，徒有其形，相向而坐。

　　爲了表示憤慨，龔自珍毅然將自己耗盡「華年心力」的2,000篇八股文付之一炬。他尖刻地嘲笑，「我家婦人，無一不可入翰林者，以其工書法也！」在這樣的惡勢力和制度的束縛下，整個社會各階層都在倒退，思想窒息，人才枯竭。以至到了「左無才相，右無才史，閫無才將，庠序無才士，隴無才民，廛無才工，衢無才商」的地步。目睹這種衰世頹敗現象，龔自珍晚年悲憤地呼出自己的心聲：「九州生氣恃風雷，萬馬齊暗究可哀，我勸天公重抖擻，不拘一格降人才！」他大膽地預言，一場大的動亂爲期不遠了。果然，在他去世的前後幾年，鴉片戰爭的戰火和太平天國的風雷便無情地衝擊著這個衰朽的皇朝。

　　在龔自珍的政治思想中，閃耀著特異光輝的是：揭露、批判腐敗現象的矛頭已經觸及到了君主專制制度。他斥責封建帝王爲了樹立自己「一夫爲剛，萬夫爲柔」的淫威，「未嘗不仇天下之士，去人之廉，以快號令；去人之恥，以嵩高其身」，「震盪摧鋤天下之廉恥」。在這種威脅利誘之下，

士大夫養成阿諛奉承的習氣，「自其敷奏之日，始進之年，而恥已存者寡矣！」因此，政事日壞，人才日鮮，也就是必然的了。龔自珍的揭露，實際上已把社會黑暗的根源歸結於封建君主專制。儘管他的認識還不具有從根本上改變封建制度的要求和意義，但他這種大膽淋漓的揭露，對後世的資產階級思想家每每有啓迪作用。龔自珍是一定時代和社會階級的代表人物，時代和歷史的進程，向中國封建社會提出了改革的要求。作爲這種時代社會要求的反映，龔自珍在揭露和抨擊衰世弊政和士林風氣的同時，還提出了救時補弊的改革主張，他大聲疾呼，「自古及今，法無不改」，「奈之何不思更法？」並提出一系列具體改革措施：淘汰冗員，將八股改爲策試，加強大臣的權力，興修水利等等。但是社會歷史條件還不可能使他突破封建制度的門檻和地主階級的侷限，只好把這一切寄託在希望出現的聖君身上，勸說皇帝自動改革。由於他的企求仍建立在補救舊制度之上，因而其改革思想較之對舊制度的揭露和鞭撻頗爲遜色，一系列具體主張也不外乎前人早已唱過的

龔自珍紀念館

115

老調。面對「外夷」強凌的時勢，龔自珍產生了抵禦外侮的愛國主義信念。他和林則徐、黃爵滋一起主張嚴禁鴉片；建議林則徐赴廣東禁煙，「火器宜講求」，「多帶巧匠」，「修整軍器」。並申明這場反侵略自衛戰爭的正義性質：「此驅之，非剿之也」，「此守海口，防我境，不許其入」，而不是畏縮顧預之流誣衊的「開邊釁」。龔自珍對鴉片戰爭的發展態勢很有預見，據記載，直隸總督上奏請裁撤天津水師，「謂無所用，歲計費且數十萬，上可其奏」。龔自珍聞知，急上書萬言，「言不可撤狀」，但不爲所用。兩年後，英國軍艦果然北上攻打天津，「人始服其先識」。龔自珍對西北邊疆也十分關注，曾協助歷史地理學家程同文、徐松修撰《會典》「理藩院」一門，在研究西北山川地理、部落源流的基礎上，較早地提出在新疆設省，開墾移民，防止外國殖民者入侵。龔自珍的早逝，使他的抵禦外侮愛國主義思想在政治思想內容中未能得到進一步發展。

龔自珍一生敢愛敢恨，深沉練達，悲願無盡，哀樂過人，劍膽簫心，感人至深，「怨去吹簫，狂來說劍，兩樣銷魂味」。龔自珍以「劍」喻抱負，以「簫」喻詩魂。橫劍爲國爲民，吹簫以心寄情。「來何洶湧須揮劍，去尙纏綿可付簫。」「一簫一劍平生意，負盡狂名十五年。」「氣寒西北何人劍？聲滿東南幾處簫。」激越和溫柔，鬱悶和深情，人生滄桑，仕途坎坷，集滿了他的一生。終於寫出了名垂久遠的315首《己亥雜詩》，成爲中國古詩史上最後的一座高峰。《己亥雜詩》是龔自珍一生經歷的記錄，其中有的是廓然胸襟，深切感時的激越，沒有絲毫的消極與頹唐的詩篇。展現了龔自珍一種深沉的奮迅救世的境界和豪邁情懷。

九州生氣恃風雷，
萬馬齊喑究可哀，
我勸天公重抖擻，
不拘一格降人才。

　　每個人的一生中，也許都會有難忘的夢。夢是一種寄託，情也是一種寄託，舊日的感情總像一場夢，而今日的夢又重溫舊日的感情。無論感情是否仍在，夢總是在的，人也總會有夢。雖然虛無飄渺，但情都會是最真。當真摯的故事都化作了教人悲哀、教人一生回味的夢時，該是如何心痛啊。龔自珍為了悼念他的這一簾又一簾幽夢，在他的《己亥雜詩》裡寫下了這麼多俳惻哀豔的詩句，透露出情感生活都叫人無從說起，猶如一首首幽怨的簫聲，似乎至今仍然能感受到經久而不散的繞梁餘音。

　　相傳在佛教欲界天的上界，異性只要相互握手或相視一笑，就可獲得滿足。龔自珍和佛教的緣和慧根，為自己找到了解脫的法門，也為他的精神戀愛找到了理論依據，終使他從常人難以排解的痛苦中走了出來，恢復了內心的平靜。1837年，龔自珍寫道：

「九月二十三日夜，不寐，披衣起，菊影在扉，忽證法華三昧。」
狂禪辟盡禮天臺，
掉臂琉璃屏上回。
不是瓶笙花影夕，
鳩摩枉譯此經來。

　　龔自珍認為自己開悟了，欣喜之情溢於言表。慾望消除了，激情化解了，傷痛撫平了。

佛言劫火遇皆銷，何物千年怒若潮？
經濟文章磨白晝，幽光狂慧複中宵。
來何洶湧須揮劍，去尚纏綿可付簫。
心藥心靈總心病，寓言決慾就燈燒。

　　「幽光狂慧」猶如錢塘江潮來，是斬之不斷，揮之不去的。磅薄而出的

激情，根本不是寂寞禪心可以抑制的。對自己破碎生命的狂吼，對不公正人世的憤懣悲愴。深諳了人生的短暫、孤獨，存在的虛無、荒謬，周遭的死寂、虛偽，只願以愛來作為人世最末的溫暖罷了。龔自珍一生，放浪形骸，且形於吟詠，存於文集，以至頗為人所詬病，甚至傳說後來他己亥年匆匆出都和後來暴卒於丹陽，即因為和顧太清一段情事。又說是被姬人毒死，皈依佛門不僅沒有挽救自己的心，也沒有挽救自己的命。是不是龔自珍太輕薄了，如他的這首詩表露出的心境？

大清才子命運

偶賦凌雲偶倦飛，
偶然閒慕遂初衣。
偶逢錦瑟佳人問，
便說尋春為汝歸。

今文為主的學術成就

　　龔自珍的學術信念，主要展現在他利用了「今文經學」這個舊的形式，使之與「經世致用」相結合，成為他關心國計民生，批評時政、改革社會的武器。

　　龔自珍並非清代今文經學興起的首倡者，他之前已有莊存與、孔廣森、劉逢祿幾代學人。莊存與生活在封建危勢漸露的清中期，再度提倡漢代應變的公羊信念，企圖以此調整舊的社會秩序，但他主要還是一個經學大師，與現實政治尚保持一定距離。劉逢祿雖然強調何休的「微言大義」，使公羊學逐步和實際相結合，由此可能引申出改制變革的新意，但他們都未脫出漢代以來今古文經學傳統鬥爭的窠臼。龔自珍自幼吮吸的是清代占統治地位的乾嘉漢學濃郁空氣，但面臨腐朽頹敗的社會現實，他對社會的認識也開始發生了變化，從而對今文經學的《春秋公羊傳》產生了濃厚的興趣。封建末世的

社會危機感和挽救這種危機的責任感，使他毅然離棄和抨擊脫離現實的考據漢學和宋明理學，「言生平惡《周禮》」，指斥「著書只爲稻粱謀」，「至竟蟲魚了一生」的迂腐學風。他認爲，道和學、治，本是一體。得天下者爲王，佐王者爲宰、卿大夫，交租稅者爲民，民之有識者爲士。王、宰、卿大夫與民「相與以有成者，謂之治，謂之道」，「是道也，是學也，是治也，則一而已矣」。這種把經學和現實政治緊密結合的認識，在清代今文經學中是一個新的發展。同時，龔自珍對漢代以來舊的今文經學也進行了改造和批判。

龔自珍著《定庵全集》

　　龔自珍十分強調人的作用，他批判董仲舒「受命之君，天意之所予也」的公羊學天人感應論，指出「天地，人所造，眾人自造，非聖人所造」，而人也是「自造」，「非聖造，非天地造」。極力主張破除對自然現象的迷信和神秘觀念，反對用今文經學對人間災異作穿鑿附會的解釋：「最惡京房之《易》，劉向之《洪範》，以爲班氏《五行志》不作可也。」建議根據欽天監中歷來彗星運行的記錄檔案，研究其規律，撰成一書，「可以摧燒漢朝天士之謬說矣」。他打破了由來已久的今古文經學森嚴門戶的拘束，吸收了「六經皆史」觀點，認爲《易》、《書》、《春秋》等，都是「蔔筮」、「記言」、「記功」之史，從而將今文學家眼中塗有神秘色彩的諸經，還原爲社會歷史的記載。龔自珍雖然以服膺今文經學相標榜，但實際上他與漢代董仲舒諸人已相去甚遠，既不主張尋章摘句、考據訓詁的漢學，也不主張以讖緯迷信附會臆說的公羊學，而是用今文經學的微言大義去闡發經世致用信念。在這個宗旨下，他又提出了樸素的辯證思想。

龔自珍認為，「自古及今，法無不改，勢無不積，事例無不變遷，風氣無不移易」。制度和朝代一樣，都是新舊更替，不斷變革的，已經陳舊過時了的制度、政令如果不自行改革，就必然被新勢力強制改革所代。他引申了公羊三世說的「據亂世升平世太平世」，把社會歷史解釋為「治世亂世衰世」三階段。從經世致用思想出發，他明確指出，當時的社會是「起視其世，亂亦竟不遠矣」，必須對種種醜惡黑暗的現象和制度予以揭露和改革。但是，究竟怎樣改革，他卻找不出明確的答案。儘管龔自珍是那個時代、那個營壘的佼佼者，但他畢竟要維護封建階級的根本利益，這種立場的限制，就使他的辯證思想仍然跳不出封閉的迴圈的圈子。他說：「萬物之數括於三，初異中，中異終，終不異初。」只承認現象的變異而否認質的變化，因此事物最終還要回復到原始的狀態。這種認識反映在政治態度上，即是一方面對腐敗現象嫉惡如仇，一方面又主張「風氣之變必以漸也」。

在抨擊腐惡、開通風氣鬥爭中表現為勇敢的猛士，在傳統儒學和封建根本倫常面前卻表現得迷惘和怯懦。這樣，篤信今文經學的龔自珍，晚年又「猶好西方（佛教）之書」，校讎佛經，撰《龍藏考證》等。這種矛盾交織的現象，說明他在經世致用、開闢新路的挫折中，「忽然擱筆無言說，重禮天臺七卷經」，只好向域外去尋求一些精神安慰和解脫了。

著述頗豐的文士詩才

龔自珍的文學成就，如同其政治思想是鴉片戰爭前夕這個變革時期的產物一樣，也以新的內容和風格在封建末世獨放異彩。

他寫成於南歸旅途中的《己亥雜詩》，是中國詩史上罕見的大型組詩，總結了幾十年來師友交遊、仕宦沉浮、著書倡說的經歷，也是對沿途所見社會凋敝、民不聊生景況所發的感慨。他的詩有意境清新、詞語瑰麗、高言快語的特點，不過使他的許多詩作不脛而走，備受推崇的真正原因，還在於它

對社會腐惡現實的無情鞭撻，
引起了人們的共鳴和激賞。

　　避席畏聞文字獄，著書都
為稻粱謀；田橫五百人安在，
難道歸來盡列侯？
　　浩蕩離愁白日斜，吟鞭東
指即天涯；落紅不是無情物，
化作春泥更護花。
　　津梁條約遍南東，誰遣藏
春深塢逢？不枉人呼蓮幕客，
碧紗櫥護阿芙蓉。

龔自珍塑像

　　這些慷慨、悲憤、擲地有
聲的煉句，深深地打動了迷惘而又不甘
沉溺的青年知識份子的意緒，喊出了久被壓抑的人們的心底之聲，因而使
他的詩歌從清代詩壇王士禎「神韻說」、沈德潛「格調說」、翁方綱「肌裡
說」等專重形式的樊籠中沖躍出來，被後世譽為「三百年間第一流」。龔自
珍的詩歌在藝術和思想、形式和內容的融合上，展示了一個新的境界，成為
晚清現實主義詩歌的開創者。

宣揚「師夷長技以制夷」的名士魏源

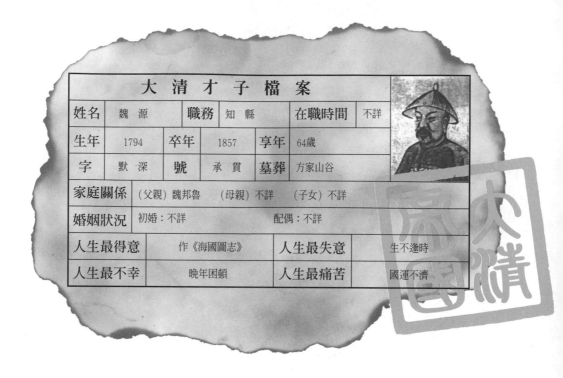

大 清 才 子 檔 案						
姓名	魏 源	職務	知 縣	在職時間	不詳	
生年	1794	卒年	1857	享年	64歲	
字	默 深	號	承 貫	墓葬	方家山谷	
家庭關係	(父親) 魏邦魯　　(母親) 不詳　　(子女) 不詳					
婚姻狀況	初婚：不詳　　　　　　　　配偶：不詳					
人生最得意	作《海國圖志》			人生最失意	生不逢時	
人生最不幸	晚年困頓			人生最痛苦	國運不濟	

注重國計民生的疆臣

　　魏源，原名遠達，字默深，又字墨生、漢士，晚年因信佛，自稱「菩薩戒弟子魏承貫」，湖南邵陽人，生於乾隆五十九年（1794）三月二十四日，卒於咸豐七年（1857）三月初一日。其父魏邦魯曾任江蘇海州惠澤司巡檢、寶山縣主簿等地方佐雜官，管理刑名、錢糧、水利等事務，受到歷任布政使林則徐、賀長齡、梁章鉅和巡撫陶澍的好評。這對魏源後來經世致用思想的形成有一定影響，也使他能較早地結識一批當時較爲注重國計民生的疆臣。

　　魏源七八歲時入私塾讀書，讀書十分刻苦，每至通宵達旦仍不釋卷，自幼沉默寡言，常獨坐深思。15歲時考中縣學生員，開始潛心研習明代理學家王陽明的心學。嘉慶十八年（1813），他20歲，舉爲拔貢。次年，又隨父親魏邦魯入京。在北京，他被延館於侍郎李宗瀚家，結識了京師當時各種學術流派的名士，先隨胡承珙讀漢學，又師事姚學塽究心宋學，同時仍常常向在

湖南時選拔他爲貢生的座師湯金釗請教王陽明心學。廣泛的求學，刻苦的鑽研，使魏源很快名滿京師，名士醇儒相與交納。嘉慶二十四年（1819），他考中順天鄉試副貢生。道光元年（1821），再赴順天鄉試，卻仍被抑置副貢生。這個時期，魏源一面爲自己打下了堅實的學術基礎，一面也在不斷探討治國安邦的學問。

魏源被稱爲「開眼看世界第一人」

經世致用批判時弊

大學堂

道光二年，魏源以第二名的成績考中順天鄉試舉人。不久，他赴古北口受館於直隸提督楊芳家，並考察山川關隘。道光五年（1825），他被江蘇布政使賀長齡延爲幕賓，編輯清代經世致用文章集大成的《皇朝經世文編》，「遂留意經濟之學」。巡撫陶澍是一個注重國計民生的名臣，也常常和他商籌海運水利等政事。

魏源少龔自珍兩歲，他們生活在同一個時代。岌岌可危的衰世同樣刺痛著他的憂國憂民之心。作爲幕賓，通過治民理案，得以體察社會，從而使他對社會危機和官場積弊有了比較深刻的了解。

痛感時世腐敗的同時，魏源開始思索世道日衰的原因所在。他在京求學之時，正值清代今文經學崛起，便拜在今文經學家劉逢祿門下，研習《公羊春秋》。在那裡，魏源結識了龔自珍，兩人都爲劉逢祿所激賞，常常在一起

切磋古文辭，探討實學。

　　道光六年（1826），魏源與龔自珍同赴禮部試。劉逢祿適爲會試同考官，得浙江、湖南兩卷，「經策奧博」，認爲必是龔、魏，極力推薦，但他們還是落第了。劉逢祿感慨萬端，於是作《題浙江湖南遺卷》詩以表痛惜，但從此世以「龔魏」並稱二人。

　　同龔自珍一樣，魏源對乾嘉之際沉迷於訓詁考據、繁瑣無用的學風十分反感，他尖銳批評道：「自乾隆中葉後，海內士大夫興漢學，而大江南北尤盛。……爭治訓詁音聲，爪剖釽析」，他們將明末清初顧炎武、黃宗羲等的經世致用之學摒於經學之外，卻以專事尋章摘句來「錮天下聰明智慧使盡出於無用之一途」。

　　爲了糾正這種學風，並從根本上否定這種風氣賴以流行的護身符，魏源從今文經學的角度對一些被清代漢學家奉爲神明的經典提出大膽質疑。在《詩古微》中，他指斥《毛傳》和大小序皆係晚出僞作；在《書古微》中，他認爲馬融、鄭玄之學都出於僞作的杜林《漆書》，提出古文《尙書》是否存在尙有疑問，被視爲「閻百詩以後第二重公案」。魏源認爲，《六經》並不是萬古不變的教條，只是「網羅放失，纂述舊聞，以昭代爲憲章，而監二代之文獻」。既然上古三代與後世的天地人物都不同，法令和制度也都隨之發生變化，那麼就不能泥守古法，必須變革。他舉出了從唐代租庸調至兩稅法，再到明代一條鞭法的一系列賦稅制度變化，來說明「變古愈盡，便民愈甚」，改革越徹底，進步就越顯著。這種建立在歷史進化論之上的改革思想，較之龔自珍又深入了一步。經學發展到龔、魏手中，開始擺脫了繁瑣無用的學風，逐漸與通經致用、改革時弊結合起來。

　　魏源還猛烈抨擊了使士林醉心於功名利祿的八股科舉制度，他譏諷這種考試的結果，「專以無益之畫餅，無用之雕蟲，不識兵農禮樂工虞士師爲何事」的「科舉免冊」之人來遍任六官之職，治理四方之民。針對嘉道時期專以楷法工整取士的科舉制度，他在詩中辛辣地嘲笑：

126

魏源像和蒸汽機圖

　　小楷書，八韻詩，青紫拾芥驚童兒；書小楷，詩八韻，將相文武此中進
……從此掌絲綸，從此馳韜鐸……從此考樞密……從此列諫官，盡憑針管繡
駕鴦……雕蟲竟可屠龍共，誰道所養非所用！

　　儘管他厭惡以八股取士的科舉制度，但又只能通過這個途徑獲得一個官
職，來實現自己經世致用的抱負。因此，他仍不斷地參加會試。

經綸時務力革弊政

　　道光八年（1828），魏源以舉人捐資爲內閣中書舍人，在閱讀內閣史館
如「掌故之海」的典籍檔案中，他積累了大量有關典章制度的資料，爲以後
著史理政奠定了基礎。道光十一年（1831），魏源以父喪居鄉3年。賞識魏
源經濟才幹的兩江總督陶澍，延請魏源入幕協助改革鹽政。直至鴉片戰爭以

後，魏源在鹽務、漕運、治河等方面，提出了一系列的改革主張，並進行具體的嘗試和努力。

清代鹽的生產和運銷，一直由官府壟斷。長期以來，鹽官和場商、運商勾結在一起，形成了一個特權集團。官僚管理的虧損，對皇室的報效，貪官奸商的中飽，都轉移到鹽的生產者、消費者身上，造成鹽價昂貴、產銷停滯的嚴重積弊，致使私販蜂起，清廷雖以嚴刑緝私，也緝不勝緝。魏源清楚地看到了壟斷的癥結，提出改行「票鹽」制度的方法。由商人向官府交納一定的鹽稅後，官方便發給鹽票，憑鹽票可以自由買鹽、自由販賣。這樣減少了中間環節各級官吏的層層盤剝，「特盡革中飽蠹弊之利，以歸於納課請運之商」，所以鹽價降至一半而商人仍有利可圖，私販自然不禁自滅。魏源的主張被陶澍採用後，果然收到了一定的效果，每年「倍額溢課數十萬」。此後的歷任兩江總督陳鑾、林則徐、李星沅、陸建瀛等，遇有鹽政要務，都常來與魏源商議。

水災頻仍，黃河氾濫，是清朝統治者深感頭痛的問題。「無一歲不虞河患，無一歲不籌河費」，可是河患依然如故。魏源認為，河患水災有來自自然的一面，更重要的還在於人禍，即治河官吏的侵蝕河工經費、地方豪強的壟斷水利。所以，「欲興水利，必除水弊。除弊如何？曰：除其奪水奪利之人而已」。魏源還認為，過去治理黃河的方法也未對症下藥，「下游固守，則潰於上；上游固守，則潰於下」。這樣頭痛醫頭，腳痛醫腳，無濟於事。他主張因勢利導，使黃河人工改道，北流入海。指出這是遲早會發生的自然趨勢，而以人力預先改道為上策，如果等待黃河一旦崩決，自然改道，則後果不堪設想。魏源的這兩種見解，在當時都無法實行。

官吏貪污是封建官僚制度的必然產物，無法根除。而在道光咸豐衰世，即使一次小的整頓也困難重重。黃河人工改道，工程浩大，財政上捉襟見肘的清廷也無暇及此。鴉片戰爭以後，魏源在出任興化知縣等地方官時，又盡自己微薄的力量，在小範圍進行了水利治理。興化境內臨近運河和高郵、洪澤二湖，時有澇災。一次，高郵湖將決，他親率民卒護堤保稻，「冒風雨

伏堤上」，以致「目赤腫如桃」，終於保住了大堤，百姓遂將當年收成稱為「魏公稻」。治水過程中，魏源撰寫了籌河、水利、堤防等文多篇，見解雖好，然而生逢末世，終不爲所用，使他的才能得不到發揮。魏源臨終前二年的咸豐五年（1855），黃河果然如他所預料的那樣，於銅瓦廂大決口，改道入海，給下游人民造成慘重損失。

漕運，是當時又一積弊。自明清以來，南糧北運一直通過運河，朝廷設有漕運總督等一系列官員進行管理。至晚清，由於各級官吏把持盤剝、地方豪強敲詐勒索日趨嚴重，弄得百姓怨聲載道。魏源看到漕運之弊已是積重難返，便主張改爲海運，由商人承辦，不再以官府壟斷。他指出，海運不經河閘，不經層層中飽和口送，有四利、六便，對國家、人民、吏治、商人均有好處。他進一步指出，商人辦海運，可以把江浙之貨附於漕船，運往北方，將促進南北物資交流，使物價下降，繁榮國內的商業。道光五年（1825），魏源在巡撫陶澍幕中，還實際參與了籌畫海運活動，撰有《籌漕篇》、《道光丙戌海運記》等文，並在《皇朝經世文編》書中對此關係國計民生和吏治的重大改革予以讚揚。

道光十五年（1835），魏源爲了奉養母親，在揚州買了一所庭園，取名「絜園」，內有「古微堂」書屋，他在此寫成了許多詩文，集爲《古微堂集》、《古微堂詩集》。在魏源宏富的著述中，還有闡發「微言大義」的《詩古微》、《書古微》、《公羊春秋古微》、《董子春秋古微》，探討學術、評論政治的《默觚》，以及《元史新編》、《禹貢說》等。綜觀鴉片戰爭以前魏源的思想和活動，主要是抨擊封建末世的黑暗現實，與龔自珍一起以今文經學的形式，宣導關心國事民瘼，主張改革社會政治風氣。他繼承明末清初經世致用崇尚實學的思潮，提出了一些有積極意義的主張和具體措施，但思想範疇仍未超出探掘闡發古代經書「微言大義」和「經世致用」的框架。

師夷長技參與抗英

道光二十年（1840），鴉片戰爭爆發，正在揚州治河的魏源趕至寧波前線，在欽差大臣伊里布軍中參加審訊俘虜的英軍軍官安突德。從其口供中，魏源對西方的人文地理有了一些了解。次年，他結合其他英俘的口供，撰成《英吉利小記》，後收入《海國圖志》。

道光二十一年，魏源在兩江總督裕謙幕中籌辦浙江防務。裕謙是一個堅決主張抵抗侵略的疆臣，但部下將領余步雲等貪生怕死，清軍武器裝備又極為落後，終使浙江海防失守，裕謙自殺。親歷了這一抵抗英國侵略戰爭的魏源，看到了英軍的殘暴行徑和堅船利炮，看到了清朝統治者張惶失措、昏聵庸懦的醜態，「羯虜雲翻覆，驕兵氣指揮。戰和誰定算，回首釣魚磯」。他也看到了沿海軍民忠勇抵抗、不怕犧牲的氣概。從此，魏源的思想發展到一個新的階段。

魏源從事實中認識到，鴉片戰爭失敗的一個重要原因，是清統治者的昏庸腐敗，指出了他們對世界情勢的懵懂無知、虛妄自大而又畏敵如虎：「承平恬嬉，不知修攘為何事，破一島一省震，騷一省各省震，抱頭鼠竄者膽裂之不暇，馮河暴虎者虛驕而無實。」他希望清統治者勵精圖治，整軍備武，以求長治久安。為了振奮人心，鼓舞抗擊強敵的士氣，魏源根據自己任內閣中書舍人以來積累的大量資料，發憤撰寫了《聖武記》14卷，於道光二十二年（1842）中英《南京條約》簽訂之時完成。書中歷述了清初以來的武功方略，討論了兵制、戰術等具體問題，反映出他要求富國強兵的強烈愛國主義熱情。

道光二十一年六月，林則徐被遣戍，從重發往伊犁，途中經過鎮江。林、魏當年在北京即志同道合，意氣相投，此時相會，兩人感慨時事，推心長談。林則徐把他在廣東抗英時所譯的《四洲志》、《澳門月報》和粵東奏稿及有關西方槍炮、地理圖樣交給魏源，囑「鉤稽貫串，創榛闢莽，前驅先

《道光帝朝服像》

清代宮廷畫家繪，現藏於北京故宮博物院。

路」，編撰一部《海國圖志》。

　　魏源果然不負重望，他結合歷代史志及明以來的島志和近日所得「夷圖、夷語」等大量資料，於道光二十二年底編成《海國圖志》50卷，4年後增廣至60卷。咸豐二年（1852），又補充以葡萄牙人瑪姬士《地理備考》、美國人高理文《合省國志》等，擴展為100卷，予以重刊。《海國圖志》是中國第一部較系統介紹世界各國地理、歷史、經濟、文化、軍事等內容的新書，它的刊刻問世，對國內有識之士開拓眼界、了解世界，非常重要。咸豐八年（1858），兵部侍郎王茂蔭曾奏請將此書廣為刊印，使親王大臣每家置一編，並令宗室八旗作為教材學習。然而酣嬉悠遊和麻木僵化的王公大臣、貴胄子弟們已經失去了接受任何新鮮事物的能力。雖有王茂蔭煞費苦心的推薦，《海國圖志》在中國上層統治者中，還沒有達到在日本的受重視程度。自道光三十年（1850）第一部《海國圖志》傳入日本，至明治維新前已傳入十數部，被日本學人摘譯翻刻達22種版本以上，對日本的維新開通風氣，影響甚鉅。在《海國圖志》中，魏源開宗明義地提出了學習西方先進技術以抵禦外侮的信念，「是書何以作？曰：為以夷攻夷而作，為以夷款夷而作，為師夷長技以制夷而作」。駁斥了「夷兵不可敵」的畏敵觀點及視西方科技為「奇技淫巧」的謬論，並羅列了「師夷長技」的具體內容和措施。「師夷長技以制夷」思想的提出，不僅把中國近代地主階級改革派思想推向了有更廣泛代表性的抵禦外侮、學習西方的近代愛國主義思想新高度，而且開始打破了長期的思想封閉狀態，使魏源成為近代中國最早睜眼看世界的呼籲者和改革維新思想的先驅者。

　　魏源對「師夷長技以制夷」的認識展現在以下幾個方面。首先，他認為師夷是為了制夷，而認真研究夷情是制夷的重要條件。「欲制外夷者，必先悉夷情始」，「不善師外夷者，外夷制之」。這是對長期以來清朝閉關政策和陳舊國防觀念的否定和批判。同時，他把師夷作為制夷的手段，而不是目的，也涇渭分明地表現出與一味求和、以媚夷求苟安的妥協派的根本區別。其次，魏源明確地指出，夷之長技是「有用之物，即奇技而非淫巧」，所謂

「長技」，「無非竭耳目心思之力，以利民用」，而不是什麼稀奇古怪的不祥之物。他肯定了西方近代科學技術是人類生產進化的結晶，嘲笑清統治者中的頑固分子長期以來顢頇蒙昧。最後，魏源具體地指出了要學習的西方長技內容「有三：一戰艦，二火器，三養兵練兵之法」。魏源是在反侵略戰爭失敗中認識西方的，而戰爭失敗的具體原因之一，就是因爲中國缺乏「夷之長技」。因此，他把加強反抗侵略的軍事手段作爲當務之急，把學習西方的認識焦點凝聚在西方軍事工業技術上，是很自然的。

《校邠抗議‧製洋器議》
馮桂芬稱讚魏源「師夷長技以制夷」的思想。

魏源提出了一系列師夷長技以制夷的具體措施。（1）買進西方堅船利炮，並在國內設廠製造。起初，他以爲只靠買進船炮，就可以掌握長技，後來進一步認識到必須自己生產才不受洋人牽制，因而具體提出建議：在廣東虎門外設置船廠、火器局，延請法國、美國等「夷目」分攤工匠前來司造船械。如此，「我有鑄造之局，則人習其巧，一二載後不必仰賴於外夷」。（2）發展「自修自強」的對外貿易，學習西方技藝，利用西方各國之間矛盾。魏源認爲，對外貿易如果沒有鴉片進口，是有利於中國的。他以道光二十七年（1847）情況爲例分析，外國輸入中國的貨物（不包括鴉片）值銀「二千十四萬八千元」，而中國出口之貨值銀「三千五百又九萬三千元」，「使無鴉片之害，則外洋之銀有入無出，中國銀且日賤，利可勝述哉？」在進口物品中，他主張進口大米的同時，進口武器及發展工業所需的「鉛、鐵、硝」等物，也准外商以「艘械抵茶葉湖絲之稅」。（3）積極培養掌握西方長技的人才。魏源認爲中國也應該像西方那樣，鼓勵學習科學技術，改

變單純以科舉詞章取士的制度。如有能造西方戰艦、火輪船、大炮、水雷等新式器物者，即可給以科甲出身。（4）設立譯館，翻譯介紹西方書籍。魏源說：「欲悉夷情者，必先立譯館翻夷書始。」他十

湖南邵陽金潭（今隆回金潭鄉）魏源故居

分稱讚林則徐在廣東設譯員翻譯《澳門月報》等外文書報的舉措，自己也非常注重西方著作。他在《西洋人瑪姬士地理備考序》中說：西方有「明禮行義，上通天象，下察地理，旁徹物情，貫串古今者，是瀛寰奇士，域外之良友」，應該積極地向他們學習。據統計，《海國圖志》一書中魏源引用的西方著作就達20種之多。

魏源「師夷長技以制夷」的思想，在近代中國社會的早期有著特殊的意義。它衝擊了自明清以來唯我獨尊、視外國為「夷狄」，視中外交往為「來貢」的蒙昧傳統，大膽提出「師夷」的口號，開創了吸收外來先進文明的風氣。儘管這種吸收和學習在魏源身上只達到對西方部分物質表層的認識階段，但他開創了為拯救中國、抵抗外國侵略而向西方尋求真理的先河，這種符合歷史發展趨勢的思想，在中國近代相當長的時期中，一直為各個階層的先進人物所遵循。

魏源在鴉片戰爭中，看到了沿海人民反侵略鬥爭的偉大力量，給予很高的評價：「三元里之戰，以區區義兵，圍夷酋，斬夷帥，殲夷兵，以款後開網縱之而逸。孰謂我兵陸戰之不如夷者？」他主張利用沿海勞動民眾與海上漁民練成兵卒，抵抗侵略，駁斥了封建官僚污蔑他們為漢奸的讕言：「若

《咸豐帝朝服像》
清宮廷畫家繪。絹本，設色，現藏於北京故宮博物院。

謂閩粵民兵雖可用，而多通外夷」，為什麼廣東「斬夷酋、捐戰艦者皆義民？」為什麼臺灣「兩擒夷船」、「南澳」火攻夷船的也都是義民？同時，魏源對中華民族戰勝侵略者也充滿必勝信心，認為中國人的聰明才智並「不亞西土」，只要「集眾長以成一長，則人爭效力」，就能「風氣日開，智慧日出」，不僅可以戰勝西方的侵略，而且可以趕上和超過西方。

困厄晚年屢勞無功

　　道光二十四年（1844），51歲的魏源終於考中禮部會試第十九名貢士，但因試卷文稿草率，被罰停殿試一科，次年才補中三甲進士，以知州用分發江蘇，先後赴東台和興化縣任知縣。道光二十六年，他以母喪丁憂去官，後又南遊廣東，至澳門、香港，與外國人接觸，觀其景況，深感「擴我奇懷，醒我塵夢，生平未有也」。北歸途中，歷遊兩廣、兩湖、江西、安徽、江蘇7省，行程8,000里，經時半年，道光三十年（1850），又出任北海州分司運判，協助兩江總督陸建瀛改革鹽政。

　　咸豐元年（1851），太平天國起義席捲中國南部大地，魏源時補授高郵州知州。咸豐三年，太平軍定都南京，二月又攻克揚州，距高郵僅40里。魏源以知州先辦團練，防禦潰逃官軍沿途焚掠，又鎮壓了湖西太平莊回應太平天國的地方起義軍。三月，他被督辦江北防剿的楊以增以遲誤文報而奏劾革職，咸豐皇帝在上諭中飭責魏源：「於江南文報並不繞道遞送，屢將急遞退回，以至南北資訊不通，實屬玩視軍務！」不久，欽差大臣周天爵又延魏源入幕參謀軍務，因攻打宿州捻軍有功，十一月奉旨復官。但這時的魏源卻「以年逾六十，遭遇坎坷，世亂多故，無心任宦」辭歸。從此舉家避兵興化，不問政事，唯手訂生平著述，又潛心佛學，會譯《無量壽經》等。魏源晚年輾轉於清軍與太平軍激烈角逐的江浙地區，雖在任職時參與抵抗太平軍，但總的說來態度是不積極的，甚至有傳說稱魏源曾被太平軍聘為謀士。

「向西方尋找眞理」的名儒康有爲

大 清 才 子 檔 案						
姓名	康有為	職務	總理衙門章京上行走	在職時間	不詳	
生年	1858	卒年	1927	享年	70歲	
字	廣 廈	號	長 素	墓葬	不詳	
家庭關係	(父親) 康達初　　(母親) 不詳　　(子女) 不詳					
婚姻狀況	初婚：不詳　　　　　　　　　配偶：不詳					
人生最得意	支持維新變法		人生最失意	變法失敗		
人生最不幸	猝死青島		人生最痛苦	老來別妾		

勤於學術以惑外侮

　　康有為，又名祖詒，字廣廈，號長素。戊戌政變後，易號更生；張勳復辟覆敗，又號更生；晚號天遊化人。咸豐八年（1858）二月初五日生於廣東南海西樵山銀塘鄉一個地主家庭。祖贊修，官連州訓導；父達初，江西補用知縣；從叔祖國器，護理廣西巡撫，參加鎮壓太平天國運動。

　　康有為5歲「能誦唐詩數百首」。6歲，從簡鳳儀讀《大學》、《中庸》、《論語》和朱熹所注《孝經》，11歲，父親去世，跟隨祖父接受嚴格的封建正統教育，攻讀經史。這時，太平天國失敗不久，他「頻閱邸報，覽知朝事，知曾文正、駱文忠、左文襄之業，而慷慨有遠志矣」。

　　同治十一年（1872），康有為再應童子試不中，致力於考試和八股文。十三年（1874），「始見《瀛寰志略》、地球圖，知萬國之故，地球之理」。

光緒二年（1876），康有為應鄉試不中，從朱次琦（九江）學習。朱次琦教學重「四行五學」：四行是「敦行孝悌，崇尚名節，變化氣質，檢攝威儀」；五學是經學、文學、掌故之學、性理之學、詞章之學。主張「濟人經世，不爲無用之空談高論」；「掃去漢、宋之門戶，而歸宗於孔子」。康有爲受其影響，「以聖賢爲必可期」，「以天下爲必可爲」。又攻讀顧炎武、錢大昕、趙翼等人論述歷史的著作，於是「議論宏起」。

康有爲像

光緒四年（1878），繼續跟隨朱次琦讀書，攻讀《周禮》、《儀禮》、《爾雅》、《說文》、《水經注》諸書，以及《楚辭》、《漢書》、《文選》諸文，「大肆力於群書。不久，以日埋故紙堆中，汩其靈明，漸厭之」，乃「閉戶謝友朋，靜坐養心」。「靜坐時忽見天地萬物皆我一體，大放光明。自以爲聖人則欣然而笑，忽思蒼生困苦則悶然而哭」。國家的危亡，現實的刺激，使他對傳統的文化學術發生懷疑。

光緒五年（1879），入西樵山，居白雲洞，專講道家、佛學之書，「養神明，棄渣滓」。剛好在北京任職的張鼎華（延秋）偕四五人來遊西樵山，使康有爲接觸到當時正在醞釀的改良主義思潮。不久，康有爲「薄遊香港」，親眼看到英國侵略者所建立的殖民統治秩序，以爲資本主義制度比封建制度要好得多，從此，開始了「向西方尋找真理」的歷程。

孜孜西學志在救世

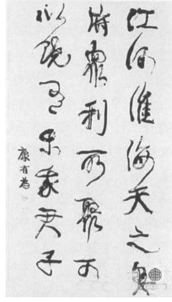

康有爲手跡

大清才子命運

大學堂

光緒八年（1882），康有爲赴順天鄉試，「道經上海之繁盛，益知西人治術之有本。舟車行路，大購西書以歸講求」。

光緒九年（1883），「購《萬國公報》，大攻西學書，聲、光、化、電、重學及各國史志、諸人遊記皆涉焉」。創《不裹足會草例》，規定入會的人皆不裹足，凡已裹而復放的，「賀而表彰」。

光緒十年（1884），中法戰爭爆發，兩廣受到侵擾。康有爲「感國難，哀民生」，獨居一樓，「所悟日深，因顯微鏡之萬數千倍者，視虱如輪，見蟻爲象，而悟大小齊同之理」。俯讀仰思，「日日以救世爲心，刻刻以救世爲事」。

光緒十一年（1885），康有爲從事算學，撰《人類公理》，後來又編「內外篇」。他自稱是「合經子之奧言，探儒佛之微旨，參中西之新理，窮天人之賾變，搜合諸教，披析大地，剖析今古，窮察後來」的作品。《人類公理》未見手稿，「公理書」的修訂稿《實理公法全書》和《內外康子篇》尚有存留。在《實理公法全書》的《凡例》中說：「凡天下之大，不外義理、制度兩端。義理者何？曰實理，曰公理，曰私理是也。制度者何？曰公法，曰比例之公法、私法是也。實理明則公法定，間有不能定者，則以有益人道者爲斷，然二者均合眾人之見定之。」他以爲幾何公理是「一定之法」，如1、2、4、8、16、32，是「必然之實」，但它「不足於用」，於是「不能無人立之法」。「人立之法」，「其理較虛」，本來沒有「定則」，只是「推一最有益於人道者，以爲公法而已」。什麼是「最有益於人道」的

康有爲銅像

「公法」呢？那就是平等。

康有爲以爲人類平等是「幾何公理」，所以要「以平等之意，用人立之法」，要「以互相逆制立法」，使之平等。他認爲現實不合幾何公理，如「人不盡有自主之權」，如「君主威權無限」等，認爲「實理公法」是「天地生人，本來平等」的。

這種「平等」思想，在康有爲《自編年譜》和《康子內外篇》中也有反映。他這時的著作，除存有封建學說外，還滲透著西方資本主義的東西，康有爲「公理書」、「內外篇」的醞釀和撰述，象徵著一個封建知識份子走向資產階級改良派的歷程。他憂患人生，嚮往平等，孕育有一種「大同境界」。

141

從治於古文歸於今文

光緒十二年（1886），撰《教學通議》，列目二十，在序文中標明撰書的目的是：「今天下治之不舉，由教學之不修也」；「教學之不修」，「患其不師古也」，而所學只是「師古之糟粕，不得其精意」。認為「善言古者必切於今，善言教者必通於治」。它的宗旨是「言教通治，言古切今」。

康有為認為，周公是「言教通治」、「言古切今」的典範。經書中的典章，是「周公經綸之跡」，「周公以天位而制禮，故範圍百世」。他「熔鑄一時」，「以時王為法」，從而「制度美密，纖悉無遺，天下受式，遏越前載，人自無慕古之思也」。周公不是空洞說教，而是「有德有位」，用以「綱維天下」，使「教學大備」、「官師咸修」的。

《周禮》是古文經典，周公是古文經學崇拜的物件，康有為講《周禮》官守，崇周公權威，渴望能有「有德有位」的周公其人，以「時王為法」，頒行新政，「天下奉行」，敷教言治，「易民觀聽」。

光緒十四年（1888），康有為鑒於中法戰後，帝國主義侵略勢力伸入中國西南邊境，民族危機嚴重，趁赴京應試的機會，於十月初八日（12月10日）上書變法，這是民間士子第一次向清廷正式提出的建議。他痛言帝國主義的侵逼，指責頑固派的「酣嬉偷情，苟安且夕」，批評洋務派的「洋差、洋務局、學堂之設，開礦公司之事，電線、機器、輪船、鐵艦之用，不睹其利，反以蔽奸」。提出了「變成法」、「通下情」、「慎左右」的政治主張。但這次上書為頑固派所阻，光緒帝沒有看到。康有為且備受頑固守舊分子的嘲笑和攻擊。這使他認識到找尋新的思想武器的必要。

光緒十五年（1889）秋，康有為離開北京，年底，回到廣州。次年春，移居徽州會館。這時，他晤見了廖平，廖平是今文經學家。今文經學是講究「微言大義」，主張「通經致用」的。康有為一方面感於「外患日深」而上書不達，另一方面受了廖平的啟示，覺察陸、王心學雖「直捷明達，活潑有

大清才子命運

用」，但不如今文經學的「靈活」；佛教哲學雖講「慈悲普度」，但「與其佈施於將來，不如佈施於現在」。這樣，他便從今文經學中汲取可資運用的東西進而論證，由以往的崇《周禮》、尊周公而崇《公羊》、尊孔子，將今文「三統」說闡發為「改制」、因革的理論，將今

萬木草堂舊照

文「三世」說推演為「亂世」、「升平世」（小康）、「太平世」（大同）的系統，「愈改而愈進也」。還寫了《毛詩偽證》、《周禮偽證》、《說文偽證》、《爾雅偽證》等攻擊古文經傳之書。

光緒十六年（1890），移居廣州雲衢書屋，在學海堂肄業的高材生陳千秋聽到康有為的聲名，前往謁見，大為欽仰。是年秋，陳千秋告訴梁啟超，康有為的學說「乃為吾與子所未見，吾與子今得師矣」。梁啟超隨同往見，康有為「以大海潮音，作獅子吼，取其所挾持之數百年無用舊學，更端駁詰，悉舉而摧陷廓清之」，梁啟超感到如「冷水澆背，當頭一棒」，對康有為極為佩服，「自是決意捨去舊學，自退出學海堂而間日請業南海之門」。

廣納弟子著書立說

光緒十七年（1891），康有為循陳千秋、梁啟超之請，在廣州長興里萬木草堂開始講學。講學內容主要是「中國數千年來學術源流、歷史政治沿革得失，取萬國公法比例推斷之」，「大發求仁之義，而講中外之故，救中國

之法」。次年，「移講堂於廣州衛邊街鄺氏祠。十九年（1893），仍講學於衛邊街。冬，遷草堂於府學堂仰高祠，這時已有100多個學生了。

康有為在長興講學時，「著《長興學記》以為學規」，主張治學要「逆乎常緯」，反對「積習」。在「義理之學」、「考據之學」、「詞章之學」之外，增加「經世之學」，以「通變宜民」。認為孔子「因時立教」，「天下道術至眾」，而應「以孔子為折衷」。後來，還到廣西桂林講學，鼓吹孔子改制。這幾年中，他在弟子的幫助下，刊行了《新學偽經考》，並從事《孔子改制考》的編纂準備。

《新學偽經考》大旨謂：東漢以來的經學，多出劉歆偽造，「始作偽、亂聖制者，自劉歆，布行偽經、篡孔統者，成於鄭玄」，所以叫做「偽經」；劉歆「飾經佐篡，身為新臣」，是新莽一朝之學，與孔子無涉，所以叫做「新學」。「凡後世所指目為『漢學者』，皆賈、馬、許、鄭之學，乃新學，非漢學也；即宋人所尊述之經，乃多偽經非孔子之經也」。這種「逆乎常緯」的反抗，重擊漢學、宋學根本，大膽掃蕩維護封建專制制度的傳統思想，它在學術意義上是推翻古文經學的「述而不作」，在政治意義上是打擊頑固派的「恪守祖訓」，為掃除變法維新的絆腳石準備了理論條件。

北京康有為梁啟超辦公舊址

《孔子改制考》的「立例編括，選徒助纂」，始於光緒十七年，而正式出書則在光緒二十四年（1898）。康有為認為孔子以前的歷史，是孔子為救世改革的目的而假託的宣傳作品，都是茫昧無稽。中國歷史，從秦、漢以來才可考信。周末諸

144

子紛紛起來創立教義，企圖憑自己的理想來建立自己認爲最好的社會制度，並把自己所建立的制度託爲古代曾經實施，藉以爭取人們的信仰。孔子創立儒教，提出一套他自己創造的堯、舜、文、武的政教禮法，作六經以爲「託古改制」的根據。經過諸子爭教，儒墨「顯學」，從戰國歷秦到漢，孔子成爲全國教主。他打通了《春秋公羊傳》、《王制》、《禮運》、《論語》以及其他各經各子，尊孔子爲教主，用孔教名義提出變法維新的主張，把孔子裝扮成爲「託古改制」者，成爲變法改制的張本。《新學僞經考》和《孔子改制考》是康有爲在戊戌時期兩本最主要的著作，它不是一般的「考辨專著」，而是衝擊封建勢力提出改制變法的理論著作。它是披著經學外衣，把資產階級所需要的措施，掛上孔聖人的招牌，拿孔子來對抗孔子，以減輕非聖無法的壓力，從而爲變法維新創造條件的著作。

「公車上書」組織學會

　　光緒二十年（1894），中日戰爭爆發，中國又一次慘敗；次年三月二十三日（4月17日），清廷與日本簽訂喪權辱國的《馬關條約》，瓜分危機更是迫在眉睫。康有爲趁入京應試的機會，聯合各省應試舉人1,300餘人，於四月初八日（5月2日）聯名請願，發動「公車上書」。他在「公車上書」中，請求拒和、遷都、練兵、變法，提出「下詔鼓天下之氣」、「遷都定天下之本」、「練兵強天下之勢」、「變法成天下之治」等改良派的救國綱領。認爲變法著重在富國、養民和教民三方面。提出富國之法有六：一，鈔法，戶部用精製鈔票，設官銀行，以擴充商務；二，建築鐵路，收我利權；三，製造機器、輪舟，獎勵新製造，並發展、保護民營工業；四，礦務，開設礦學，請比利時人教導勘測，選才督辦，不濫用私人；五，鑄銀，各省設鑄銀局，以塞漏卮；六，郵政，設郵政局。養民之法有四：一，務農；二，勸工；三，惠商；四，恤窮。教民之法則爲分立學堂、開設報館，以「化導

145

愚民，扶聖教而塞異端」。這是康有爲的第二次上書，也是改良派正式登上政治舞臺的第一幕。

「公車上書」被拒絕代呈，光緒帝沒有看到。不久榜發，康有爲得中進士，授工部主事。康有爲又於同年五月初六日（5月29日）呈送《上清帝第三書》，提出了變法的步驟，指出自強雪恥之策有四：即富民、養民、教士、練兵，而如何審端致力於上述四策，則在乎「求人才而擢不次」、「愼左右而廣其選」、「通下情而合其力」三者，以求「人才得，左右賢，下情達」。這次上書由都察院代呈，光緒帝第一次讀到他的上書。

接著，他又上《第四書》，再次籲請「尊賢而尚功，保民而親下」，使「有情必通，有才必用」，並正式提出了「設議院以通下情」的主張，但又被頑固派拒絕代呈。

康有爲在不斷上書光緒帝，以爭取進行自上而下的政治改革的同時，又「日以開會之義號之於同志」，認爲「思開風氣，開知識，非合大群不可」，「合群非開會不可」。於是先辦《萬國公報》，於1895年8月創刊於北京，「遍送士夫貴人」，使之「漸知新法之益」，「告以開會之故」並於十月初（11月中）成立了強學會，又名譯書局，也叫強學書局。參加強學會的還有梁啓超、陳熾、沈曾植、沈曾桐、文廷式、丁立鈞、楊銳等，翁同龢等也予支持，強學會成爲改良派與帝黨相結合的政治團體。《萬國公報》後改爲《中外紀聞》，於12月16日正式出版，雙日刊，有閣抄、新聞及「譯印西國格致有用之書」，譯印後每加附注，論說不多。1896年1月，后黨御史楊崇伊上疏彈劾，「請飭嚴禁」。強學會被改爲官書局，專欲「譯刻各國書籍」，不准議論時政，不准臧否人物，這樣，「專爲中國自強而立」的強學會已違失原旨。

康有爲在北京發起籌組強學會後，於1895年10月17日出京，至南京遊說張之洞，在南北之匯的上海設立強學會，「以上接京師，次及於各直省」。十月，上海強學會成立，擬定章程，說明設立的目的是通聲氣、聚圖書、講專門、成人才、扶「聖教」。次年1月12日，刊《強學報》，以孔子紀年，

欲「託古以改今制」，宣傳設會辦報，宣導維新變法。不久北京強學會被劾奏，上海強學會也遭封禁。後來，在此基礎上創辦《時務報》，由梁啓超任主筆，鼓吹康有爲的變法主張，議論敏銳，文字新穎，在當時影響廣泛。

書生施政變法維新

光緒二十三年（1897），德國強占膠州灣，俄國艦隊駛入旅順灣，強租旅大，帝國主義瓜分中國的危機日深。康有爲趕回北京，於十一月第五次上書光緒帝，提出「採法、俄、日以定國是」，「大集群才而謀變政」，「聽任疆臣各自變法」，提出亡國危險的嚴重警告說：如果現在再不變法強國，「恐自爾之後，皇上與諸臣雖欲苟安旦夕，歌舞湖山而不可得矣！且恐皇上與諸臣，求爲長安布衣而不可得矣」。還提出國事付國會議行，並請頒行憲法。

康有爲題刻於泰山

1898年1月24日，光緒帝命王大臣延康有爲於總理衙門，「詢問天下大計，變法之宜」。康有爲批駁了榮祿「祖宗之法不可變」的頑固思想與李鴻章維持現狀的保守思想，講述了變法的具體措施。旋又上書統籌全局，說明推行新政，就要走明治維新的道路，認爲明治維新的要義有三：一大誓群臣以定國是；二設待詔所以徵賢才；三開制度局於宮中。制度局下分設法律、稅計、學校、農商、工務、礦政、鐵路、郵政、造幣、遊歷、社會、武備十二局，分別推行各項新政。

康有爲「既上書求變法於上，復思開會振士氣於下」，結合各省旅京人士紛紛倡設學會，「以續強學會之舊」。於是粵學會、蜀學會、閩學會、

關學會先後成立。此時需「成一大會，以伸國憤」，遂於4月17日開會，擬定《章程》三十條，主要內容是：一「以國地日割，國權日削，國民日困，思維持振救之，故開斯會，以冀保全，名為保國會」；二以保國、保種、保教為宗旨、即「保國家之政權土地」，「保人民種類之自立」，「保聖教之不失」；三講求變法、外交、經濟，以協助政府治理國家。規定在北京、上海設總會，各省府縣設分會，略具政黨規模。共集會三次，意在合群策、群智、群力，發憤救亡，推動維新。接著，保滇會、保浙會、保川會相繼成立。吏部主事洪嘉與慈惠浙江舉人孫灝出面攻擊，說康有為是「厚聚黨徒」，「辯言亂政」，「形同叛逆」。御史潘慶瀾也上疏彈劾，說康有為「聚眾不道」。其他御史參劾保滇會、保浙會、保川會，認為是「乘機煽惑，糾合不第舉子，逞其簧鼓之言」，「若准各省紛紛立會，恐會匪聞風而起，其患不可勝言」，要求嚴禁。這樣，保國會雖未封閉，然已形存實散，但它「合群結社」，表達了禦侮圖存的愛國意願，促使了各省自保的救亡運動和「詔定國是」的實現。

這時，康有為又上《請告天祖誓群臣以變法定國是折》，又代楊深秀擬《請定國是而明賞罰折》，代宋伯魯擬《請講明國是正定方針折》。光緒帝採納了他的建議，於1898年6月11日，下「定國是詔」，宣佈變法，並於16日召見了他。此後，康有為送上奏摺，對政治、經濟、軍事、文教方面提出不少改革建議，包括擬定憲法、開制度局、禁止婦女纏足、裁冗官、置散卿、廢漕運、撤厘金、裁綠營、放旗兵、廢八股試帖楷法取士、改書院、廢淫祠等，希望中國有一個不要根本改變封建制度而可以發展資本主義的憲法；要求保護工商業，予中國資本主義適當的發展；要求重練海陸軍，挽救中國被帝國主義瓜分的危機；要求廢科舉、辦學校，以培養新的人才。這時，他還和梁啟超、譚嗣同、楊深秀等積極策劃推行新政。

「百日維新」期間，新舊鬥爭異常尖銳，例如廢八股疏上，后黨即多方阻撓，公開宣稱嫉惡康有為如仇敵，說是「搖惑人心，混淆國是」；還有人嚴參康有為，說其「聚集匪徒，招誘黨羽」，「遍結言官，把持國是」。康

有爲和御史宋伯魯、楊深秀等予以反擊。但是，后黨掌握了軍政實權，而光緒帝則只有起草上諭權。七月中旬，后黨懷塔布、楊崇伊先後到了天津看榮祿，陰謀策劃政變，推翻新政。光緒帝先後發出兩次「密詔」，擔心「今朕位幾不保」，並明諭康有爲「迅速前往上海，毋得遷延觀望」。八月初五日（9月20日），康有爲離京南下。次日，慈禧太后再出「訓政」，政變發生。

流亡海外矢志保皇

1898年10月24日，康有爲經由吳淞、香港到達日本，他在途中發表公開信，說是「天禍中國，際此奇變」，稱慈禧太后爲「僞臨朝」，稱幽廢光緒帝爲「罪大惡極」，並將「密詔」改竄露布，提出「無徐敬業之力，只能效申包胥之哭」，表示要「奉詔出外求救」。

接著，康有爲發出《奉詔求救文》，首數慈禧太后大罪十條，繼言光緒帝「勤政愛民，大開言路」等「聖明」。說明自己「過承知遇，毗贊維新，屢奉溫室之言，密受衣帶之詔」，準備「奉詔求救」。當他在香港時，就想「動身到英國去」，並「先告英使署參贊及上海領事、香港總督，請其電英廷相救」。還謁見英國子爵柏麗斯輝，「請其出力相救」。他的弟子梁啓超在逃亡途中上書伊藤博文，請他與英、美諸公使商議揭破慈禧太后「欲殺寡君之陰謀，詰問其幽囚寡君之何故」。等到了日本，康有爲又請文部大臣犬養毅予以支持；又上書同文會領袖近衛篤，說明「受衣帶之詔，萬里來航，泣血求救」。

這時，資產階級革命派孫中山、陳少白也在日本，「以彼此均屬逋客，應有同病相憐之感」，擬親往慰問，借敦友誼，曾託日人宮崎寅藏、平山周等向康有爲示意。康有爲表示自己奉有「密詔」，不便和革命黨人往來，拒絕合作。孫中山又通過日本人的關係，組織一次孫、陳、康、梁的會談，商討合作方法，康有爲不到會，派梁啓超爲代表，沒有談出什麼結果。孫中

山復派陳少白往訪，梁啓超導陳見康，陳少白反覆辯論至3小時，請康有為「改弦易轍，共同實行革命大業」。康答曰：「今上聖明，必有復辟之一日。余受恩深重，無論如何不能忘記，惟有鞠躬盡瘁，力謀起兵勤王，脫其禁錮瀛台之厄，其他非余所知」。

光緒二十五年（1899），清廷向日本交涉，不准康有為留日。4月3日，由日本外務省贈以旅費，康有為自橫濱乘和泉丸渡太平洋，抵加拿大，在溫哥華等地演說：「惟我皇上聖明，乃能救中國」，希望華僑「齊心發憤，救我皇上」。旋渡大西洋赴美國，企圖運動美國政府干涉中國內政，扶助光緒帝重掌政權，未能實現。又重回加拿大，於

康有為書法

7月20日，與李福基等創設保皇會，亦稱中國維新會。《會例》指出：「專以救皇上，以變法救中國黃種為主」，準備在美洲、南洋、日本、香港、澳門各埠設會，以澳門《知新報》和橫濱《清議報》為宣傳機關，以保救光緒帝，排除慈禧太后、榮祿、剛毅一夥頑固勢力為宗旨。同年，印有《保救大清皇帝公司序例》，說要保國保種非變法不可，要變法「非上聖如皇上不可」，凡是有「忠君愛國救種之心」的都是會中同志。他把「忠君」和「救國」聯繫起來，把光緒帝和變法聯繫起來，「救聖主而救中國」在海外頗有一些號召力。

光緒二十六年（1900）正月，康有為由香港抵達新加坡，正式接受英國

政府保護。這時，義和團運動展開，他主張「助外人攻團匪以救上」，「先訂和約以保南疆，次率勁旅以討北賊」，說是光緒帝復位，就能「輯睦外交」，「中國可安，億兆可保」，醞釀「討賊勤王」。結果，實際活動的唐才常在漢口事洩被殺，演成自立軍悲劇。

頑固守舊反對革命

　　義和團運動以後，推翻清朝封建統治逐漸成為時代主流。光緒二十七年（1901），章太炎在東京《國民報》上發表《正仇滿論》，指出：「夫今之人人切齒於滿洲而思順天以革命者，非仇視之謂也」，清廷腐敗，「無一事不足以喪吾大陸」，不能「隱愛於光緒皇帝一人」，處於今日，「革命固不得不行」。「然則滿洲弗逐，而欲士之爭自濯磨，民之敵愾效死，以期至乎獨立不羈之域，此必不可得之數也。浸微浸衰，亦終為歐、美之奴隸而已矣」。

　　革命形勢的發展，連康有為的弟子梁啓超、歐榘甲都有些搖惑，康有為很是焦慮，連函切責。光緒二十八年（1902），發出《答同學諸子梁啓超等論印度亡國由於各省自立書》和《答南北美洲諸華僑論中國只可行立憲不可行革命書》二文，前文對梁啓超等「搖於形勢」，「妄倡十八省分立之說」予以駁斥，主張「今令以舉國之力，日以擊榮祿請歸政為事，則既倒政府之後，皇上復辟，即定變法變新政而自強，是則與日本同軌而可望治效耳」。如果「移而攻滿洲，是師法印人之悖蒙古而自立耳，則其收效亦與印度同。」

　　後文以為：「談革命者開口攻滿洲，此為大怪不可能之事」，「吾四萬萬人之必有政權自由，必不可待革命而得之，可斷言也」；「且捨身救民之聖主，去數百年之敝政者，亦滿人也」；「吾今論政體，亦是『滿漢不分、君民同治』八字而已！故滿漢於今日無可別言者也，實為一家者也」；「欲

革命則革命耳，何必攻滿自生內亂乎？」

　　康有為以為革命自立是「求速滅亡」，而立憲可以避免「革命之慘」，不准各埠再言革命，不准保皇黨人稍涉遊移，再三「佈告同志」：「本會以保皇為宗旨，苟非皇上有變，無論如何萬不變。若革命撲滿之說，實反叛之宗旨，與本會相反者也。謹佈告同志，望篤守忠義，勿聽萎言，僕與諸公既同為保皇會人，僕以死守此義，望諸公俯鑒之。」表示死守此義，保皇不變。

　　這時，康有為寫了《孟子微》、《論語注》、《春秋筆削微言大義考》以及《大同書》。隨著他的政治思想的日趨沉淪，「大同」三世學說也起了變化，說是孔子之時，「身行乎據亂」，是「亂世」，如果能循「孔子之道」，推行至於隋、唐，應該進化到「升平世」（「小康」）了；隋唐以後，「至今千載」，中國應該「先大地而太平矣」，但因秦、漢的崇「刑名法術」，王莽、劉歆的「創造偽經」，晉代以後的「偽古學大行」，以致「微言散絕」，「三世之說，不誦於人間；太平之種，永絕於中國」，而二千年的中國，只是「篤守據亂之法以治天下」。據此而言，中國二千多年的歷史，不過是「亂世」，並非「小康」，與戊戌變法前的「三世」說已不同了。過去，他以為「今者，中國已小康矣」，通過變法維新，就可逐漸達到他所嚮往的「大同」境界。現在卻以二千多年的中國是「亂世」，而以資本主義君主立憲制為「升平世」（小康）。「亂世」的中國，要經過「公議立憲」，才能符合世界潮流，進入「升平世」；至於「太平世」（大同），是必需「假梯級」，必須循序漸進，不能「躐等」的，如仍「據亂」則「大亂生」；「而欲驟期至美國、瑞士之界，固萬無可得之勢，不待言也」。以喻中國只可實現「小康」（升平世），只可採取由上而下的改良方式，實現君主立憲，「萬無一躍超飛之理，凡君主專制、立憲、民主三法，必當一一循序行之，若紊其序，則必大亂」。

　　光緒二十九年（1903），章太炎發表《駁康有為論革命書》，把康有為等人奉為神聖不可侵犯的光緒皇帝斥為「載湉小丑」，沉重打擊了改良

152

主義。接著，孫中山發表《敬告同鄉書》，明確指出：「革命者，志在倒滿而興漢；保皇者，志在扶滿而臣清。事理相反，背道而馳」。號召劃清革命與保皇的界限。而康有為則漫遊各地，離印度、居香港。光緒三十年（1904），自香港至檳榔嶼，自檳榔嶼赴歐洲，重渡大西洋去美洲。

主張立憲抵制革命

光緒三十一年（1905）春，康有為自加拿大南遊美國。秋，赴歐洲，旋回美國，撰《物質救國論》，以為「中國之病弱」，在於「不知講物質之學」。這年，中國同盟會成立。為了抵制革命，清廷於次年七月十三日（1906年9月1日）頒佈「預備立憲」。正在歐洲漫遊的康有為大喜過望，九月四日（10月21日），發出《佈告百七十餘埠會眾丁未新年元旦舉大慶典告藏，保皇會改為國民憲政會文》，謂：「僕審內外，度形勢，以為中國只可君主立憲，不能行共和革命，若行革命，則內訌紛爭，而促外國之瓜分矣。」「今者舉國同心，咸言憲法，遂至使臣周咨於外，朝廷決行於上。頃七月十三日明諭，有準備行憲政之大號，以掃除中國四千年之秕政焉。」說是「今上不危，無待於保」，準備於「丁未新年元旦行大慶典」，宣佈舊保皇會「告藏」，新開國民憲政會。說什麼「向日之誠，戴君如昔，開天之幕，政黨我先」，希望重溫立憲之夢。

光緒三十三年二月十日（1907年3月23日），保皇黨人在紐約召開大會，康有為自歐洲趕來，「議行君主立憲」，正式定名為帝國憲政會，對外則稱中華帝國憲政會。在章程第二條中申明：「本會名為憲政，以君主立憲為宗旨，鑒於法國革命之亂，及中美民主之害，以民主立憲萬不能行於中國，故我會仍堅守戊戌舊說，並以君民共治、滿漢不分為本義，凡本會會眾當恪守宗旨，不得誤為革命邪說所惑，致招內亂而啟瓜分。」第三條申明：「本會以尊帝室為旨。」帝國憲政會成立後，康有為企圖回國從事政治運動未果，

指使梁啓超等與清朝皇室貴族、國內立憲分子聯繫，又借用僑商名義，寫了請願書，「乞立開國會而行憲法」。

光緒三十四年（1908）八月，清廷宣佈自本年起第九年召開國會，再於下月頒佈《憲法大綱》。這個《憲法大綱》的主要目的是要保存封建專制制度。革命派採取了堅決反對的立場，而保皇派則表示擁護。《憲法大綱》頒佈不到兩個月，光緒帝就「龍馭上賓」了。康有爲又說帝國憲政會「本以保皇爲事，忠義昭著」，「應發討賊之義」，但是榮祿早死，慈禧太后也卒，誰是賊呢？「查大行皇帝之喪，實由賊臣袁世凱買醫毒弒所致」，於是「簽名上書監國公，請殺賊以報先帝之仇」。

宣統二年（1910），康有爲用帝國憲政會名義草書請開國會，指出「若待九年，恐國非其國」，請「立下明詔，定以宣統三年開國會」。這時，保皇會與國內的國會請願會聯繫頻繁，擬於年底改帝國憲政會爲帝國統一黨，向清民政部申請註冊，說是「不曰會而曰黨，乃合全國人士與蒙古藩王共之」，「故益光明廣大之」。

宣統三年（1911），清廷嚴制國會請願。四月，組織皇族內閣，以慶親王奕劻爲總理大臣。康有爲對奕劻並不信任，一些保皇會員在海外製造輿論，散佈揭帖，說是「今舉中國之敗壞危亡，非他人，皆奕劻一人爲之而已；阻撓立憲，阻撓國會，非他人，皆劻一人爲之而死」。警告奕劻：「若不即開國會，則爲舉國公敵，爲賣國大賊」。五月，赴日本，初住箱根，後移居須磨。八月，武昌起義。康有爲聽到消息，「憂心如焚」，仍持「革黨必無成」之說，想「用北軍倒政府，立開國會，挾以撫革黨」，還想「乘此以建奇功」。自我陶醉地說：「人知革之無成，士大夫皆思吾黨而歸心」，「他日國會開時，吾黨終爲一大政黨，革黨亦自知無人才，不能爲治也」。

1912年，中華民國成立，兩千多年的封建專制制度結束，康有爲已無皇可保了，但他仍戀棧舊制，眷念君主，是年多發表《共和政體論》，說「專制君主以君主爲主體，而專制爲從體；立憲君主以立憲爲主體，而君主爲從體；虛君共和，以共和爲主體，而虛君爲從體。故立憲猶可無君主，而共和

不妨有君主」。又說：「中國積四千年君主之
俗，欲一旦全廢之，甚非策也。況議長之共
和，易啓黨爭，而不宜於大國者如彼；總統
之共和，以兵爭總統而死國民過半之害如
此。今有虛君之共和政體，當突出於英、
比與加拿大、澳洲之上，盡有共和之利，而
無其爭亂之弊，豈非最法良意美者乎？」；並
提出「虛君共和」的口號，想掛一個「共和」的招
牌，恢復清朝的統治。

康有爲書法

　　此後，發表《救亡論》和《中華救國論》，說：「共和政體不能行於中
國」，「立憲國之立君主，實爲奇妙之暗共和國」，而「滿族亦祖黃帝」，
還應由清朝復辟。

　　1913年，以母喪歸。在國外15年，至此歸國。去國時是一個進步的維新
運動領袖，回國時卻是一個保守的人了。袁世凱邀請他去北京，作爲推翻
前朝政權的點綴。康有爲沒有答應，這是爲了記住袁世凱出賣戊戌變法的舊
恨，反對袁世凱乘著革命危機逼垮了清朝。葬母畢，移居上海，辦《不忍》
雜誌，主張「以孔子爲國教，配享天壇」，說是「若今不尊孔，則何從焉，
將爲逸居無教之民歟？暴戾恣睢，以快嗜欲，而近於禽獸乎，則非待烹滅絕
種而何？」戊戌變法前的孔子，在康有爲的心目中是「維新」的孔子；這時
的孔子，卻是封建勢力的代表者了。

　　1916年3月，電請袁世凱退位。6月，袁世凱死，康有爲電黎元洪，「望
早召正式國會」，又請「以孔子爲大教，編入憲法，復祀孔子之拜跪明令，
保守府縣學官及祭田，皆置奉祀官，勿得荒廢汙荼，勿得以他職事假賃侵
占」。

　　1917年，張勳擁護溥儀復辟，康有爲於事先《擬復辟登極詔》，說是
「民主政體只能擾亂，不能爲治，不適於中國」，並受弼德院副院長職。

　　1919年，五四運動爆發，康有爲發表《請誅國賊救學生電》，首謂「曹

155

汝霖、章宗祥等力行賣國，以自刈其人民，斷絕其國命久矣」。繼稱「幸今學生發揚義憤，奉行天討，以正曹汝霖、陸宗輿之罪。舉國逖聞，莫不歡呼快心」，「政府宜亟釋放被捕學生而誅賣」。1922年，遊曲阜、登泰山，反對聯省自治，認爲「分裂則必爭而大亂，統一則必治而修明」。11月，杭州別墅一天園建成遷居。12月，溥儀「大婚」，康有爲在杭州「望闕叩賀」。溥儀賞以「御書」，他又賦詩誌慶。1923年，遊開封，與直系軍閥吳佩孚往還，又至陝西演講數次，於年底返滬。1924年，馮玉祥部入京，把溥儀趕出清宮。康有爲電北京當局，說是「挾兵逼宮」，「何以立國？」次年，從上海去天津「覲見」溥儀，漫遊各地後返滬，辦天遊書院。

廣東南海康有爲故里

　　1927年2月，赴天津祝溥儀壽。旋上《追述戊戌變法經過並向溥儀謝恩折》，表示「以心肝奉至尊，願效墜露輕塵之報」。3月8日（二月初五日），70壽，溥儀「賜壽」。康有爲有詩謝恩。18日，赴青島。31日（二十八日），病逝。

　　康有爲所寫論著，據《萬木草堂叢書》目錄所列，經部有《孔子改制考》、《僞經考》、《春秋董氏學》、《春秋筆削微言大義考》、《禮運注》、《大學注》、《中庸注》、《論語注》、《孟子微》等19種；史部有《時務芻言》、歷次上書、《戊戌奏稿》、《政見書》、《官制考》、《物質救國論》、《金主幣救國論》、《理財救國論》、《救亡論》、《共和政體論》、《中華救國論》、《共和平議》等64種；子部有《大同書》、《諸天講》、《長興學記》、《桂學答問》等26種；集部有文集、詩集等28種，共137種。

政治家、文學家、維新故人梁啓超

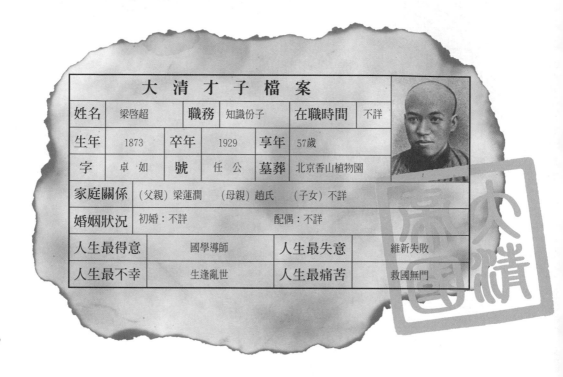

大清才子檔案						
姓名	梁啓超	職務	知識份子	在職時間	不詳	
生年	1873	卒年	1929	享年	57歲	
字	卓　如	號	任　公	墓葬	北京香山植物園	
家庭關係	(父親) 梁蓮澗　　(母親) 趙氏　　(子女) 不詳					
婚姻狀況	初婚：不詳　　　　　　　配偶：不詳					
人生最得意	國學導師		人生最失意	維新失敗		
人生最不幸	生逢亂世		人生最痛苦	救國無門		

梁啓超少年時代

　　梁啓超（1873～1929）中國近代思想家、戊戌維新運動領袖之一。字卓如，號任公，別號飲冰室主人。廣東新會人。

　　1933年，文學大師巴金乘船遊覽了新會天馬河中一棵冠蓋300畝的古榕樹，寫下了散文名作《鳥的天堂》。他在文章結束的部分寫道：「遠遠地一座塔聳立在山坡上，許多綠樹擁抱著它……那裡就是朋友梁的家鄉。」

　　這裡所描寫的，便是梁啓超的故鄉。1873年，中國近代史上最具影響力的人物之一梁啓超，出生於新會鳳山之下茶坑村一個私塾先生之家。百年來，故居仍然深藏於曲折盤桓的村宅中心，四周廣植葵、榕、柑、橘，綠野無極，人聲少聞。

　　梁氏故居建於清光緒年間，是一幢高牆圍築的青磚黑瓦平房，梁啓超的少年時代便在此度過。想當年，在梁家門前來來往往的人，有誰曾料到會從

這個門口走出一位撼動世紀之交中國政壇文壇的思想文化巨人？

梁啓超12歲外出遊學之前生活和成長的這個家庭，一向以質樸、端凝的家風聞名鄉里。梁啓超從小在品德修養上深受祖父的影響。據資料記載，每年上元佳節，祖父都要攜諸孫來到當地一座廟宇，對著廟內繪有忠臣孝子的圖畫，指點而示之曰：「此朱壽昌棄官尋母也，此岳武穆出師北征也，歲以爲常。」位於新會南端出海處的崖門，是南宋將亡時宋軍與元軍最後激戰至覆滅的古戰場。每年清明祭掃路過崖門時，祖父總愛向兒孫講述當年南宋宰相陸

梁啓超

秀夫背著幼主投海殉國的情景。這些歷史人物的愛國精神，深深地激勵著童年時代的梁啓超。

在今天，梁氏宅院內中規中矩的廳堂佈置，讓人依稀看到了這位祖父不苟言笑的面容。正廳中間桌子上置放著一對青瓷大花瓶，兩側牆壁上懸掛著八仙圖案的金木雕彩瓷畫，典型的正統家庭氣象。在這個環境中成長的梁啓超，日後卻遠遠超越了父輩「文死諫，武死戰」的忠君思想。

在封建王朝的尾聲，他以維新思想爲基礎，寫下了《新民說》、《少年中國說》、《中國不亡論》等名篇，在一代又一代青少年心中，描繪出一個改天換地的強國之夢。終其一生，梁啓超雖然因爲政見的「多變」屢遭詬病，但他愛國的宗旨卻從未改變。在新會人眼裡，少年時代的梁啓超是個不折不扣的神童。當地人流傳著許多關於梁啓超幼時出口成章的故事。有一次，他爬梯子玩，看到祖父站在梯子下，便天眞地唱道：「有人在平地，看我上雲梯。」還有一次，梁啓超給來訪的客人敬茶，客人隨口說了句：「飲茶龍上水」，梁啓超回應道：「寫字狗扒田」，兩個人用的都是新會俗語。

客人誦：「東籬客採陶潛菊」，梁啓超即對：「南國人懷召伯棠」。才

大清才子命運

大學堂

159

思之敏捷令人驚歎。

梁啓超「八歲學爲文」，「九歲能綴千言」，10歲前往廣州應童子試時，當眾以盤中鹹魚爲題作詩，「神童」之名傳遍鄉里。12歲考中秀才、17歲考中舉人，他曾令授業先生發出「吾不能教之矣」的感歎。一度沾沾自喜的梁啓超，

梁啓超故居

直到18歲時第一次領教到康有爲「新學」的「大海潮音」，才如「冷水澆背」，毅然捨去舊學，投奔康有爲門下。

梁氏故居內至今保存著梁啓超接受啓蒙教育和讀書的地方「怡堂書室」。

書室很有點魯迅先生筆下「三味書屋」的味道，正中懸掛著孔子的像，兩旁分別是「讀聖賢書」、「立修齊志」的對聯。書室中間按「品」字形擺放著3張課桌及條凳，室內彷彿至今仍然回蕩著誦讀「之乎者也」的稚嫩童聲。

不難理解，梁啓超雖以新學聞名，但終生保持著儒家尊師重教的傳統，即使政見相左，仍然將康有爲奉爲恩師，且在「五四」運動時反對全盤否定儒家文化，這一切或許早就在這間書室裡埋下了伏筆。

由於梁家是耕讀之家，並不富裕，「數畝薄田，舉家躬耘」，所以除了讀書外，勞動同樣也是梁啓超少年時代接受教育的途徑之一。梁啓超曾在《三十自述》回憶父親蓮澗先生「督課之外，使之勞作」，言語舉動稍有不謹或者偷懶，父親便會訓斥道：「你看看，你還像個正常的孩子嗎？」

此外，母親趙氏的教育對梁啓超的立身處世也有極大影響。有一次，母親嚴厲教育兒子不可說謊。她那「欺人與竊盜之性質何異」的質問，令梁啓

超終生難忘。

梁啓超小時候都做些什麼家事？現在已經不得而知，只不過梁氏故居入門右側可見一間廚房，內設木磨、舂、灶台、櫥櫃等物什。百多年前，梁啓超小小的身影應該時常出現在這裡吧！實際上，梁啓超赴北京完婚之後還攜妻子回來住過一段時間，長女思順就誕生在他們的寢室故居正廳南廂的耳房。

維新故人重放光彩

江門五邑人才輩出，歷史名人有明末著名理學家陳白沙、民主革命先驅陳少白、近代中國第一個飛行家馮如、著名僑領司徒美堂等。其中，中國近代史上的風雲人物梁啓超，毫無疑問是最有分量的一張文化名片。

梁啓超當年收藏的一錠貢墨

梁啓超自幼在家中接受傳統教育，1884年中秀才。1885年入廣州學海堂，治訓詁之學，漸有棄八股之志。1889年中舉。1890年赴京會試，不中。回粵路經上海，看到介紹世界地理的《瀛環志略》和上海機器局所譯西書，眼界大開。同年結識康有為，欽佩不已，遂投其門下。1891年就讀於萬木草堂，接受康有為的思想學說並由此走上改良維新的道路。

有一年，梁啓超到廣州拜見兩廣總督張之洞。當時，張之洞在清政府中，是一個舉足輕重的人物，正興辦新式書院，開展洋務活動。梁啓超銳意改良，想力挽清王朝頹勢，對張之洞寄予極大的希望。張之洞見投刺，落款為「愚弟梁啓超頓首」，大不高興，於是出聯斥難。聯文是：

161

披一品衣，抱九仙骨，狂生無禮稱愚弟；

這上聯狂傲無禮，且拒人千里之外。梁啓超氣度不凡，坦然對了下聯，請來人回送給張之洞。聯文是：

行千里路，讀萬卷書！俠士有志傲王侯。

對答不卑不亢，有理有據，文字高雅，氣勢懾人。張之洞一看，馬上出衙迎接，大有相見恨晚之意。

後來，張之洞調任湖廣總督，名氣更大，傲氣也更盛。一次，梁啓超到江夏拜訪他。張之洞又出聯求對：

四水江第一，四時夏第二，先生居江夏，誰是第一，誰是第二？

上聯既包含四水（指古代江、河、淮、濟四水）中，長江排首位，又總括春夏秋冬四季，而夏是排第二。接著，提出了「誰是第一，誰是第二？」這樣難以回答的問題。

才思敏捷的梁啓超，略加思索，巧妙地答出下聯：

三教儒在先，三才人在後，小子本儒人，何敢在先，何敢在後。

張之洞吟讀再三，不禁歎息道：「此書生眞乃天下奇才也！」

梁啓超所對的下聯非比尋常。他以自己的身份「儒人」拆開，本古代儒、佛、道三教中，以儒爲首，在天、地、人三才中，則以人才居末位。梁啓超以「何敢在先，何敢在後」巧對「誰是第一，誰是第二？」其含意深遠，既挫了對方的傲氣，又不失賓主之禮，難怪張才洞爲之嘆服不已。

1895年春再次赴京會試，時值清政府與日本簽訂喪權辱國的《馬關條

約》，群情激憤。梁啓超協助康有為，發動在京應試舉人聯名請願的「公車上書」，要求清廷拒和、遷都、實行變法。維新運動期間，梁啓超表現活躍，曾主北京《萬國公報》（後改名《中外紀聞》）和上海《時務報》筆政，又赴澳門籌辦《知新報》，在鼓動輿論、宣傳維新方面，發揮了巨大的影響力。他的許多政論激昂慷慨，文筆流暢，筆鋒常帶感情，在社會上有很大影響。1897年，應湖南巡撫陳寶箴之邀，就任長沙時務學堂總教習，在湖南宣傳變法思想，培養維新人才。1898年回京，積極參加「百日維新」。7月3日（五月十五），受光緒帝召見，奉命進呈所著《變法通議》，賞六品銜，負責辦理京師大學堂譯書局事務。9月，政變發生，梁啓超逃離北京，東渡日本，一度與孫中山為首的革命派有過接觸。

隨著形勢的發展，其政治主張亦時有變化。從「保皇」到「新民」，從「開明專制」到擁護立憲，但改良主義的基本立場則始終未變。在日期間，先後創辦《清議報》和《新民叢報》，鼓吹改良，反對革命。同時也大量介紹西方社會政治學說，在當時的知識份子中影響很大。1905～1907年，改良派與革命派的論戰達到高潮，此時資產階級民主革命已逐漸取代改良主義的維新變法成為中國社會思潮的主流。梁啓超作為改良派的主將，遭到革命派的反對。

1906年，清政府宣佈「預備仿行憲政」，梁啓超立即表示支持，撰寫文章，介紹西方憲政，宣傳立憲政體。次年10月，與蔣智由等人在東京建立「政聞社」，並派人回國直接參加立憲運動。由於清政府並不真心實行憲政，梁啓超的活動非但不為清朝統治者所容納，反而遭到忌恨，政聞社也因受到查禁而宣告解散。

武昌起義爆發後，他一度宣揚「虛君共和」，企圖使革命派與清政府妥協。民國初年又支持袁世凱，為袁出謀劃策，並承袁意，將民主黨與共和黨、統一黨合併，改建進步黨，與國民黨爭奪政治權力。1913年，進步黨「人才內閣」成立，梁啓超出任司法總長，但因袁世凱帝制自為的野心日益暴露，梁啓超勸說無效，遂反對袁氏稱帝，與之發生衝突。1915年8月，發

表《異哉所謂國體問題者》一文，對袁氏意欲復辟帝制的行徑進行猛烈抨擊，旋與蔡鍔密謀，策劃武力反袁。1915年底，護國戰爭在雲南爆發。次年，梁啓超赴兩廣地區，先後擔任護國軍兩廣都司令部都參謀、軍務院撫軍兼政務委員長等職，積極參加反袁鬥爭，為護國運動的興起和發展，貢獻良多。

梁啓超故居二

　　袁世凱死後，段祺瑞逐漸成為北洋政府的實權人物，梁啓超認為「護國」成功，遂主張解散軍務院，依附段祺瑞。他拉攏一些政客，組建憲政研究會，與支持黎元洪的憲政商榷會對抗。1917年7月，張勳復辟失敗，段祺瑞掌握北洋政府大權。梁啓超擁段有功，受到重用，出任財政總長兼鹽務總署督辦。段祺瑞對內實行獨裁，對外出賣主權，遭到全國民眾反對，9月，孫中山發動護法戰爭。11月，段內閣被迫下臺，梁啓超也隨之辭職，並從此退出政壇。

　　1918年底，梁啓超赴歐，親身了解到西方社會的許多問題和弊端。同時，馬克思主義在中國的傳播和工農運動的興起，也使其深感不安。回國之後，即宣揚西方文明已經破產，主張光大傳統文化，用東方的「固有文明」來「拯救世界」。

　　梁啓超不僅是中國近代重要的思想家、政治活動家，而且也是一位著名學者。他興趣廣泛，學識淵博，在文學、史學、哲學、佛學等諸多領域，都有極深的造詣。早年曾熱情參加文學改良運動，主張文學要能反映時代精神。1901～1902年，又先後撰寫了《中國史敘論》和《新史學》，批判封建史學，發動「史學革命」。梁啓超一生熱衷於政治，但始終沒有找到正確的政治道路。他一生又熱衷於文化學術，在文化學術上的業績，遠遠超過政治上的成就。特別是歐遊歸來之後，以主要精力從事文化教育和學術研究活

動，寫下了《清代學術概論》、《中國近三百年學術史》、《先秦政治思想史》、《中國歷史研究法》、《中國文化史》等重要著作和大量文章，其中不少具有很高的學術價值。所遺《飲冰室合集》共計148卷，1,400餘萬字。1929年1月19日病逝於北京協和醫院，終年57歲。

1920年後，梁啓超先後在清華學校、南開大學等校執教，並到各地講學。晚年被譽爲清華大學「國學四大導師」之一。他還擔任過京師圖書館館長、北京圖書館館長、司法儲才館館長等職，爲培養人才和發展文化教育事業作出了一定成績。

真知灼見爲學界重視

梁啓超是近代中國知識份子群體中最完滿的典型代表。無論是疾呼變法圖強、宣傳西方文明，還是提倡君主立憲，他的興奮點始終與時代的興奮點保持一致，其內心的矛盾和政治主張的「多變」，完整地反映了近代中國知識份子的思想歷程。梁啓超的許多真知灼見，比如立法修憲、開通民智，直到現在仍很受學界重視。

梁啓超提出了很多建設性的意見，但缺乏作爲政治家必備的實作能力，而且他還是一個「全無城府、一團孩子氣」（胡適語）的性情中人。他反對康有爲參與復辟帝制，但卻真誠地爲導師祝壽；康有爲去世時，他還主持弔唁儀式。他應胡適之邀來北大講課，卻在課上公開批評胡適的中國哲學史大綱。徐志摩結婚的時候，他身爲主婚人卻在婚禮上嚴厲批評徐志摩，要徐志摩認真對待婚姻。他去世前曾患尿血症，被醫院誤診爲右腎腫瘤，親友紛紛譴責醫院，他卻告誡眾人不能因爲現代人科學知識還不成熟便從根本上懷疑科學。他以生命的代價留給人世間一份最爲寶貴的寬容。

梁啓超雖然已經逝去大半個世紀，但在廣東新會、北京、天津乃至日本神戶，不僅其故居保存良好，而且他那強國、改革的願望至今仍然鼓舞著無

數海內外同胞。1914年他在清華大學演講時提出的「自強不息，厚德載物」的校訓，被清華大學沿用至今。然而，在北京香山植物園內，這位風雲人物、學界泰斗的墓碑上沒有生平，沒有任何一個頭銜。透過這座墓碑，我們看到的是一位為國家復興而奔走呼號，為民族振興而鞠躬盡瘁的中國知識份子的高大形象。

梁啟超去世時，曾有一副對聯這樣寫他：「三十年來，新事業，新智識，新思想，是誰喚起；百千載後，論學術，論文章，論人品，自有公評。」梁啟超的精神雖然誕生在風雨飄搖的昨日，但在當下，其分量與價值不但不會減損，還能轉化為推動歷史和社會進程的巨大動力。紀念梁啟超，就絕不僅限於維修故居，吸引遊客的簡單思路，他的遺址和事蹟是對青少年闡揚愛國主義教育、樹立崇高理想的鮮活教材；他那維新奮發的精神，更應為時所用，為世所用，以彼時之維新促今日之體制改革，以彼時之新民促今日之公民素質，以彼時之愛國促今日之團結共進。

梁啟超那富於才情的筆調的確啟迪了整整一個時代，毛澤東在陝北的窯洞裡對斯諾說過，他青少年時代曾受到梁啟超的啟蒙，他學生時代寫文章就是以梁為楷模的。林語堂說梁是「中國新聞史上最偉大的人物」，他的筆尖常帶感情，感染了不止一代人，有人甚至把他看作是戊戌變法到辛亥革命的「精神之父」。今天重讀他的《少年中國說》、《新民說》等激揚文字，那些曾震撼了老大中國，給上一個世紀之交的一代青年帶來了全新的理想和價值的文字，我們依然感到內心深處的震撼。

在中國近代史上，梁啟超是個繞不過去的人。從戊戌變法到五四運動，他的言論思想影響之大，幾乎無人可以比擬。包括陳獨秀、胡適這些「五四」的巨人在內的民族精英又有誰沒有受過梁啟超思想的滋潤。

戊戌變法康梁並稱，但他當時不過二十幾歲，初露頭角，主要是以他的筆熱情地呼喚變法而為人所知。特別是他在《時務報》的言論文章曾傾動一時，他辦過《中外記聞》等報刊，這是他最早的報業生涯。並且，他在應湖南巡撫陳寶箴之邀出任著名的湖南時務學堂中文總教習時，發現並培養了蔡

大清才子命運

大學堂

鍔這樣的學生。

百日維新遭慈禧太后血洗後，康梁流亡海外，康停止了前進的腳步，以保皇自居，梁啓超的事業則可以說是在日本眞正開始的，他先後創辦了《清議報》、《新民叢報》、《國風報》等影響深遠的報刊，寫了大量至今傳誦不衰的文章，大力宣傳新思想、新觀念，著名的《新民說》最初就是在《新民叢報》上連載的。他翻譯、引進了一系列全新的概念，如「自由」、「國民」、「權利」等漢語所缺乏的新辭彙就是他首倡的。1905年，他在《新民叢報》發表的那些與《民報》論戰的文章，雖然當時看來，就多數青年的心理而言，「《民報》的勢力，確是在《新民叢報》之上」，但梁所描寫的共和革命後果，如內部分裂，彼此爭權，亂無已時，未嘗不與後來事實相似。辛亥革命前夕，他所寫的大量政論，其中包括了許多傳播憲政思想的文章，指導著當時中國的立憲運動，有深遠的意義。隨著立憲政治在中國的嘗試和失敗，梁啓超的精神遺產也就漸漸被人淡忘了。

他的一生和袁世凱、段祺瑞等軍閥有過合作，幻想他們能把中國帶入民主的新時代。這些是他生命的敗筆，但他和他的老師康有爲一起推動維新變法；他和他最鍾愛的學生蔡鍔一起，毫不含糊地反對袁世凱稱帝，終於打倒了民國以後的第一個「家天下」；他和段祺瑞在天津馬廠誓師反對張勳復辟，反對拉歷史倒車的恩師康有爲，無疑都是他寫下的光輝一筆，是無法抹殺的歷史事實。梁啓超在近代史上最重要的價值不在這些地方，在於他長期致力於辦報、辦刊，宣傳新思想，致力於思想建設，要使中國人在精神上站起來。這才是他成爲19世紀末以來中國最偉大的思想家之一的原因。他在20世紀初就寫下了具有現代意義的《新民說》，呼喚講自由、有個性、具備獨立人格，有權利、守義務的一代新民。從此，新民的理想一直是梁啓超精神世界的主旋律。

近代以來，新型知識份子報國的主要途徑無非是辦報刊、辦大學、辦出版社，正是這些前所未有的新事物給「百無一用」的書生提供了強有力的武器，也提供了他們安身立命的處所。正是通過傳播思想、知識，教育新人，

他們才發揮出了前無古人的影響力。梁啓超是以從事維新變法的政治事業登上歷史舞臺的，但一開始他就與新生的報刊、與教育結下了不解之緣。他當然是政治人物，在袁世凱、段祺瑞的政府中都出任過要職，在護國運動中也是居領袖地位，長期是進步黨（後來是研究系）的領袖。但終其一生，他的主要身份還是一個知識份子，在漫長的流亡歲月中，他是一個辦報、讀書、寫作的職業報人。退出政壇後，他還支持創辦了《晨報》、《時事新報》這樣有廣泛輿論影響的大報。他長期在清華任教，致力於學術研究，寫出了一些有分量的學術著作，在一個新的領域作出貢獻，他的晚年是以職業學者的身份出現的。他的知識份子良知從來沒有泯滅過，「五四運動」之後，杭州發生「浙江一師風潮」，政府派員警鎮壓學生，他公開通電反對。他去世前的一年，北京發生「三一八」慘劇，他正生病住院，但他同樣憤怒地抗議了。

他是戊戌變法的主角之一，他在流亡時期的作爲對當時的社會轉型功不可沒，在民國初年的政治舞臺上他是個舉足輕重的人物，在思想界、輿論界他的影響久盛不衰。老實說，在「五四」之前，梁啓超的影響是首屈一指的。「五四」新文化運動的浪潮席捲老大民族，以陳獨秀、胡適、魯迅等爲代表的「五四」一代精神巨人的崛起，使穿越了戊戌、辛亥和民國以來動盪亂世的梁啓超迅速被淹沒，被遺忘了。

即使如此，「五四」運動也是與他有密切關係的。雖然那時他遠在巴黎，但他是國民外交協會的精神領袖和主要發起人，這個社會各界各團體組成的社團在推動「五四」學生走上街頭有重要的影響。他本人也一直密切關注著國內，他致電汪大變、林長民，建議警醒國民和政府，拒絕在和約上簽字，成爲五四學生運動的導火線之一。當年9月9日的日本內閣會議決議事項中有這樣的記載：

「目前在中國最具勢力的，是由全國中等以上學校學生所組織的所謂學生團體。這些學生多少有些新知識，節操、志向較爲純潔，其努力固不可忽視，今後我方亦應需給相當的考慮。雖然他們的運動『努力』實基於本身的

梁啓超故居出口湖景

自動而發，但除此之外，仍有林長民、熊希齡、汪大燮等政治家的唆使」。

日本的情報應當是空穴來風。這裡說的林、熊、汪等要人都是梁啓超從進步黨到研究系的長期政治夥伴，與梁同為國民外交協會理事。說他們代表的研究系是五四學生運動的背景之一，是沒有問題的。從北京《晨報》，上海《時事新報》這兩份研究系背景的報紙在五四運動前後的輿論報導也可找到某些線索。

梁啓超指出：「『五四運動』與其說是純外交的，毋寧說是半內政的，因為他進行路線，含督責政府的意味很多。」他希望把運動的方向轉到內政方面。沒有「半內政」性質或者緊接著「向內的」運動的「純外交的」群眾運動，不是「無結果」的，就是政府一手炮製的。旅歐歸國之後，他一手發起「國民制憲運動」，高度評價並積極參加了「國民廢兵運動」，呼籲成立「國民廢兵運動大同盟」。雖然這些運動最終都沒有結出什麼可喜的果實，但他的目的只是要借此養成做共和國民的資格，他說：

169

「國家的發展，全人類的進化，都是從這一個支柱來的。倘若國民不願意、不能夠或是不會管政治，中國的共和政治萬萬不會發生和維持，憑你把國體政體的名目換幾十趟招牌，結果還是一樣。怎麼才算願意管政治呢，是要靠國民運動來練習這技能。簡單說一句話，國民運動便是共和政治唯一的生命，沒有運動，便沒有生命了。」

「國民運動的價值，在政治本身是可限量的，在國民教育上是無可限量的。一個政治問題的運動，雖有成敗之可言，從政治教育的意味看來，無成敗之可言。」

這是我們陌生已久的思想，他的初衷就是要通過國民運動而不是政治運動，來培育健康的國民意識，這裡的「國民」當然就是我們現在通常說的「公民」，也就是梁啓超早年說的「新民」。從「新民」到「國民」，我的粗淺理解是，在清王朝專制時代他呼喚新民，也就是致力於思想啓蒙。在共和國出現以後，他希望在實踐層面教育、鍛煉一代國民。我認為這是他新民理想的自然延伸。

這樣一個重要的歷史人物當然不是三言兩語可以說清楚的。以往的歷史教科書常常肯定他在戊戌變法時期的貢獻，而對他跌宕起伏、多姿多彩的一生基本上持否定態度。拋開形形色色意識形態和政治上的種種狹隘偏見之後，對梁啓超的評價漸趨客觀，對他當年與同盟會論戰時的不少觀點的看法也越來越接近事實。梁啓超不是沒有缺點、沒有侷限的，但他思想之深邃、目光之宏大、學問之淵博、人格之健全，都是他那個時代所罕有的。在近代中國，他是完全當得起「精神巨人」這個稱號的少數幾個人之一。作為思想家他是多產的，留下了上千萬字的龐大思想遺產。

無論如何，梁啓超的一生是推動社會進步的，他呼喚新民抓住了民族生死存亡的要穴所在。沒有人格上站起來的精神獨立的國民，什麼樣的共和制度都會變形，什麼樣的旗幟都不可能給我們帶來真正的自由與幸福。

「五四運動」之後他力倡國民運動時的國民思想，與他早年呼喚新民的努力，往往被忽視，這條線其實是一脈相承的。在這一意義上，他在思想層

面和實踐操作層面所提出的這一問題，代表了20世紀初為使中國早日跨入一個新時代、一個和人類先進文明接軌的時代所作的最有價值的思考，目的就是要讓中國在精神上、制度上都站起來。

　　近百年前，梁啓超就一針見血地指出：「苟有新民，何患無新制度，無新政府，無新國家。」他的新民理想至今依然是一個未完成的題目。沒有對歷史災難的反省，沒有對人性的肯定，沒有新思想的陽光照耀，我們終究還是精神的奴隸，我們精神的膝蓋不可能真正站立起來，作為一個大寫的人而站起來。

大清才子命運

大學堂

三百年來第一人　「碩學通儒」沈曾植

大清才子檔案					
姓名	沈曾植	職務	刑部主事等	在職時間	不詳
生年	1850	卒年	1922	享年	73歲
字	子 培	號	巽 齋	墓葬	浙江王店榨篰村
家庭關係	(父親) 沈宗涵　　(母親) 不詳　　(子女) 不詳				
婚姻狀況	初婚：不詳　　　　　　　配偶：不詳				
人生最得意	主張維新		人生最失意	八國侵華	
人生最不幸	書籍被盜		人生最痛苦	國運不濟	

沈曾植生平小傳

　　沈曾植（1850～1922），嘉興人。字子培，號巽齋，晚號寐叟。光緒六年（1880）進士，歷任刑部主事、員外郎、郎中、江西廣信、南昌知府、總理衙門章京、安徽提學使、署布政使。光緒二十一年，與康有為等興辦強學會於京師，主張維新。曾受湖廣總督張之洞所聘主講兩湖書院。清亡後為遺老，寓居上海。富著述，工書，藏金石拓本甚彩。精通哲、史、地、醫、佛、文藝諸學，有《海日樓詩集》、《苗閣瑣談》、《辛丑札記》、《寐叟題跋》等傳世。

　　自古以來，歷代皆有人龍翹楚，為一時風習之始作俑者，或為人文盛事推波瀾，領袖群倫，沾溉四方。晚清之沈子培，即此等人物。其所交遊，陳散原、王國維、余肇康、羅叔言、張元濟、鄭孝涉、章一山、馬一浮、諸貞壯、胡朴安等，皆一時碩學；其所友，曾農髯、翁同龢、潘祖蔭、吳昌碩、

李瑞清；其所啓者，便有風雲人物康有爲；其所教，便有滬上王蘧常等四十餘子。不只中國前清遺老尊崇有加，便東瀛學人亦曾稱譽其爲「中國大儒」。光緒二十六年（1900）八國聯軍侵華入京之後的第三年，沈曾植還任刑部主事，感時傷事，在《寐叟題跋》中記曰：「光緒壬寅正月，重人都門，過澄雲閣與杜維話舊，攜此本歸。斜日離離，容雲四合，矮窗展玩，招悵移晷，桑榆書畫之緣，意復從此始耶？」其心跡可見一斑。沈晚年寡交自晦，自號穀隱居士，居滬鬻書自給，而求書者不絕於門，以得片紙爲寶。百年匆匆而過，歷史人物

沈曾植
1901年冬～1902年春

與歷史風雲已成歷史。昔於髯翁有句云：「天上風雲原一瞬，人間成毀不須驚」，吟罷悵然。如沈曾植者，於今爲不朽者有二：一學術，二書藝也。

沈曾植家學甚厚。其祖沈維鈞不唯久爲仕宦，且五任學政，校刊圖書頗多，務尚實學。沈曾植學力淹通，曾受張之洞聘爲武昌兩湖書院史席。其精通典籍，以至客人居所盡見書架，必高呼主人乃知所在。後曾赴日本考察制度、文物，眼界益開。

他的書法，幼學包世臣，遠接鄧石如，築基於碑學無疑。這也是清代乾嘉學派以後嘉道碑學中興的風習所染，世人難出其右。王森然認爲沈書「扇歐、趙之餘風，集琳琅之萬品，內地網羅，蕃外選購，采其眾長，樹立一家」（《近代名家評傳》），一言以概之，即說其書尊魏而不卑唐，植根於魏、唐而能融匯眾有。這一句評價一般人當不起，但沈曾植確乎彷彿之。他的高明即在於不像包世臣、康有爲那樣偏激地尊魏而卑唐。審度包、康兩家書法，包長於理論而拙於書藝，所書鋒落一偏，絞轉拖逿，實欠俊拔之致；康則氣象恢弘，盤紆縱橫，有似其人，然或失於張狂而乏蘊藉。沈氏之爲人既沉潛自晦，衡諸其書，亦線畫凝煉而氣勢鋪陳，靈光內蘊而骨力洞達，誠

175

清民之書法巨擘，斷非虛譽。沙孟海先生說他：「晚年取法於黃道周、倪元璐，兼兩家之長，一生功夫，盡工鐘繇、索靖，所以變態極多，專用方筆，翻覆盤旋，游龍舞鳳，奇趣橫生」（《近三百年之書學》），可謂言言盡揭沈書底裡。「變態極多」、「奇趣橫生」二語，基本概括了其書之特點。馬宗霍《書林藻鑒》記曾農髯語頗有意思，亦可見沈氏本人對「奇正」之旨的態度：

余評寐叟書，工處在拙，妙處在生。勝人處在不穩。寐叟於前兩義遜謝，至後語不曉。髯曰：「翁覃谿一生穩字誤之，石庵八十後能到不穩，寐叟七十後更不穩，惟下筆時時有犯險之心，故不穩，愈不穩則愈妙。」寐叟避席曰：「不能至此。但奮吾老腕為之，未知能到不穩處否？」這「不穩」即奇變、險絕之美。沙孟海所謂：「變態極多」、「奇趣橫生」或即此指。證諸《書贈青仁軸》、《贈芸莊聯》、《太乙近天都詩軸》等作，

沈曾植——題臨《永興帖》

確乎如此。馬宗霍謂之為：「有清一代草書，允推後勁」，言不為過。曾農髯還說過：「叟讀碑多，寫字少，故能古；寫字少，故能生。古與生合，妙絕時流。」此處生亦審美上「拙」之來歷。「不穩」與「生」、「拙」必於平正中來。對此，沈氏在論書時曾有說法：「草勢之變，性在展蹙」，對於「經生」書、「院體」書以及「館閣」書「名家薄之於運算元之消，其實名家之書，又豈出橫平豎直之外？」可見沈子培的基本觀點。高足王蘧常早年求師指點，沈亦告之：「求書理，以為近晉，可從三王二爨人」。在此，我們發現，沈曾植的書學理想正在於融冶碑帖、化合晉魏。他實際上也做到了這一點，是真正開此一風氣的實力派大家。

沈曾植學識淵博，《清史稿》記載：「曾植爲學兼綜漢宋而尤深於史學掌故。」王國維居滬期間多請益於寐叟，其作《壽序》，認爲清代學術三變，清初爲經世之學，乾嘉是稽古實學，道咸之後，學術轉新，寐叟乃新學術的帥將。沈氏的一生，非爲學問而學問，而是同歷代的中國文人一樣，以修身養性齊家治國平天下爲已任。「憂世之深，過於龔魏」（王國維語）。因而在那個風起雲湧的時代，他曾力陳假洋資造鐵路等，成爲了「舊時代舊人物之魯殿靈光」。

沈曾植故居

大清才子命運

大學堂

沈氏一生對中華文化傳統的命運憂思不已，主張經世致用，從學術立場出發來干預時事。1901年，沈曾植就任上海南洋公學監督。下車伊始，即行改革舊制，允許師範生中的優秀者入學，廣開人才之源；添設政治科，以強化學生的時事教育及參政意識；並附設東文學堂，以嫻熟西學的羅振玉爲監學，又聘請日本學者藤田劍峰博士爲教習。教育內容主要「以通達中國經史大義，厚植根柢爲基礎，以西國政治家日本法部文部爲指歸，略仿法國國政學堂之意」，爲國家培養內政、外交、理財三方面人才。一系列革新舉措使得南洋公學的辦學面貌煥然一新，它展現了沈曾植近代新式教育的眼光，也反映了他思想的不斷進步與開明。1907年，沈曾植由江西調任安徽提學使，旋即赴日本考察學務，「馳驅咨謀，日不暇給」，「甚契日本穗積博士之學說及伊藤博文之憲法義解」。這次出訪，使沈曾植「冶新舊思想於一爐」的理念得以完全確立。

在提學使任上留意選拔和招攬人才。設存古學堂，以宋儒程氏讀書日程爲藍本，選拔各學堂中的優秀生專開國學研究班，並借鑒國外大學的教學方

法，組織學生互相討論、獨立思考。他提出的教學方式是：知新溫故、達變立常、內自折衷、不逾世變。他招攬了許多著名學者，其中有方守彝、馬其昶、姚永朴、姚永慨、陳衍等，使皖學達到了最盛期。

和政治上不同的是，他在學術上能銳意精進，勇於突破舊我。在晚年，沈曾植提出「欲復興亞洲，須興儒術」的觀點，繼而倡議在上海建立經科大學，並成立亞洲學術研究會，希望在思想文化的領域內，爲中國乃至整個亞洲的復興作相應的支援與準備。這是他在對中西差距，對中國乃至亞洲社會困境之成因獲得日益深刻的體認後的深思熟慮。這就把張之洞的「中體西用」引向了更爲廣闊的空間，而使沈曾植成爲晚清學術轉型期繼往開來的代表。

對於沈曾植一生學術活動的評價，以王國維在《七十壽序》中說得最爲恰當：

先生少年固已盡通國初及乾嘉諸家之說，中年治遼金元史、治四裔地理，又爲道咸以降諸家之學。然一秉先正成法，無或逾越。其於人心世道之污隆、政事之利病，必窮其原委，似國初諸老。其視經史爲獨立之學，而益探其奧，拓其區宇，不讓乾嘉諸先生。至於縱覽百家，旁及二氏，一以治經史之法治之，則又爲自來學者所未及。若夫緬想在昔，達觀時變，有先知之哲，有不可解之情，知天而不任天，遺世而不忘世，如古聖哲之所感者，則僅以其一二見於詩歌，發爲口說，言之不能以詳。世所得而窺見者，其爲學之方法而已。夫學問之品類不同，而其方法則一。國初諸老用此以治經世之學，乾嘉諸老用之以治經史之學，先生復廣之以治一切諸學。「趣博而旨約，識高而議平，其憂世之深，有過於龔、魏、而擇術之慎，不後於戴、錢。學者得其片言、具其一體，猶足以名一家、立一說。其所以繼承前哲者以此，其所以開創來學者亦如此。使後之學術變而不失其正鵠者，其必由先生之道矣」。

綜觀近代儒林，沈曾植稱得上是一位承前啓後的大學者，一位有著強烈的社會責任心的傳統儒士，一位有著精深造詣和多方面藝術成就的文化名

人。經過近一個世紀的風雲變幻，沈曾植所追求的夢想和所從事的事業大都早已煙消雲散，難覓痕跡；但他畢生力行的儒家風範仍在影響著後來者，尤其是他晚年宣導的振興亞洲儒學的口號，在經過半個多世紀之後，終於得到學術界的普遍回應並爲世人所接受。

1922年沈曾植去世，王國維撰寫輓聯：

沈曾植故居古井

是大詩人，是大學人，是更大哲人，四昭炯心光，豈謂微言絕今日；

爲家孝子，爲國純臣，爲世界先覺，一哀感知己，要爲天下哭先生。

沈曾植先生評論

吳昌碩、沈曾植和康有爲這三人對近現代書法的影響可以說是非常深遠和巨大的了。但沈曾植的風範、氣質和書法實踐對近現代書壇的影響和意義應更勝於康有爲和吳昌碩，雖然他在世人心目中的地位遠不如康有爲和吳昌碩。

「前不同於古人，自古人而來，而能發展古人；後不同於來者，向來者去，而能啓迪來者」，胡小石先生的這句話用於沈曾植身上是再合適不過了。沈曾植提倡「法古爲貴」，並指出「筆精政爾參鐘、索，虞、柳擬焉將不倫」，而且他的書法確是自「二爨」、魏晉簡牘、張芝、鐘繇、索靖而來；受他啓發和影響的來者則有馬一浮和謝無量、王世鏜和鄭誦先、潘天壽和陸維釗、王蘧常和沙孟海等一大批書法家，他對近現代書法的作用，與楊

179

凝式對宋「尙意」書風所產生的引導啓發作用相類似，均屬於一種「導師」的性質而不是「師傅」的性質，這比自家書體被後人傳習摹寫的意義要大出數倍。

從沈曾植的書論和書作中，能很清晰地感受到他對獨立思考精神的崇尙、對「變」的崇尙和對碑帖相化、晉魏相合的崇尙。

受時代因素影響，吳、沈、康三人的書作中俱能顯現出一種大氣磅薄之勢，但在吳昌碩和康有爲的大氣中卻總是共生共長著一種野氣和躁氣，而沈曾植則沉靜得多。

沈曾植的詩和書有很相似的地方，詩學深、讀詩多、作詩少，故其詩能於險拗艱深中見情；書學深、讀碑多、寫字少，故其書能於古奧生拙中見韻。

「寐叟健在，某豈敢爲」，看來在沈曾植面前，素日大言鑿鑿的康有爲也只能是心服口服了。有意思的是，除了康有爲的《書鏡》是受沈曾植所啓而寫之外，甚至連康有爲「北碑南帖孰兼之，更鑄周秦孕漢碑」這個理想倒也像是落實在了沈曾植的書法實踐中；更爲有趣的是，康有爲對方筆的論述，如「方筆用翻」、「方筆不翻則滯」、「行草無方筆，則無雄強之神」、「方筆者凝整沉著」等，則完全像是在闡述沈曾植的用筆了。習碑之風興起後，除沈曾植之外，將方筆運用得非常活泛的還有其前的趙之謙和其後的陸維釗、潘天壽。

其自運之作取法博雜，胸中古意時汩汩而出，但不復古做態；而其隸書和魏碑的臨作，則顯得用筆非常吃力，做古的味道很重。

眼力奇絕的高二適對沈曾植的書法卻是特別不喜歡，這是一件非常奇怪的事情。對沈曾植進行解讀之後，能更加清醒地認識到以書求書是出不了「大師」的。

無論個人秉賦何等優異、品德學識何等出眾，造就他們何等不易，但只要依附沒落的統治階級，時代列車匆遽轉彎的時刻，總要甩掉這些不合潮流的乘客，毫不吝惜地讓他們爲退出舞臺的勢力殉葬。他們忠而見疑也罷，尊

爲座上客也罷，結局都一樣。

沈曾植、王國維兩位學術泰斗都是這樣的悲劇性人物。

這類人物的命運引起過大作家們的沉思，曹雪芹筆下的鳳姐、寶釵，肖洛霍夫精雕細刻的葛利高里，異中有同。著眼於制度，超出個人好惡，才有現實主義的勝利。

先生治學繼承祖父小湖先生家學，始宗周濂溪、張載、朱熹、程頤、程顥入手，既長以清初諸老爲法，考定政治利弊，世道人心，升降浮沉，窮其根源，以義理輔實用，探其奧妙，拓其領域，由理學而考據爲一變；從政後由考據而求經世，以經史爲獨立之學，成就不亞於乾隆、嘉慶以來諸大家，在遼金元史及邊境地理方面有突破爲二變；晚年三變；用治經史之法研究儒玄道釋之學，旁及百家，「則爲自來

沈曾植——題臨《皇甫貼》

學者所未及。若夫緬想在昔，達觀時變，有先知之哲，有不可解之情，知天而不任天，遺世而不忘世，如古聖哲之所感者，則僅以其一二見於詩歌，發爲口說，言之不能以詳、世所得而窺者，其爲學之方法而已。趣博而旨約，識高而議平，其憂世之深，有過於龔、魏，而擇術之愼，不後於戴、錢。學者得其片言、具其一體，猶足以名一家、立一說。其所以繼承前哲者以此，其所以開創來學者亦如此。使後之學術變而不失其正鵠者，其必由先生之道矣。」王國維這段話不算太溢美，而結論則爲事實否定，「五四」後封建思想雖仍有一定勢力、理學儒學、考據、成爲少數入書齋中雅事，江河日下，

與社會生活關係甚微，經世乃爲政者專利，哪用儒生從故紙堆中找教條來束縛？在學用一致而言，先生實爲末代儒家，後學僅能正心誠意修身，全家思想不齊，治國平天下是白日夢囈。先生不談陰陽五行、余事於中醫、曆算、音律、目錄、金石、書法皆卓然成家，時至今日，史地著作大部散佚，僅剩下書法有些影響，但在學術界，把他列爲本世紀首選者寥寥！其實當之無愧。

他把南北書法看做一個整體，各有所長，北碑中粗率之作也不少，南碑如二《爨》並不嫵媚。取長補短，摒除偏見，超越時流。在論隋《楊厲碑》時指出：「書道至此，南北一家矣！」這正是他的追求：集陽剛陰柔二美於一身。如跋《敬使君碑》：「此碑運鋒結字，劇有與《定武蘭亭》可相證發者。東魏書人始變隸風，漸傳南法，風尚所趨，正與文家溫、魏向任、沈秉中作賊無異。世無以北集壓南集者，獨可以北刻壓南刻乎？此碑不獨可證《蘭亭》，且可證《黃庭》。倦游翁（包世臣）楷法，胎源於是。門下諸公，乃竟無敢問津者，得反閘庭峻絕，不可輕犯耶？」又說：「北碑楷法，當以《刁惠公主》、《張猛龍碑》及此論爲大宗。《刁志》近大王（羲之）、《張碑》近小王，此論則內延外拓，藏鋒抽穎，兼用而時出之。中有可證《蘭亭》者，可證《黃庭》者，可證淳化所刻山濤、庚亮諸人書者。有開歐法者，有開（遂良）法者。蓋南北會通，隸楷裁制，古今嬗變，胥在於此。而巔崖峻絕，無路可躋，唯安吳正楷略能彷彿其波發。儀徵而下，莫敢措手。每展此帖，輒爲沉思數日。」

寐翁跋《高湛墓誌》說：「大抵北朝書法亦是因時變易：正光（始於520年）以前爲一種，最古勁；天平（534～537）以下爲一種，風格視永徽（650～655）相上下，古隸相傳之法無複存矣；關中體獨質樸，惜宇文（557～581）一代傳石無多耳。」在《全拙底溫故錄》中寫道：「南朝書習可分三體：寫書爲一體，碑碣爲一體，簡牘爲一體。《樂毅》、《黃庭》、《洛神》、《內景》皆寫書體也，傳世墨蹟確然可信者：則有陳鄭灼所書《儀禮疏》，絕與《內景》筆鋒相近，已開唐人寫經之先，而神雋非唐人所及。

182

丁道護《啓法寺碑》乃頗近之。按此以推，《眞誥論》、《楊許寫經》語及（陶）隱居《與梁武帝書》語，乃頗有證會處。碑碣南北大同，大抵於楷法中猶時沿隸法。簡牘爲行草之宗，然行草用於書寫用於簡牘者，亦自成兩體。《急就（章）》爲寫書體，行法整齊，（智）永師《千文》，實祖其式。率更稍縱，至（張旭）顚（懷）素大變矣。李懷琳之《絕交書》，孫虔禮（過庭）之《書譜》，皆寫書之變體。其源出於（唐太宗）《屛封帖》，《屛風》之書，固不能與卷軸一體也。」

與前輩同輩相比，立論公正，心胸寬廣，力破門戶町畦，是以可貴。

又說「（鄧）完白以篆體不備而博諸碑額瓦當，以盡筆勢，此即香光、天瓶、石庵以行作楷之術也。可用爲筆法法式，則印篆有何不可用乎？」後來黃牧甫治印取法秦前文字，證明寐叟設想正確。又謂：「楷之生動多取於行，篆之生動多取於隸。隸者，篆之行也。」「篆參隸勢而姿生，隸參楷式而姿生，此通乎今以爲變也。篆參楷勢而質古，隸參篆勢而質古，此通乎古今以爲變也。故夫物相雜而文生，物相兼而數賾。」《張猛龍碑》「骨韻俱高，斂分入篆。」只有精通書史源流，才能有此活脫眼力，固守一隅，難逃庸陋。

他認爲「永字八法」是「閭閻書師語耳」以法自縛不能盡意。橫平豎直，漢唐碑皆然，用筆有勢便佳，無勢即排運算元。他列舉歐陽修用軟筆濃墨以惜其力，趙字多硬筆濃墨，至董其昌前皆然。董書「柔毫淡墨，略無假借，書家樸學，可以謂之難矣。」「墨法古今之異，北宋濃墨實用，南宋濃墨活用，元人墨薄於宋，在濃淡間。香光始開淡墨一派。本朝名家又有用乾墨者。大略如是，與畫法有相通處，自宋以前，畫家取筆法於書。元世以來，書家取墨法於畫。」知識面廣，觀察入微，來自實踐，方能寫出這些甘苦。

寐叟得筆於包安吳，中年受張裕釗啓迪，不爲包世臣、吳讓之所限，遍臨南北各碑，變幻莫測，勢韻姿神，皆自己面目。晚年接受倪元璐、黃石齋兩家之長，碑骨帖筋，抱氣醰圓不洩，無拘近觀遠視，都具藝術震撼力。

大清才子命運

歷來書家寫行草求飛動，多取直式，或一軸中穿，或亂石鋪道，當中一股力在不同物件面前搖曳多姿。寐叟是多角取勢，直勢而外，還有隸書般橫勢，行書的斜勢。只有修養高了，橫勢仍能抱住行氣。斜勢不怕拆開看，個個都無懈筆，勢自字中生出，不靠互相借勢。劉墉筆筆用點法，王文治筆筆用挑法，祖父輩的獨創中孕含著小巧纖甜的遺傳因數，寐叟不滿足於這種筆劃處理。他將金文、小篆、隸、章草、魏碑、楷書的筆意筆魂，相對自然地化入行草。庖丁解牛，目無全牛，文同寫竹，心必有成竹。採取簫笛一體的方式去結字造型，橫吹為主，直吹為輔，波詭雲譎，翔舞回環，有鬚眉修偉丈夫的陽剛，以慈馭剛，跌宕叢生，汪匯凝蓄，筆尖筆腹，偶現飛白，乾而不枯，即古人所讚美：「潤含春雨，乾裂秋風。」

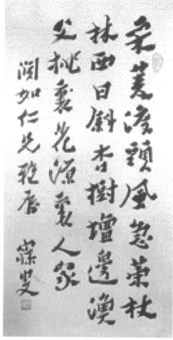

沈曾植手跡

作者學養廣袤深遠，在書法上的開拓具有高度自覺，不惑於外力，牢守心源，取精用閎，能韌長，無機巧，不在鳴世，（一如他大量著作無意得名，而不出版以致散佚而無悔）筆便留得住，與劍拔弩張一瀉無餘絕緣。他不是高明的畫師，畫因人貴，然書中有山的沉著，水的浩淼，喬木的蔥蘢，把碑帖的寧馨兒推到一個極致，以誘惑勇士跨越的魅力，綿亙在近代書法史上，考驗後輩的腳力。

毋庸諱飾：他是封建遺老，政治理想與他富民強國的願望背道而馳，更為潮流所否定。他在書法上的貢獻，較之古哲，康有為的評價或有溢美，但三百年來無人抗衡。由明降清的錢謙益、王覺斯、周亮工的著作未因人廢言，寐翁與周作人之流畢竟不同。貴老不足掛齒，藝術史上的地位可以重新

認識。

《晚清四十家詩鈔》編者吳北山去世，章土釗請康有為寫墓誌、一貫自視極高的康長素說「寐叟健在，某豈敢為？」結果康撰文，沈書丹。康居西湖一天園，有詩懷寐翁：「深煙不見北高峰，獨棹扁舟寫舊蹤。可惜寐翁不攜手，錢江風雨嘯湧龍。」

馬宗霍（1897～1976）在《霋岳樓筆談》中云：「寐叟執筆頗師安吳，早歲欲仿山谷，故心與手忤，往往怒張橫決，不能得勢。中擬太傅，漸有人處，暮年作草，遂爾抑揚盡致，委曲得宜，眞如索征西（靖）所謂『和風吹林，偃草扇樹』，極繽紛披離之美。有清一代草書，允推後勁，不僅於安吳為出藍也。」

何榮評語：「……縱橫馳騁，有楊少師之妙。自碑學盛行，書家皆究心篆隸，草書鮮有名家者。自公出而草法複明。歿後書名更盛，惜其草跡流傳不多耳。」

寐翁臨終前數小時寫成二聯，甲聯寫在五尺白泠金箋上：「石室竹卷長三尺，山陰草跡編千文。」陳散原、馮夢華、吳昌碩等三十九人題跋。乙聯書於五尺宣上：「岑碣熊銘入甄選，金沙繡斷肋薪紕。」題跋者有馬一浮等十六家。康有為寫道：「寐叟尙書與吾交垂四十年，無事不共，無學不談，文史儒玄，冠冕海內，其經國之謀，思君之忠，了徹之慧，近世所少見。若行其草書，高妙奇變，與顏平原、楊少師爭道，超軼於蘇黃，何況餘子？」陳散原跋云：「垂危臨命之人，僅隔數時，猶能作楷帖，豈非莊生所謂精神與天地相往來者哉？」

寐翁有畫名，高妙而非精深，生拙可喜，為學者書家畫。

本世紀前中期書家，如于右任、馬一浮、謝無量、呂風子、王秋湄、羅複堪、王蘧常等皆受沈書影響。他的足跡昭告著南北碑與帖學寫經諸水同源，分道而行，終歸於大海。

鴉片戰爭以來的史實值得我們思考：閉關自守，將儒釋道重新拼合，不能使中國完成現代化的嬗變。但對遺產茫然無知，盲目棄絕，則導致虛無主

義思潮氾濫，將民族文化長處否定，爲全盤西化張目。跟在外國人後面走，靠「超車」奇蹟在經濟文化等領域跨到世界最前列是幻想。如果審美教育失敗，殖民地次殖民地粗鄙文化腐朽沒落的東西將侵蝕青少年身心。知古不泥古，上入先秦，下入民間，整理好遺產，既研究西方，也溯本探源，弄通希臘羅馬道統，不停留在技法皮相的模仿。對民族文化負面的內容要科學批判，但不是按西方理論框架重新組裝，更要適應國人精神承受力，一過頭則導致月亮是西方的好。「五四」後先哲們對中醫京劇的偏頗，包含著時代的悲劇因素，不能簡單地脫離社會環境苛責個人。要多多理解抱缺守殘則失去抵抗力，而被動挨宰割全盤西化則成爲帝國主義附庸的教訓，重建民族的科學的先進的審美觀，讓中國文化的突出的性格去豐富人類的精神和物質生活。

東方文化在解決人與自然的關係，求得心靈的淨靜，減少科學技術對生態環境的破壞等方面，肩負西方文明不能單獨完成的神聖使命。二者平起平坐，共泌靈乳，沾溉傷痕累累的地球，趨於精神完美的人類。

書法是外來影響最少的藝術。寫字在強化人的涵養、耐力、創造力、審美力，諧調生活節奏等方面，都是大有潛力的。

每個時代都出過經不起時光考驗的書法文人。眞學問總是在大寂寞中完成，不羨慕非藝術因數造就的成功，不驕人前，不餒人後，用恆溫寫下去，成敗無尤。斯爲強者。正確評價、發展寐叟創造的美，推動臨池，詩化生活，還要書壇內外共同努力。歷史證明：古代大師絕大多數是業餘書家。書家成爲學者、思想者，書外屹立著人品、學術，藝術、書法將突飛猛進。源遠流長的中國藝術充滿希望，即使在開宗立派的大師們凋謝之後的積聚醞釀時期，也不會例外。我們不迴避艱辛，仍很樂觀。

晚清的重量級人物張之洞

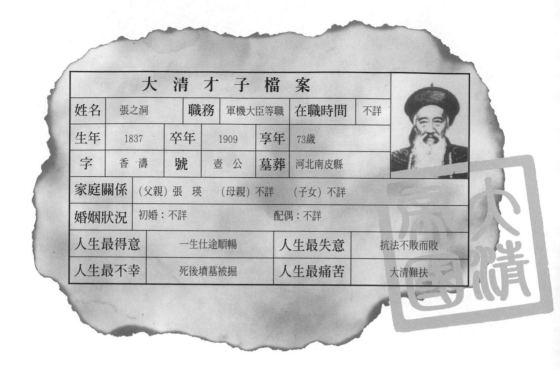

大清才子命運

大學堂

大 清 才 子 檔 案					
姓名	張之洞	職務	軍機大臣等職	在職時間	不詳
生年	1837	卒年	1909	享年	73歲
字	香濤	號	壺公	墓葬	河北南皮縣
家庭關係	(父親) 張 瑛　　(母親) 不詳　　(子女) 不詳				
婚姻狀況	初婚：不詳　　　　　　　　　配偶：不詳				
人生最得意	一生仕途順暢		人生最失意	抗法不敗而敗	
人生最不幸	死後墳墓被掘		人生最痛苦	大清難扶	

張之洞生平小傳

　　張之洞（1837～1909）字孝達，又字香濤，號壺公，晚年自號抱冰老人。清末重臣，洋務派首領。直隸南皮（今屬河北）人，1863年（同治二年）進士。清流派重要成員。

　　光緒七年（1881），授山西巡撫，政治態度爲之一變，大力從事洋務活動，成爲後期洋務派的主要代表人物。

　　1884年，補授兩廣總督。中法戰爭爆發後，力主抗法。同時，在廣東籌辦近代工業，以新式裝備和操法練兵，設立水師學堂。

　　1889年，調湖廣總督。建立湖北鐵路局、湖北槍炮廠、湖北紡織官局。開辦大冶鐵礦、內河船運和電訊事業，力促興築蘆漢、粵漢、川漢等鐵路。後又編練新軍。在鄂、蘇兩地設新式學堂，多次派遣學生赴日、英、法、德等國留學。還大量舉借外債，是爲中國地方政府直接向外國訂約借款之先。

戊戌變法時期，起先支持維新活動，多次出資贊助維新派。當維新運動日益發展、新舊鬥爭漸趨激化後，提出「舊學為體，新學為用」，維護封建綱常，宣傳洋務主張，反對變法維新。

義和團運動爆發後，主張嚴加鎮壓。八國聯軍進逼京津，與兩江總督劉坤一、兩廣總督李鴻章聯絡東南各省督撫，同外國駐上海領事訂立《東南互保章程》九條，鎮壓維新派的唐才常、林圭、秦力山等人及長江中下游哥老會發動的自立軍起義。

晚清張之洞舊照

1901年清政府宣佈實行「新政」，命張之洞以湖廣總督兼參預政務大臣。旋與劉坤一聯銜上奏提出「興學育才」辦法四條，仿照日本學制擬定「癸卯學制」，在全國首采近代教育體制。

1907年調京，任軍機大臣，充體仁閣大學士，兼管學部。次年清政府決定將全國鐵路收歸國有，任督辦粵漢鐵路大臣，旋兼督辦鄂境川漢鐵路大臣。慈禧太后死後，以顧命重臣晉太子太保。

宣統元年（1909）病故，諡文襄。遺著輯為《張文襄公全集》。

飽讀經書和長期的翰林生涯使早期的張之洞成為一個標準的封建文人、封建官僚。在他身上浸透著恪守祖訓的陳舊政治品性。

張之洞一生最重要的時期，為19世紀的80年代至20世紀的前10年，這是

189

中國兩千年封建帝制行將就木的30年，是近代中國的一個非常重要的時期，舉凡這30年內中國所發生的一切重大事件，如中法戰爭、洋務運動、戊戌變法、八國聯軍入侵、東南互保、鎮壓自立軍起義、籌辦新政等等，張之洞都親身參與，而且都在其中占有著重要的地位，說他是這30年中國政壇上舉足輕重的關鍵人物，那是毫不過分的。

具體地說，張之洞在近代中國留下了哪些痕跡呢？作為中法戰爭的地方最高統帥，他打贏了這一仗。這是清廷與外國交戰中唯一贏得勝利的一場大仗。

他籌建了當時亞洲最大的鋼鐵廠漢陽鐵廠。他在武漢辦起了槍炮廠、織布局、紡紗局、繅絲局、製麻局，為日後的工業大城市武漢奠定了基礎。

他最先提議修建北京至漢口的京漢大鐵路，並督辦該鐵路南段的修築。

他與戊戌變法中的重要人物康有為、梁啟超、譚嗣同、楊深秀、楊銳等人都有密切的聯繫。維新派視他為強有力的支持者，他差一點要進京主持變法運動了。

在庚子年的動亂中，他倡議東南互保，鎮壓自立軍起義，免去了清廷的半壁江山之憂。

他是接受慈禧託孤的唯一漢人大臣，在晚清最高政壇上的滿漢之爭中作為調和之人。比如保全袁世凱的性命，對於中國歷史的演變道路便起著決定性的作用。

作為國家重臣，他第一個大力宣導「中體西用」，他用自己的洋務局廠努力將這個構想實踐，又通過其得到光緒帝旨准發行200萬冊的《勸學篇》，將這個構想傳遍大江南北天涯海角，使得家喻戶曉人人皆知，成為上個世紀之交舉國上下最時髦的口號，並對日後中國的現代化進程影響甚為深巨。

照理說，這樣一個人物應該受到歷史的尊重和後世的緬懷，但事實並非如此。在晚清和民國時期出版的各種私家史乘中，張之洞的形象大多不佳，他被說成一個熱衷仕宦、投機取巧、好大喜功、鋪張糜費的政客，一個使氣任性、行為乖張、倨傲自大、僞蹇作態的名士，一個「面目可憎，語言乏

190

味」的丑角。到後來，隨著洋務運動的被全面否定，這個洋務運動的「殿軍」也自然而然地被輕蔑地拋棄了。儘管毛澤東曾經說過，我們「不應忘記張之洞」的話，但在實際上，他被人忘記了。

歷史車輪駛進21世紀，「現代化」的呼聲再次在中國響起時，人們才想到，自從鴉片戰爭以來，中國有著一批又一批的愛國之士，不願意看到國家因貧窮落後以至於滅

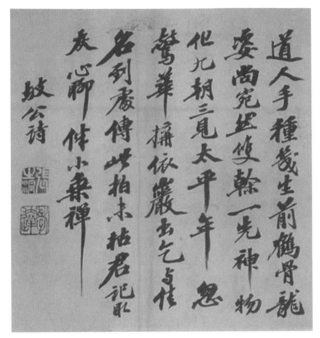

張之洞書蘇東坡詩

亡，他們一直在尋找引導中國於富強的道路。道路有許多條，但有一條似乎是最引人注目的主線，即向西洋歐美學習，向東洋日本學習，學習他們的科學技術，學習他們的治國方法，乃至於學習他們安邦立國的精神、意識、品性、文化……

於是，洋務運動和它的一班主要宣導者，重新受到人們的關注，張之洞即是其中重要的一個。

張之洞所作所為，脫離不開強化封建國家政權的政治目的。他辦工礦也好，興學校也好，建新軍也好，都是要給垂死的封建制度注射強心劑。作為一個自幼熟讀經書的封建士大夫，一旦有人觸及封建制度本身，他就會不顧一切地進行反撲，因此他以武力鎮壓武穴等地人民的反洋教鬥爭，鎮壓唐才常等漢口自立軍起事等都是情理之中的。但是，張之洞畢竟是那個時代的人，他的上述所為是由他的政治地位和階級立場決定的。我們不能因為他有

發展經濟之功就否定其政治手段，也不能因為他鎮壓人民就否定他舉辦洋務對中國近代工業發展的貢獻。因此，我們應從歷史的角度出發，對他作出正確的評價，肯定他的「振興實業」的客觀歷史作用。

張之洞是個「忠孝」之士，從他本意來說，對於外國資本主義在中國的侵略恨之入骨。因此他所辦的事務在創辦之初就有與「老外」一試高低之意，如他興修蘆漢鐵路時，不欲向外國訂購鋼軌，而最終決心創辦漢陽鐵廠，自煉鐵軌，而且在大冶鐵礦開採權上對德國的企圖寸步不讓。張之洞曾在上奏中談到他創辦企業之目的：「我多出一分之貨，即少漏一分之財，積之日久，強弱之勢必有轉移於無形者。」

出於此意，他在創辦近代工業時注意加強原料的生產，「以免受制於人」。作為封建官僚的張之洞興洋務時，在資金上、技術上對外國資本主義確乎存在依賴性，但他的保國立場又和外國資本主義對中國的侵略存在著尖銳的矛盾。因此可以說他在湖北興洋務，有利於挽回利權，在一定程度上也抵制了帝國主義對中國的經濟侵略。

儘管張之洞的振興實業本意是為他所在的那個階級服務的，是為腐朽的清王朝效忠的，但在客觀上，他對中國近代經濟的發展，特別是推動重工業的發展發揮了不可估量的影響力，我們不能因為他的封建官僚的政治品格和階級的本質而徹底否定他，而是要從根本上、從社會經濟發展的需求去判明是非得失。

張之洞殫精竭慮地在湖北等地推行了大半輩子的洋務活動，開設了數十個企業和事業，為之付出了巨大的代價，從張之洞這位幾乎與中國近代史全過程相始終的複雜人物的生活歷程中，人們不難發現，洋務派並非從天而降的星外來客，也不是純然的舶來品，他們是從半殖民地、半封建的中國土地上生長出來的，是從基礎廣闊的封建官僚群中脫穎而出的，其原因就是列強打破了中國數千年的封閉狀態，從而引起中國社會各方面發生巨大變化的產物。張之洞正是在這個歷史階段登上歷史舞臺的，這個時期的社會形勢深深地影響著他的一生。從清流派到洋務派的轉化，一直到為「振興實業」耗盡

心血，這一切都是中國近代史上各種現象錯綜交織的產物。

從這個角度上看，「張之洞」無疑有很強的現實性和關照性。西方智者說：一切歷史都是當代史。中國國民對近代史的興趣，又一次為這個觀點提供了證據。

然則在近幾十年的時間裡，人們對張之洞和他的洋務事業進行的批判指責，難道都是無中生有，都是不負責任，都是錯誤的嗎？顯然也不全是這樣。其中的原因，除張之洞本人的為人，有不少該

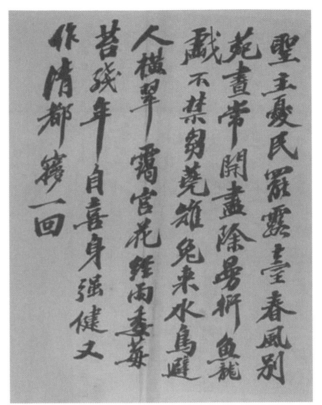

張之洞書王荊公詩

指責處外，最主要的是他所辦的洋務事業幾乎都沒有取得大的成就，更沒有達到他所期盼的富國強兵的目的。說句並不太苛嚴的話：他的洋務事業是失敗的。

要說此人最值得今天重視的價值，便是他所留下的這份洋務失敗的遺產。從本質上說，我們今天的「與世界接軌」，就是鴉片戰爭以來中國先進人士所探索的那條救國主線的繼續。這條主線曾在張之洞死去後不久給中斷了。

應該說，「洋務運動」以「求強」、「求富」為目的，出發點是不錯的。洋務派夢想通過學習「西藝」，從而融入1700年開始的世界現代化進

程，進而實現富國強民。但洋務派追尋的「現代化」僅僅是經濟和軍事領域的現代化，卻「忽視」了走向現代化國家共同具備的規律：現代化應是所有領域的現代化，不僅有經濟和軍事的現代化，還有政治意識的現代化，社會制度的現代化，文化思想的現代化。而按照中國第一任駐英公使郭嵩燾的觀點，國家富強離不開政治改革，但政治改革恰恰是洋務派最忌諱的，他們辦洋務的目的只是為了維護既有的政治制度。

於是，沉醉於實現經濟和軍事現代化的洋務派做夢也沒想到，中日甲午戰爭卻給他們「轟轟烈烈」地推進了30多年的「洋務運動」畫上了一個沉重的句號。其時，洋務派「領軍人物」李鴻章苦心經營的「北洋水師」已經號稱「東方無敵艦隊」（中國當時號稱「世界第七海軍強國」），卻在與毫無名氣的日本海軍開戰時一觸即潰，全軍覆沒。

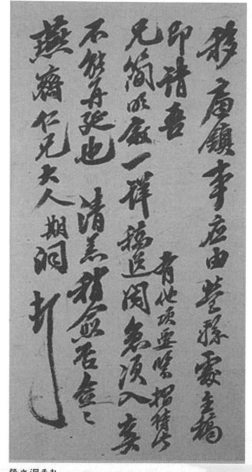

張之洞手札

對此，後來普魯士首相俾斯麥說了，中國和日本都派人留洋，但是日本人學習了西方的政治回國後便加以運用，從而自強，而中國人只看到了西方的堅船利炮，而沒有看到根本的東西，從而淪為列強的盤中餐。由此看來，甲午戰爭的結局早在「洋務運動」之初就已經註定了：洋務派捨本逐末，學「西藝」而棄「西政」，焉能不敗？

文學人物張之洞

　　小說中的文學人物張之洞，是一個視國事爲生命、一心爲國效力的愛國人士，也是一個順乎時代潮流、有遠見卓識的高級官員；但他同時又是一個視仕宦爲生命、鐵心忠於朝廷的傳統士大夫，也是一個缺乏「現代化」知識、滿腦子儒家禁錮的封建官僚。

　　他是一位肯辦事能辦事具有大刀闊斧氣概的實作家，也是一個師心自用、只講形式不重實效的官場人物。

　　他生財有道，廣闢財源，也不惜敗壞社會風氣，將負擔轉嫁給普通百姓。他辦洋務追求闊闊，一擲千金，甚至得「屠財」惡名，但他自己卻清廉自守，一生手中過銀千千萬萬，卻不貪污受賄分文，到死「房不增一間，田不增一畝」，即便那些詆毀他的野史，在「廉」這一點上對他都一致予以認同。

　　他博學好古，詩文領一時風騷，但不以詞臣諫官爲滿足，一心要做經濟大業，然在疆吏生涯中，卻又時時暴露出其書生的特質及弱點。

　　他以儒臣自居，對門生僚屬的德行操守要求甚嚴，但自己卻不過多培植「內聖」功夫，他不拘常禮，不循常度，且在政治上極善經營，是一個會做官又官運好的角色。

　　總之，文學人物張之洞是一個有著許多缺點，然大體上不失可敬可近的名士型官員。他是上個世紀之交的中國一個極具典型性的士人，同時又有著鮮明的性格特色。

　　對於張之洞的文才，有這樣一則故事。清同治年間住湖廣總督的張之洞微服出訪，途中碰到在松江某官宦任教的同窗好友。因同窗家中有事只好請張之洞到官宦家暫住，張之洞欣然應允。

　　一日松江知府壽辰，那官宦帶張之洞前去祝賀。席間賓主謙讓坐位，而張之洞竟毫不遜讓獨居首位。知府見狀心中大爲不快，指著桌上的當地名菜

鱸魚說道：

　　鱸魚四鰓，獨占松江一席；

　　松江辦酒席如桌上無鱸魚，則不能成上等酒席，故有「獨占松江一席」
之說。知府語意雙關，實際上是在聲明：「我乃堂堂知府大人，松江是我的
天下，你有什麼資格獨占我的上席？」足見滿腹牢騷，內含譏諷又露霸道。
　　張之洞聽後借席上的螃蟹立即回了下聯：

　　螃蟹八足，橫行天下九州。

　　張之洞的下聯可說棋高一著，其意思是你鱸魚只不過在松江之內稱王，
小小知府而已。我螃蟹則不然，所向披靡，橫行天下，占據首席理所當然。
下聯表面斯文實則尖刻，知府聽後知道來者不凡。經打聽原來是張之洞大駕
光臨，不免大驚失色，謝罪不已。
　　這副對聯雙方都把自己的傲氣霸道刻畫得淋漓盡致。

張之洞「中體西用」的主張

　　在中國近代史上，張之洞是一位不可忽視的人物：他與曾國藩、李鴻章
並稱爲晚清重臣，是洋務運動的最後一位代表。他醉心「洋務」，以圖富
國強兵，親手創建漢陽兵工廠。他還提出了「中學爲體，西學爲用」的新觀
念，一時廣爲流傳，成爲後期洋務派最響亮的口號。
　　1927年，王國維在昆明湖投水自沉，史學家陳寅恪在輓詩中憂世傷生，
回溯清季新政的歷史，有：「當日英賢誰北斗？南皮太保方迂叟。忠順勤勞
矢素衷，中西體用資循誘」之句，對身兼政壇重臣、學界巨擘的張之洞給予

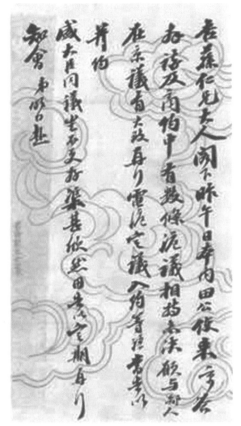

張之洞手札

了高度評價。

　　1898年4月，張之洞寫出了大作《勸學篇》，對自己先前提出的「中體西用」又有所突破。張之洞在《勸學篇》的序言中開宗明義地說：「二十四篇之義，括之以五知：一知恥，恥不如日本，恥不如土耳其，恥不如暹羅，恥不如古巴；二知懼，懼爲印度，懼爲越南緬甸朝鮮，懼爲埃及，懼爲波蘭；三知變，不變其習不能變法，不變其法不能變器；四知要，中學考古非要，致用爲要，西學亦有別，西藝非要，西政爲要；五知本，在海外不忘國，見異俗不忘親，多智巧不忘聖。」

197

此「五知」確實催人奮進，至今依然閃著亮光。當然，最具意義的當屬第四知的「知要」：「西藝非要，西政為要」。「西藝」指西方的科學技術，「西政」指西方的民主政治。很明顯，在張之洞看來，「西藝」是末，「西政」才是本，如果只學「西藝」而棄「西政」，就是知其然而不知其所以然，就是捨本逐末，就是撿了芝麻而丟了西瓜。

作為「洋務運動」的宣導者和推行者，並經歷「洋務運動」全過程的張之洞，在「洋務運動」以失敗告終後出此宏「論」，應該說與他對「洋務運動」的切身感受和切膚之痛緊密相關。如果說，《勸學篇》是張之洞對其親歷的「洋務運動」的理論總結和洋務思想的系統概括，那麼，「西藝非要，

張之洞的傳世名作《勸學篇》書影

西政為要」就源自他的「實踐出真知，鬥爭長才幹」。

自19世紀末西風東漸，列強一方面將機械及機器製品向中國傾銷，另一方面向中國蠶食鯨吞，掠奪資源，導致中國國勢日蹙。清廷平定太平天國內亂後，容許部分開明疆吏推動洋務革新，然而保守派與革新派知識份子就文化融和與創新問題，爭論不休，加上康有為、梁啟超的變法步伐躁進急激，使模仿西政、西藝的自強運動，陷入徘徊於保守與變革兩個極端之間的漩渦之中。

正當失衡跌宕之際，張之洞對西方文化挑戰的回應，力主綜合各方輿論，取長補短，提倡「中學為體，西學為用」論以折衷新舊，融和東西文化而不擾亂固有倫常，在當時形勢危阽之秋而言，不失為補弊起廢、曲折地繼續改革的權宜良策。

不少史學家批評中國邁向現代化期間（19世紀末葉）「中學為體，西學為用」的思想，提出不徹底的西化路向，產生「體」與「用」的矛盾，導致思想上混淆與衝擊，因而阻礙現代化進程云云。這種流行的說法雖反映部分真實，但流於表面觀察，只見樹木不見森林，若要全面考察早期現代化得失，必須將當時中國應付西方挑戰的主流思想作深入的分析。中國史家若不深切反省早期現代化運動中挫敗的深層因素，而輕率地找「中體西用」論作為事敗的代罪羔羊，則現時推行如火如荼的經濟現代化運動仍有重蹈覆轍的危機。

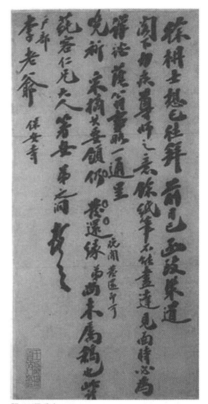

張之洞手札二

張之洞「中體西用」的思想並非只從故紙堆中、或是冥想玄思中求得，而是在炮火隆隆聲中覺醒，從救亡禦侮的實踐中摸索試驗得來。秉承「通經致用」經世遺風的張之洞，認為一切學術，「要其詞也，歸於有用」。從「致用」的明確目標出發，張之洞對待諸種學問，均以實用與否，為其或臧或否、或用或棄的標準。即使在張氏身在「清流」時期，他對於「洋務」、「西學」，也不像其他清流黨人那樣持深惡痛絕的極端排斥態度。張氏以理性為先導，認為「塞外番僧，泰西智巧，駕馭有方，皆可供我策遣。」「邊防實效全在得人折」。與魏源的「師夷長技」說同調。因此，其時他對於洋務派的批評，也多集中在無原則的妥協外交，而非有關興廠辦學、開礦練軍等實業措施。

追溯張氏「西學為用」的思想源頭，儒家「經世」思潮和踏實的學風，是導致張氏向西方持開放態度的文化理念基礎。

大清才子命運

　　光緒二十年（1894），張之洞痛陳「馬關條約」帶來的嚴重危害：「及今力圖補救，夜以繼日，猶恐失之，若再因循遊移，以後大局何堪設想。」他向朝廷提出九件應當急辦之事，以爲「中國安身立命之端」：「一曰宜亟治陸軍；二曰宜亟治海軍；三曰宜亟造鐵路；四曰宜分設槍炮廠」；「一面雇用洋匠，一面商之洋廠，派工匠赴外洋該廠學習」；五曰宜廣開學堂。人皆知外洋各國之強由於兵，而不知外洋之強由於學，各省均應開設學堂，「自各國語言文字以及種植、製造、商務、水師、陸軍、開礦、修路、律例各項專門名家之學，博延外洋名師教習」，同時派人員出國留學，赴德學陸軍、赴英學海軍，「其他工藝各徒皆就最精之國從而取法」；六曰宜速講商務。「尤須令出使大臣將各國商務情形隨時考究，知照總署及各省督撫，以便隨時悉心籌畫；七曰宜講求工政」。「講格致，通化學，用機器，精製造，化粗爲精，化賤爲貴，而後商賈有懋遷之資，有倍蓰之利。」「分遣多員，率領工匠赴西洋各大廠學習，一切種植、製器、紡織、煉冶、造船、造炮、修路、開礦、化學等事，皆肄習之，回華日即以充辦理工政之官。」八曰宜多派遊歷人員。「不知外洋各國之所長，遂不知外洋各國之可患。拘執者狃於成見，昏庸者樂於因循，以致國事阽危，幾難補救。」「欲破此沉迷，唯有多派文武員出洋遊歷一策」。九曰宜豫備巡幸之所。宜擇腹省遠水之址建設行宮，以備戰時京師危急，「進退自如，控制有策」。

　　由此觀之，張之洞循中體西用的理念出發，建議全面虛心切實訪求西學、西藝，以取長補短。這可側面證明甲午戰爭並不能宣判自強運動的破產，因爲自強運動改革的內容和範疇不僅沒有因甲午戰敗而收縮銳減，反而隨著社會經濟的需求屢迅擴充推廣，只是部分重心轉移至政治改革層面。

　　關於救亡良策，張之洞提出「智以救亡，學以益智」的原則。張氏指出自強運動屢遭阻撓的原因在於士大夫昧於國際新知，國勢日蹙，亦不知急謀應敵良方，自甘落後。接著張氏強調各種專門智識的重要性，若再不求新知而胡亂議政，則只會禍國殃民：「夫政刑兵食，國勢邦交，士之智也。權宜土化，農具糞料，農之智也。機器之用，物化之學，工之智也。訪新地，

創新貨，察人國之好惡，較各國之息耗，商之智也。船械營壘，測繪工程，兵之智也。此教養富強之實政也，非所謂奇技淫巧也。華人於此數者，皆主其故常，不肯殫心力以求之。若循此不改，西智益智，中愚益愚，不待有吞噬之憂，既相忍相持，通商如故，而失利損權，得粗遺精，將冥冥之中舉中國之民，已盡爲西人所役矣。」張氏反對士大夫只曉自相攻訐，宜虛心增益新智：「今日新學舊學，互相訾謷，若不通其意，則舊學惡新學，姑以爲不得已而用之；新學輕舊學，姑以爲猝不能廢而存之。納古枘鑿，所謂疑行無名，疑事無功而已矣。」

「中學爲體，西學爲用」思想是張之洞振興工業的基礎理念，學有淵源，是秉承漢宋經世儒學，著重學以致用，經用於當世。面對外患日亟的危機，張氏放眼世界，承認西政、西藝在企業組織運作和工藝科技方面有其優越性和實用性，主張虛心學習和模仿，但堅持不可損害固有倫理道德規範，更不可有違自主權益，要做到見賢思齊而不喪失自我。在這原則下進行工業現代化，是任重道遠，滿途荊棘的。

至於對西方科技和社會、軍事、經濟組織的刻意模仿，如何做到有過之無不及，事事恰到好處，俟百多年後的今天還在爭論不休，何況在草創階段，百廢待興，張之洞所面對的困難和風險，今非昔比，在當時歷史條件下推動大規模工業化，誠屬難能可貴，故不應苛責古人。最重要的是歷史人物有沒有竭盡所能，殫精竭慮，去理性思考，尋找當時合情、合法而最少運用暴力的理性的方法去力挽狂瀾，扭轉劣勢。張之洞的「中學爲體，西學爲用」思想正是他從儒學中去蕪存菁，從行政實踐中嘗試摸索，憑著冷靜理智地全面剖析，深思熟慮，始提出的工業方針工業化模仿必須注意「本、末」，「體、用」，「內、外」，「先、後」等觀念以儒家倫理文化爲本體，以西方政制科技爲應用範疇，涇渭分明，不宜胡亂僭越；立場鮮明，使執行順暢。

以往學界對張之洞的這一論點，未能給予客觀全面的解說。論者往往從一種僵化的激進主義意識形態立場出發，把張氏的「體」解釋爲國體政體

之「體」，認為張之洞的觀點實質上就是主張維護君主專制政體，而輔以西方船堅炮利之術。其實，這根本不符合張氏的原意。張之洞主張維護三綱五常，固然是一種文化保守主義主張，但卻不必是政治保守主義的主張。特別值得引起我們注意的是《勸學篇》「西學之中，西藝非要，西政為要」，「政尤急於藝」的提法。張之洞認為，中國文化要從西方吸取的，科學技術並不重要，重要的倒是西政。即使在今天看來，這也仍然是非常大膽的主張。易言之，他的體用觀也可以說是「中學為體，西政為用」。那麼在其「君為臣綱」的價值理念下所能吸取的西政究竟是何種政體呢？首先絕不可能是美國式的或法國式的共和政體。聯繫到張之洞在《勸學篇·正權》中關於法治優先於民主的闡述可以證實，他心目中的理想政體只能是英國式的君主立憲政體。1901年，他在《致劉坤一等》的函札中更進一步明確了這一「西用」的外延：「其實變法有一緊要事，實為諸法之根，言之駭人耳。西法最善者，上下議院互相維持之法也。」在此明確表示了對西方憲政與代議民主政制的渴慕與心儀。

「中體西用」說不僅分離了體與用，將體用一元的傳統社會思想打開了缺口，而且明確劃分了政治與文化兩個不同的價值領域，這在思想史上具有重大的意義。嚴復當年曾以「牛體不能馬用」來批駁「中體西用」說，一時論者以為知言。其實正如已有論者指出的，這是對概念的偷換。張之洞的體用說並不是在實體與功能的意義上講的，而是在價值與工具的意義上使用的。「中體西用」論將文化價值系統作為「體」，而將政治、經濟視為「用」。這不但可以祛除君主政治的神話，還將從傳統的價值理性中分化出工具之維，屬於技術操作層面的政治與經濟，都可以純從功能與效率方面加以改進，而不能因應西用的「體」，在此過程中將勢必加以調整，改變其結構，體用兩者由此展開，互動而漸變，資相循誘，不斷推動華夏文化的創新與發展，實不失為一種明達的變革主張。

如果我們進一步追溯「中體西用」說在中國歷史文化中的源流（隱含道器分離，政治與文化兩分的預設），就可以看到，此主張的出現其實並不自

兩湖書院舊址
1927年後，國民黨中央陸軍軍官學校武漢分校設於此。

清季國勢日蹙始。明末清初的顧炎武即已在《日知錄》中對「亡國」和「亡天下」作出了著名的辨析。顧炎武的這一區分，實際上已爲後來的文化爲體、政治爲用說開了先河。

有意思的是，激進的康黨與清廷的守舊派在政治上似乎水火不容，但他們執持的其實都是體用一元的整體論思想。不過前者以爲變法要同時變體變用，變政變教，必須來個整體性大解決，而康氏自己即以這一今文公羊之教的大教主自居。而後者則以爲體不可變，用也不可變。兩者都將文化與政治化約爲一個領域。唯有中體西用論超越了兩者的這一迷思，爲走出一元的傳統社會作出了可行的規劃。這一主張大略相當於托克維爾所說的「改變法制可以不改變信仰」。

那些經由文化進化形成的規則是爲理性所不及的，因而我們無法依據有限的理性加以重新構造；而政治社會制度卻是在這些文化規則的約束下可以進行變革的。近代中國知識份子由於價值迷失，誤以政治爲全能，往往將不同的價值領域統統化約到政治領域中，視政治領域爲終極關切所在，而不能理解把政治作爲「用」，作爲維護個人與社會權利的一種技術和工具，結果

混淆了凱撒的世界與上帝的世界，造成政治系統的極度膨脹，乃至最終導致國家對於社會文化領域的全面吞噬。這種對於政治的過事推崇，其實往往不過是全能政治下的一種意識形態立場。從一定意義上說，這種認識甚至遠遠落後於張之洞。

說到底，「中體西用」牽涉到中西文化體系究竟是否可分的問題。晚清許多中國士人都傾向於文化體系是可分的，故採納異文化之成分以重組自身文化至少是可能的。「中學爲體，西學爲用」正是這一觀念的典型表達，希望達到一種主要講求西學而又保存中國認同的理想境界，士人也可以廣泛接受西方學理而不覺十分於心不安。

張之洞的師範教育思想

張之洞是中國近代著名的教育家。他一生熱衷教育，正如清末四川總督趙爾巽所言，「其生平精神所寄，尤在振興教育，儲養人才，以備國家緩急之需，而救當時空疏之習」。師範教育觀是張之洞教育思想的重要組成部分，他爲發展中國近代師範教育作了一些重大的努力，不僅爲當時他所興辦的學校培養了大批師資力量，而且爲當今中國師範教育的改革與創新提供了諸多有益的借鑒和啓示。

張之洞對人才與治國、人才與強國的關係深有認識，指出：「國無強弱，得人則興……無人才則救貧救弱徒涉空談，有人才則圖富圖強易於反掌」。在張之洞看來，強國之道在於得人，國土大小、人口多寡、物產豐缺等等只不過是一個國家能否強盛的物質前提，而不是決定因素，「有船而無駕駛之人，有炮而無測放之人，有魚雷水雷而無修造演習之人……則有船械與無船械等」。他將中國與日本的現狀進行比較分析後，得出了「中國不貧於財，而貧於人才」的結論，指出：「中國力圖自強，捨培植人才更無下手之處」。人才從哪裡來？張之洞說：「日本興學最驟，而學校之數在東方最

多。」又說：「國勢之強弱在於人才，人才之消長在於學校；環球各國競長之爭雄，莫不以教育爲興邦之急務。」從張之洞的言論可以看出，他對「教育學校人才強國」之間的聯繫有清晰的認識。一方面，培養人才要求廣興學校；另一方面又無法實現「學堂必有師」，於是，陷入辦學困境的張之洞將發

張之洞所奏《創辦三江師範學堂摺》

展教育的眼光投到了師範教育領域，把發展師範教育，培養數量充足、知識結構全新的教師隊伍作爲廣興學校的關鍵。

　　張之洞認爲，教育品質的高低取決於教師素質的優劣。在辦學實踐中，他深感師資力量的缺乏，而合格的教師非經正規的師範教育訓練不可，「振興教育必先廣儲師資，師資不敷，學校何以興盛？」他重視師範教育在整個教育體系中的基礎地位，指出：「國民教育必自小學始，欲得小學教育，必自養成師範始……足以興辦師範尤爲小學之先務」。

　　在興學之初，張之洞十分重視小學教育，他說：「查開通國民知識，普施教育，以小學堂爲最要」，但隨著對教育發展規律的日益了解，他提出「辦理學堂，首重師範」的正確主張，因爲他意識到：「各屬開辦學堂，全賴師範得人，課程方能合度，管理才能得宜」；「查各國中小學堂，教員咸取材於師範學堂」。他認爲「師範學堂爲教育造端之地，關係至重」。1902年，他將在湖北興辦教育的情況寫成《籌定學堂規模次第興辦折》上奏朝廷，在其中的「各學堂辦法十五條」中，把師範學堂列爲第一位，並在《學務綱要》中強調「宜首先急辦師範學堂」。他對興學之始湖北各地中小學堂發展過猛的現象提出批評，指責盲目興辦中小學堂「實爲懵昧可異」，指出與其辦一些名不副實的中學堂，還不如扎扎實實抓合格師資隊伍的建設。於是，他札飭各府暫停興辦中學堂，「先辦速成師範或先辦師範傳習所」。張之洞的師範教育觀形成和大力興辦師範學堂的實踐相對於其他類型的教育起步要晚，直到1903年後才系統出現，這與他的教育實踐規模日益擴大，教育

觀內涵的日益拓展的結果是一致的。

　　創辦師範學堂是張之洞師範教育觀的核心，他正是通過此舉將自己關於師範教育的一些重要思想落實到具體的教育實踐之中。

　　張之洞創建師範學堂的宗旨十分明確，目的是爲其他新式學堂培養合格的師資隊伍，他說：「設初級師範學堂，今擬派充高等小學堂及初等小學堂二項教員者入焉」；「設優級師範學堂……以造就初級師範學堂及中學堂之教員管理員爲宗旨；以上項二種學堂師不外求爲成效」。在此思想指導下，張之洞在湖北總督任內先後創立和改建了一大批師範學堂，如1902年在武昌賓陽門南開辦的湖北師範學堂；1904年將在武昌營坊口都司湖畔的兩湖文高等學堂改爲兩湖總師範學堂，又開設湖北師範傳習所；1905年於武漢開辦六所支郡師範學堂，還飭令湖北各府將中學堂一律改爲初級師範學堂；1906年，張之洞於武昌紫剛湖畔創建起湖北女子師範學堂，等等。爲指導師範教育的正常發展，張之洞主持制訂出《初級師範學堂章程》和《優級師範學堂章程》作爲「癸卯學制」的有機構成。在這兩個章程中，張之洞對師範學堂的種類、學習年限、課程和生源等作出了詳盡的規定。首先，張之洞把師

1906年張之洞在原兩湖書院舊址上辦湖北兩湖師範學堂附屬小學。圖爲該校學生合影

大清才子命運

大學堂

範學堂作爲「癸卯學制」中的一個獨立的系列，將它分爲優級師範學堂和初級師範學堂兩大類型。在正規的師範學堂之外，又開辦了師範傳習所，對一些年齡在二十至五十之間的有一定教學經驗的「向在鄉村市鎮以教授蒙館爲生」的人，或經過省城初級師範學堂簡易科學習的優等生等進行短期培訓，學習期限爲十個月，「畢業後給以准充副教員之憑照，即令在各鄉村市鎮開設小學」；其次，張之洞對各級師範學堂的課程設置作出了具體的規定。規定初級師範學堂完全科的課程爲十二種；優級師範學堂的課程學習分爲三節，第一節爲公共科，主修人倫道德等八科；第二節爲分類科，即學生分專業學習；第三節是加習科，即開設一些選修課；再次，在校址的選擇上，張之洞強調「須擇其所坐落地方水土，鄰近人家之風俗，於道德衛生均無妨害者」。從上述師範學堂的建立來看，一方面它們都不在鬧市之區，另一方面多臨水而設。從張之洞制訂的《學務綱要》等來看，他極爲關注師範學堂的師資建設問題。首先，重視教師的品行，提倡教師爲人師表，以身作則，以自己良好的行爲規範來爲學生樹立活生生的榜樣，他指出：「膺師範之任者，必當效品養德，循禮奉法，言動威儀足爲楷模」；其次，在師資隊伍構成方面，提倡教員與管理員並重，他說：「學堂所重不僅在教員，尤在有管理學堂之人，必須有明瞭教授法管理法者實心從事其間，未辦者方易開辦，已辦者方能得法；否則成效難期，且滋流弊」；再次，關於師範學堂的教師來源，張之洞認爲可有三種途徑，一是聘請外國教員爲師；二是派人出國學習師範教育，他曾說：「宜專派若干人入其師範學堂，專習師範，以備回華充小學、中學普通教習」。在湖北推行新式教育之初，張之洞就曾從經心、兩湖、江漢三個書院中挑選優秀學生「赴日本學習師範，以爲速成師範之預備」。三是自己培養師資創辦師範學堂，如優級師範學堂培養的畢業生去向之一就是充任初級師範學堂的教師。「癸卯學制」是張之洞參與制定的、中國近代第一個頒行全國的學制，它不僅是張之洞師範教育觀表現於外在的載體，也是我們了解和研究張之洞師範教育觀的重要視窗，張之洞師範教育觀的特色盡現其中。儘管張之洞的師範教育觀形成較晚，但他對師範教育

是教育的基礎工程的地位認識頗深，他指出：「師範學堂，意在全國中小學各有師資，此爲學堂本源，興學入手第一義」，因此，「宜首先急辦師範學堂」。在師範學堂的兩個類型中，他更注重初級師範學堂，認爲初級師範學堂是小學教育普及的前提，「開通國民知識，普施教育，以小學堂爲最要：則是初級師範學堂，造就小學之師範生，尤爲興辦學堂者入手第一義」。他規定，「每州縣必設一所」初級師範學堂，爲鼓勵一些優秀人才進入初級師範學堂學習，他建議實行「初級師範學堂經費，當就各地籌款備用，師範學生毋庸納費」等優惠政策，廣開風氣，以圖造就更多的教員。張之洞強調師範學堂應將教書與育人緊密結合，既要讓學生掌握豐富的文化知識，更要注重加強他們的信念道德修養。首先，「激發其愛國志氣」。張之洞曾說過，他平生最痛恨兩種人，一種「視國家之休戚漠然無動於其心」，一種「詆中國不足有爲，日夜冀幸天下有變，以求庇於他人」。他是不能容許自己創辦的學堂培養出這樣兩種人的，特別是對今日之師範生他日之人才的培養者們，他更爲關注，「國民之智愚賢否，實關國家之強弱盛衰，師範生將來有教育國民之重任，當激發其愛國志氣，使知學成以後必當勤學誨人，以盡報效國家之義務」。張之洞主張通過歷史、地理課教學內容讓學生了解中國歷史的悠久、文明的燦爛及地大物博等，以激發學生對祖國大好河山的熱愛之情。其次，「砥礪學生志操」，使學生「養成善良高明之性情，使不萌邪妄卑鄙之念」。因此，教師應履行教育的職責，一方面以自己的良好品行去「化導學生」，以身作則，即「身教」；另一方面也應重視「言教」，耐心細緻地教育學生養成良好的行爲習慣，遵守學校的紀律和各項規章制度。張之洞說：「教師範者宜勉各生以謹言愼行，貴莊重而戒輕佻，尚和平而忌暴戾；且須聽受長上之命令訓誨」，只有這樣，「方能使學生服從」。張之洞認爲「初級師範學堂，與中學堂入學學生學力相等，故學科程度大略相同。唯初級師範學堂著重在教育學，故特增此科，其鐘點除經學外最多」。張之洞重視因材施教，由於初級師範的畢業生主要從事小學教學，而小學生初入學時既不識字，又不會寫字，所以在初級師範學堂裡，張之洞將「習

字」列爲專門的學習課程，正如他自己所言：「教幼童亦重習字，故習字列爲專科」。其次，加強師範生的語言訓練。隨著新式學堂的增多，受教育對象的擴大，使用統一的語育成爲普施教育的必然要求和趨勢。張之洞指出：「擬以官音統一天下語言，故師範以及高等小學堂，均於中國文一種內附入官話一門」，「將來各省學堂教員，凡授科學，均以官音講解」。這就要求師範生首先要掌握「官音」，挑起促進全國語言統一的重擔，在《奏定初級師範學堂章程》中明確規定，師範生應「練習官話，以便教授學童，使全國人民語言合一」。同時，張之洞還認爲，作爲教師，應具有較強的語言表達能力，「教師善於語言者，則其講解學理，醒豁確實，啓悟必多」，教師如果善於講解，口頭表達能力強，加之教學方法得當，一定會收到較好的教學效果。因此，張之洞要求師範學堂應注意培養學生此方面的能力，「故當教授之際，宜時使學生演述所學以練習言語」。再次，採用適當的教學方法。張之洞宣導師範教育要將教學與實踐相結合，《奏定初級師範學堂章程》規定：「初級師範學堂當設附屬小學堂，以便初級師範生爲實事授業」；《奏定優級師範學堂章程》規定：「優級師範學堂設附屬學堂，以備研究普通教育之成法，……且以資本學堂學生之實事練習」。師範學堂應當將組織教學與培養學生的自學能力結合起來，作爲師範學堂的學生，「不可僅以教員所授爲足」，而應當「自行深造學識，研精技藝」，除學好課堂教學內容，掌握教材知識外，還應當發揮自己的潛能，不斷積累知識，擴充知識面，以便將來能勝任教師工作。

張之洞指出：「身體強健，成業之基」。他把「身體健全」作爲師範學堂招生的一個重要條件。他注重師範學堂的體育發展，規定各級師範學堂都開設「體操」課，其目的在於使學生掌握基本的體育知識和訓練技能，養成鍛煉身體的好習慣。他還要求從事學務管理之人考研學校衛生學，對酗酒和吸食鴉片等影響身體健康的惡習嚴令禁止，他說：「查洋藥爲鴆毒之尤，各學堂均應懸而屬禁。無論官師學生及服役之人，有犯此者，立行斥退，萬不可稍從寬假。」

張之洞為發展師範教育所作的巨大努力在當時已結出累累碩果。在「癸卯學制」中他將師範教育作為一個獨立的系列，與普通教育同時並重，確立了師範教育的獨立地位，並根據教育的實際將師範教育劃分為不同的層次和類型，奠定了中國近代師範教育的格局，至今仍有影響。

他所創辦的師範學堂為當時新式教育的發展輸送了大批合格的師資。據史料的不完全統計，到辛亥革命前夕，湖北共有師範學堂達40所，師範學堂創辦初期就有1,500多名簡易科畢業生走上教育工作崗位，充實了教師隊伍。

張之洞的師範教育觀具有較強的現實性，為中國當今師範教育的改革與發展提供了諸多有益的借鑒。他告訴我們，加強師範生的思想道德教育，培養他們良好的道德品行，是成就一個合格教師的要義。在張之洞看來，加強學生的思想教育，灌輸是一個方面，而教師的以身作則更為重要，正所謂「學高為師、身正為範」。從張之洞提倡師範學堂開設「習字」課和「官話」課來看，對師範生應具備的一些特殊素質的培養應予以重視。師範生是未來的教師，因本身工作性質的特殊要求，必須掌握開展教育教學工作的基本技能。健康的身體和健全的體態是師範生應具備的重要條件，張之洞將它們作為錄取的基本要求之一。教師工作是艱辛的，尤其是從事基礎教育工作，長年累月的操勞，沒有一副強健的身體是無法勝任的。這也是我們今天宣導的素質教育的要義之一。

當然，張之洞的師範教育觀也存在著不足之處。

張之洞的師範教育具有濃厚的封建色彩。他辦師範教育的根本目的是為了維護和鞏固清王朝的封建統治，在《學務綱要》中他寫道：「至於立學宗旨，無論何等學堂，均以忠孝為本，以中國經史之學為基。俾學生心術壹歸於純正，而後以西學論其智識，練其藝能，務期他日成材，各適實用，以報效國家造就通才，慎防流弊之意。」因此，在教學內容上，他強調「中學」的至尊地位，要求師範學堂注重經學的傳授，如初級師範學堂開設「讀經講經」課，優級師範學堂開設「群經源流」、「人倫道德」等；在道德教育方面，以「忠孝」和「孔孟之道」為基準，他說：「尊君親親，人倫之首，立

國之綱；必須常以忠孝大義訓勉各生，使其趣向端正，心情純良，」「孔孟為中國立教之宗，師範教育務須恪遵經訓，闡發要義，萬不可稍悖其旨，創為異說。」為防止學生離經叛道，張之洞還不厭其煩地制訂出《各級學堂管理通則》十二章，規定在各學堂懸掛《聖諭廣訓》，供奉「萬歲牌」和「至聖先師牌位」，規定學生不准干涉國政及學堂事務、「妄發議論」，要求學生「恪守學規，專精學業」，以期培養對清政府忠貞不二的人才。

張之洞生活情趣

張之洞是一個很有個性的歷史人物。在他的一生中，既有轟轟烈烈的事業，也有林林總總的生活小事。下面講述的便是張之洞生活的一些側面。從中我們可以更全面地了解張之洞的一生。

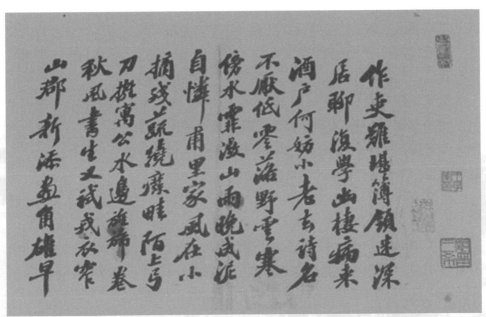

張之洞雜錄陸游詩一

211

1. 口音與身材

張之洞籍隸直隸（河北）南皮縣，世人常以「張南皮」稱之。因其父在貴州為官，他自己生於貴州、長於貴州，說得一口貴州官話，並無半點北方口音。

張之洞身材甚矮，曾有人作畫譏之。武昌橫街頭，到處都是書畫、古玩等店鋪。光緒末年某日，某裱畫店板壁上裱有用水彩畫的「三矮奇聞」畫幅，畫的是三個矮子的寫生：一為張之洞，一為瞿廷韶，一為巡警道馮紹祝。張之洞貴為總督，身材矮而瘦，瞿亦以瘦小稱，馮系粵人，綽號「馮矮子」。畫像突出一個「矮」字，招來許多人駐足觀看，一時轟動省城。張之洞知道這是店家利用文人的筆墨遊戲唱生意經，也不介懷，囑僚屬將畫買下，事遂寢。

2. 總督的困窘

張之洞出身於官貴之家，本人科舉及第又早，很少知道稼穡的艱難與寒士的困窘。他常說：「未必一個人二三十兩銀子都沒有麼？」加上他心性高放，創辦新政，講究排場；愛好玩賞古董字畫碑帖；經常請客宴會，詩酒流連；喜歡送禮賞賜，所費不貲。如此，一年到頭結算下來，往往入不敷出，陷於窘境。到年關時手頭拮据，之洞便命人拿物去當鋪典質。

清末年間，武昌「維新」等大當鋪有一行情：凡是總督衙門拿皮箱來當，每口箱子當200兩銀子，並不開箱看內裡是什麼東西，只照箱數付給銀兩。開春後銀根鬆動，督署再用銀兩贖回箱子。當鋪則賺一筆可觀的利息。總督典質，這在清末官場也是奇聞一樁吧。

再者，張之洞的一位弟子傅岳（字治薌，武昌人，民國時任北京師大教授）曾述及張之洞身後的情況：「張去世後，謚文襄，無遺產，家境不裕。他的門人僚屬都知道這種情況，所以致送賻儀都比較厚重，總計亦不過銀萬餘兩而不足二萬之數。張家所辦喪事也就全賴這筆錢，治喪下來所剩無幾。一生顯宦高官，位極人臣，而宦囊空空，可稱廉介云云。」

辜鴻銘也說：「文襄自甲申後，亟力國圖富強，及其身歿後，債累累不

湖北黃石冶鋼集團內張之洞漢白玉半身雕像

能償，一家八十餘口何以爲生？」

3. 日常生活中的怪癖

張之洞性情乖僻，起居無常，每日下午2時始入睡，到晚上10時始起床視事。幕府中人及臣僚有事，一般都在夜半請謁，甚至有候至天明始獲傳見者。總文案李文石每日入署辦公，皆在晚10時以後。與之洞商洽公務，往往至於翌晨。藩臬兩司於上午謁見，常值其神疲體倦之時，在門廳坐候，不即延入，動輒數小時之久。道府以下屬官，有待至數日不獲一見者。有時與客

張之洞雜錄陵游詩二

人談話未已，之洞忽然閉目假寐，甚至鼾聲大作，將客人擱置一旁。客人不好驚動，只得退出。後來，大理寺卿徐致祥參劾張之洞辜恩負職，其中一條即爲「興居不節，號令無時」。清廷諭令粵督李瀚章查明具奏。瀚章因之洞督粵時理財有方，自己繼任時應用裕如，心存感激，遂奏複：「譽之則曰夙夜在公，勤勞罔懈。毀之者則曰興居不節，號令無時。既未誤事，此等小節無足深論」。將此事敷衍過去。

之洞最嗜食鮮果、糕點、蜜餞等物，案桌旁常設小几，放置各種鮮果及糕點十餘盤，以備隨時取食。每日正餐亦備水果及中外良釀若干種，先以果類佐酒，飲畢進餐。喜蹲椅上據案而食，不喜垂足而坐。所以，張之萬在寫信給之京（之萬胞弟）時說：「香濤飲食起居，無往不謬。性又喜畜貓，臥室中常有數十隻，每親自飼之食。貓有時遺屎於書上，輒自取手帕拭淨，不以爲穢。且向左右侍者說：『貓本無知，不可責怪，若人如此，則不可恕。』」

214

4．花高價買下假古董

張之洞與潘祖蔭、吳大徵等人在北京以賞玩古董字畫出名。後來，張之洞歷任封疆，愛好古玩的雅興不減，且自命精於古物的鑒別。

某年，張之洞在京以高價購得一古鼎，斑斕璀璨，價值連城，之洞十分得意。回鄂時大張筵席，請僚屬共同欣賞。先置鼎於案，插梅花一枝於鼎中，注水少許以潤花。不意酒過三巡，鼎下竟有水徐徐流出，滿堂驚愕，大為掃興。經仔細檢視，始知鼎非古銅，而是紙板仿製。之洞始知為古董商所騙。

5．禮賢下士，優容人才

張之洞在任山西巡撫時，即以保薦人才眾多而出名，後來在督鄂與暫署兩江時，保薦人才之多，更稱一時之極。如1894年11月，張之洞保舉蔡錫勇，稱蔡器端識遠，心細才長，熟悉洋情，曾充美日各國翻譯、參贊等官。

1903年張之洞下火車官員迎接場面

蔡於張之洞督粵時，即任辦理交涉事務，後隨張移楚。後之洞在鄂創辦新事業，蔡協助甚力，其人操守廉潔，公正無私，可惜稍後英年早逝，使之洞頓失臂助。

對於留學生，張之洞一直優禮有加。張之洞熱心向日本學習，經他派往日本留學的學生達數百人。當時風氣雖開，而出洋仍遭到很大阻力。張之洞極力宣導，將自己的數位子孫都送往日本留學。學生出洋，之洞必送行，回國必設宴接風。張之洞對學生寵愛異

215

常，凡是學生與官吏發生爭執或糾紛，張之洞往往偏袒學生一方。例如有一次，南路小學堂學生范熙績、陸象岩等在黃鶴樓茶館飲茶，因招待不周，與茶館老闆發生爭執，老闆自恃是督署戈什哈（滿語護衛之意，清代高級官員的侍從武弁），不由分說，關門毆打學生，事後反而誣告學生打毀茶館，引起學生公憤，聚集多人交涉。茶館老闆雖知理屈，仍氣勢洶洶地要求學生立刻離開，學生及家長毫不示弱，雙方相持不下。後來南路堂長及督署參謀劉邦強趕到，查明真相，會同武昌知府梁鼎芬商定，令茶館老闆向南路全體學生認罪，用幾

1909年10月4日，張之洞病逝，終年73歲。

頂轎子將留在館內的學生抬送回校，並沿途放鞭炮賠禮道歉，才算了事。

清宣統元年（1909），張之洞在北京逝世，終年73歲。

對張之洞的歷史評價

張之洞是中國近代歷史上的重要人物，是一位有名的洋務派，他在近代實業、教育、軍事、文化等各個方面做出了很多貢獻。

1881年張之洞任山西巡撫，後歷任兩廣總督、湖廣總督、代理兩江總督，晚年入軍機處，直到1909年去世，享年73歲。他死後兩年，爆發了武昌起義，清王朝倒臺。

從張之洞的一生來看，他是個複雜人物，他和近代史上許多人物一樣，具有矛盾性格，他身上反映了錯綜複雜的矛盾，反映了時代的特徵。當時中

國已是半殖民地半封建社會，民族矛盾、階級矛盾十分尖銳，封建制度將要退出歷史舞臺，但還未死亡，還相當強大；資本主義已經產生，但還沒有成長壯大，舊的未死，新的方生，正處於過渡時期。張之洞的言論、行動、思想正反映了這個時代特點。一方面，他在歷次對外戰爭中是抵抗派，是愛國者；另一方面，他又是半殖民地半封建統治秩序的維護者。一方面他在中國近代化起步時，學習西方，開工廠，築鐵路，辦學堂，宣導新事物，貢獻重大；而另一方面，他對舊事物、舊思想戀戀不捨，千方百計加以維護。他身上這種矛盾，典型地反映了晚清時期的時代特徵。

儘管他是矛盾人物，一生有功有過，但總地說來，他做了許多有益於國家民族、有益於後代的事情。他一生的政績和事業是很突出的。

張之洞一生積極地、熱誠地、全身心地投入洋務運動，是繼李鴻章之後最重要的、最積極的洋務派。他的成績以辦漢陽鐵廠（即漢冶萍，武鋼前身）為最重要。當時並沒有經驗，也缺乏經費，不懂科學技術，可以說張之洞是在黑暗中摸索前進。困難之大，問題之多，難以想像，這一點我們從他的書信、奏摺中可見大概。然而，他不畏困難和阻力，艱苦創業，面臨許多開拓者所必然面對的問題，終於建成當時亞洲最大型、最先進的鋼鐵廠（比日本的八幡廠早7年）。……儘管他有許多失誤，不懂怎麼辦工業，花冤枉錢，走冤枉路，但他那種堅持奮鬥、為國為民的精神是十分可貴的。當然，他並不僅僅辦一個漢陽鐵廠，還建了湖北槍炮廠（當時最先進，直到抗戰中仍用漢陽造的步槍），還有湖北四局。在張之洞的宣導帶動下，湖北成為工商業最發達的地區，僅次於上海，超過了廣州、天津。

在教育上，張之洞開設許多書院和新式學堂，同時派學生留日學習。當時的官費留日學生中以兩湖最多，占全國1/4，我們所熟悉的黃興、宋教仁、蔡鍔便是其中的佼佼者。

張之洞在編練新軍上也有所貢獻。他所編練的自強軍成為甲午戰後振興軍隊的典範，和袁世凱小站練兵同時起步，他的湖北新軍第六鎮的軍事實力僅次於袁的北洋六鎮。值得注意的是，張之洞的第六鎮與北洋軍隊不同，它

的思想很開明，所以革命青年大批湧入，革命思想廣泛傳播，後來成爲武昌起義的發動者和主力。

雖然張之洞本人是個官僚，有其自身的侷限，他開工廠、建鐵路、練軍隊都是爲了鞏固清朝統治，但結果卻走到了反面，挖了清朝統治的牆腳，培養了自己的掘墓人，這是完全出乎他的意料之外的。孫中山曾說，張之洞是不言革命之大革命家。他革了自己的命。不過，他確實做了很多事情，客觀上有利於國家民族。當時許多官僚認爲張之洞在做傻事，諷刺他好大喜功，我們後人對他作爲先驅者碰到的困難和作爲開拓者所含的苦衷，應該給予更多地理解。在他任兩廣總督時，爲開工廠而訂好機器，不料卻又調任湖廣。他的後任李瀚章是個討厭新事物的大官僚，怕費錢費事，張只好帶了工廠搬家。像李瀚章這樣的官僚在當時占絕大多數，他們庸庸碌碌，無所作爲。我們後人寧可多要幾個張之洞，多留幾個工廠、學校，而少要幾個李瀚章。

張之洞在反侵略戰爭中抱何種態度呢？我們可以說，他的一生自始至終反對外國侵略，是個抵抗派、愛國者，這可從他在三件大事中的思想、主張和行動來考察。

第一件事是伊犁交涉問題。其次便是中法戰爭。由於張竭力主戰，清政府把他從晉撫調任兩廣，實際上由他主持戰事。張之洞堅決抵抗，積極備戰。他提出幾件大事，其中一件便是封劉。當時在是否起用劉永福的問題上有爭議，張主張重用，朝廷聽從了他的建議，給劉以正式官銜，封爲記名提督，並發餉15萬兩。他還起用了老將馮子材，馮本來已退休在家，張之洞把他請出山，給以兵權，終於取得了著名的鎮南關大捷。另外，張之洞還大力支持劉銘傳在臺灣抗法，資助30萬兩餉銀，並派粵軍支援。在中法戰爭中，他不是統帥，但實際上是坐鎮後方指揮調度，可以說他的成績是很顯著的。

最後便是甲午中日戰爭了。他在戰時已調代理兩江總督，爲了抗敵，他把兩江、湖廣的軍隊大批北調，並借款支援東北的抗戰，態度很積極。待到馬關談判簽約時，張之洞又堅決反對割台，他大膽陳奏聲稱：如果簽約，「坐視赤縣神州，自我而淪爲異域，皇太后、皇上將如後世史書何？」鋒芒

直指慈禧、光緒。及至日本割台，台民激烈反抗之時，朝廷斷絕對台支援，而張不顧禁令，由匯豐籌款援助臺灣抗日，所以當時有人指責他，說台民「反叛」是他的主使。

遠式裝備的湖北新軍

在近代史上，身居高位掌握一定權力的大臣堅決反侵略的很少，可謂鳳毛麟角。林則徐、左宗棠較突出，張之洞也可算一位。他雖未帶兵上前線，但一生站在抵抗派一邊，在關鍵時刻，有言論有行動，能考慮到民族利益，有強烈的愛國主義思想，也值得充分肯定。

當然，張本人是過渡時代人物，在他身上新舊思想衝突很鮮明。他是清朝大臣，忠於朝廷，維護封建統治；他相信儒學，維護綱常倫理，這兩個方面貫穿於他的思想和行動中。時代在飛速前進，他就跟不上時代，逐漸成為落伍者。戊戌維新時期是張之洞的一個轉捩點，這時的新舊衝突表現非常明顯。他本來支持維新變法，對康梁也很友好，特別是在湖廣總督衙門接待當時僅為舉人的梁啓超，禮遇不亞於上賓，實不尋常。另外，戊戌六君子中的楊銳是張最得意的弟子，跟張關係甚密，劉光第也是他所推薦。然而，張和維新派之間漸有分歧，走向了對立。開始僅是學術上的，張對公羊學有意見，後來發展到政治分歧，反對民權說，終與康梁反目。《時務報》汪康年、梁啓超之糾紛便反映了這種矛盾。後來，張又著《勸學篇》反對維新派，並鎮壓了唐才常的自立軍，而自立軍就是在康有為領導之下，以勤王為

219

名行武裝鬥爭的軍隊。

總之，張之洞是個矛盾人物，他做了很多好事，辦實業，築鐵路，開學堂，建新軍。他在歷次反侵略戰爭中是堅決抵抗的，閃爍著愛國主義的思想光輝，這點正是他同李鴻章的不同之處，也是他和李發生矛盾的重要原因。但張之洞身上有許多舊東西，還是跟不上時代的前進。中國近代史上許多人物，都是這種情況，從先進轉向落後，康有為、章太炎、嚴復、梁啓超，都是近代歷史上的佼佼者，後來又都落後於時代，這是近代歷史的性格。新與舊在一個人身上同時並存，激烈交戰，時代前進了，如不能及時拋棄舊的，吸取新的思想，適應新形勢，就會走向保守、落後。

但無論如何，張之洞的一生在許多方面做出功績，值得肯定和紀念，至於他的侷限和缺點，可以從他所處的時代和地位得到解釋，得到理解，不能夠苛求。

1903年張之洞下火車官員迎接場面

「東西南北老人」狂儒辜鴻銘

大 清 才 子 檔 案					
姓名	辜鴻銘	職務	張之洞幕僚	在職時間	不詳
生年	1857	卒年	1928	享年	72歲
字	鴻 銘	號	東西南北老人	墓葬	福建惠安
家庭關係	(父親) 辜紫雲　(母親) 不詳　(子女) 不詳				
婚姻狀況	配偶：淑姑				
人生最得意	語言大師		人生最失意		國家多難
人生最不幸	人生少知己		人生最痛苦		超前看到社會危機

辜鴻銘生平小傳

　　20世紀初，西方人曾流傳一句話：到中國可以不看三大殿，不可不看辜鴻銘。（為辜振甫之長輩）

　　「文化怪傑」辜鴻銘何許人也？他生在南洋，學在西洋，婚在東洋，仕在北洋。精通英、法、德、拉丁、希臘、馬來等９種語言，獲13個博士學位，倒讀英文報紙嘲笑英國人，說英國人沒有文化，第一個將中國的《論語》、《中庸》用英文和德文翻譯到西方。憑三寸不爛之舌，向日本首相伊藤博文大講孔學，與文學大師托爾斯泰書信來往，討論世界文化和政壇局勢，被印度聖雄甘地稱為「最尊貴的中國人」。

　　辜鴻銘（1857～1928），名湯生，字鴻銘，晚年自號「東西南北老人」。祖籍福建同安，1857年7月18日生於南洋馬來半島西北的檳榔嶼一個英國人的橡膠園內。早年，他祖輩由中國福建遷居南洋，積累下豐厚的財產

和聲望。他的父親辜紫雲當時是英國人經營的橡膠園的總管，操流利的閩南話，能講英語、馬來語。他的母親則是金髮碧眼的西洋人，講英語和葡萄牙語。這種家庭環境下的辜鴻銘自幼就對語言有著出奇的理解力和記憶力。沒有子女的橡膠園主布朗先生非常喜歡他，將他收爲義子。自幼讓他閱讀莎士比亞、培根等人的作品。

混血兒的體態，超凡的天賦，伶俐的言行，與眾不同的性情，使小湯生深討布朗的喜愛。布朗收其爲義子，並於1867年前後帶他返回蘇格蘭老家，對他的學業做了周密、細緻的安排。十四歲那年，湯生以優秀的成績完成了義父爲他開設的各種課程，被送到德國學科學，不久考入萊比錫大學，獲土木工程文憑。回蘇格蘭後，又進英國古老的名牌大學愛丁堡大學就讀。

「文化怪傑」辜鴻銘

Hong Beng kaw（湯生在學校的英文名字，爲閩南方言譯音）這尾來自東方的小魚，自由自在地遨遊於西方文化的大海，經過徹頭徹尾的西方學術武裝，最終在愛丁堡大學校長、英國著名作家兼歷史學大家、社會批評家卡萊爾引導下，棲息到浪漫主義的文學海島之上。卡萊爾、阿諾德、羅斯金、愛默生等人抨擊資本主義的精闢格言，湯生爛熟於心。什麼「現今的王國是人民貧困的根源」，「如今的西方是混亂加一條槍」，在他年輕的心靈造就了七級地震。這些歐洲先賢們對中國儒家文明表示由衷的讚賞。在他們浩瀚的書海裡，湯生傾聽到了萊布尼茲的心聲：「我們從前誰也不相信世界上還有比我們的倫理更美滿、立身處世更進步的民族存在，東方的中國，現在給了我們一大覺醒。」萊布尼茲認爲中國文化是醫治西方弊病的良藥，爲此向歐洲社會發出忠告：「在我看來，我們目前處於道德淪落難以自拔之境，我甚至認爲必須請中國派遣人員，前來指導我們關

於自然神學的目的和實踐，正如我們派遣傳教士到中國傳授上帝啓示的神學一樣。」湯生也追尋了伏爾泰訴說「中國是世界上唯一的將政治和倫理道德相結合的國家」的思想根源。卡萊爾更是賦予中國神秘的色彩，令人嚮往。在《過去與現在》中，這位愛被人稱作「皇帝」的大師把中國皇帝比作主教，由衷稱道中國的政制。這些西方社會的文化精英，連同歌德、狄德羅等大人物，成了湯生了解和認同母國文明充滿魅力的精神食糧，尋回了作爲一個中國人神聖的民族尊嚴，並由此深深地影響了他的一生。

光緒十一年（1885），辜鴻銘經楊汝曲推薦，回國任兩廣總督張之洞的幕僚，司理英文案牘。光緒三十一年被張之洞舉任上海黃浦江浚治局督辦。光緒三十四年到北京任外務部員外郎，用後擢升爲郎中、左丞，力言「修邦交」重於「講武備」。宣統二年（1910）1月，與嚴復同獲宣統皇帝頒賜的文科進士榮銜。同年辭職南下，出任上海南洋公學校長。爲表示效忠清王朝，民國建立後即辭去校長職務，先住上海，後遷北京。民國二年（1913）一度任五國銀行團團譯。民國6年參與張勳復辟帝制活動，列名外務部職務，後被聘爲北京大學教授。「五四」運動時，與林琴南等一起反對白話文運動。民國13年應日本大東文化協會邀請，赴日本講學。民國16年回北京，被奉系軍閥張作霖聘爲顧問。不久又被委任爲山東大學校長，但未及上任，就於民國17年（1928）4月30日在北京病逝。直統派員致家，賜進號爲「唐公」。

辜鴻銘自幼經歷坎坷，性格高傲、倔強、偏執，憤世嫉俗，喜歡「立異以爲高」，好作驚人語。在向西方弘揚中華文明的同時，把納妾與留辮子都當作中國國粹。爲人耿直，敢於藐視權勢，抨擊西方的「物質文明」，雖然在政治上一貫頑固守舊，但卻是一個有骨氣的愛國者。「知經而不知權」（張之洞語），書生氣十足。

辜鴻銘是將中華優秀文明向西方介紹的先驅，曾將儒家經典《論語》、《孟子》、《中庸》、《孝經》等譯成英文、德文，刊行於國外。他也用英文寫政論文章，光緒二十五年（1900）在橫濱《日本郵報》連續發表文章，譴責八國聯軍侵略中國，破壞禮教，呼籲列強以道德、公德、公理處理義和

團問題。這些文章後來彙集成冊，書名爲《總理衙門來書》，被稱爲「中國民族主義宣言」。宣統二年（1910）撰寫《中國的牛津運動》，民國4年寫成《原華》（又名《春秋大義》）。辜鴻銘的中文著作有《讀易草堂文集》、《輯蒙養弦歌》和《張文襄幕府紀聞》等。

聰明、善辯、幽默的辜鴻銘

　　日本著名作家芥川龍之介來華遊歷，有西方友人提醒他：「（到中國）不去看紫禁城也不要緊，但不可不去一見辜鴻銘！」，「在近代中西衝突、古今交匯的歷史時代，辜鴻銘的確是一道充滿魅力的人文風景。」早在「五四」時期，辜鴻銘那副由灰白小辮、瓜皮小帽和油光可鑒的長袍馬褂所構成的遺老形象，就已使他成爲京城街頭和北大校園的一大景觀。其可觀之處，不僅在於其怪誕的外表，奇異的行爲和機智、灼人、詼諧、滑稽的名士性格，也不僅在於其對人生、文明和東西文化的獨到見解，更在於他那獨特的人生經歷、風格、思想傾向等諸多因素綜合凝聚而成的深厚的文化蘊涵。

　　辜鴻銘，作爲清末民初的一位傑出的文化大師，在思想文化界歷來頗多爭議。讚譽者說辜鴻銘是能夠從西方文化背景觀照自身，又能夠以哲學眼光審視世界的大師，是中華文化的驕傲；詆毀者卻說辜鴻銘是倡狂怪人，腐朽、落伍、古板、逆流，是頑固守舊的代表。然而，時至今日，有一點在兩者看來都是毫無疑問的，就是辜鴻銘的語言稟賦及對多種語言的精通、在翻譯界無可比擬的崇高地位。

　　1891年，俄羅斯皇儲攜內戚希臘世子來中國遊玩，依照條約規定的特權艦船耀武揚威地停泊在漢口。湖廣總督張之洞盡地主之誼，前往艦上拜謁俄羅斯皇儲，身爲幕僚的辜鴻銘隨同前往充當翻譯。期間，留著長辮的辜鴻銘流暢的法語令皇儲非常驚訝。數日後，張之洞設宴款待俄羅斯皇儲一行。席間皇儲爲避中國人，用俄語和希臘世子交流，說晚上另有約會，應節制食

量。辜鴻銘暗笑，用俄語對皇儲說：「此餐非常衛生，請您盡興品嘗，也請轉告世子多吃一點。」皇儲越發驚訝，眉宇間的傲氣頓時消失。張之洞飯後有吸鼻煙的習慣，未見過鼻煙的世子用希臘語問皇儲：「總督鼻吸何物？」辜鴻銘聽後便和張之洞耳語一番，接過張之洞的鼻煙遞給希臘世子，皇儲和世子都大驚失色。俄羅斯皇儲到達上海時逢人便說：「漢口見張總督，有辜某所通語言至博，各國無此異才！」

辜鴻銘一生精通多種語言，除漢語外，能講10種語言與人交流，而這都是得益於辜氏的博聞強識。比如，辜鴻銘在對內容不太理解的情況下，用一年多的時間背誦了莎士比亞的37部戲劇，用半年多背誦歌德《浮士德》如流水。他的書架是「塵封」的，因爲凡是他讀過的書都過目成誦，無需翻檢了。1917年，辜鴻銘在北京大學教英語時，有學生向他請教掌握西文的妙法，他說：「先背熟一部名家著作做根基。」可對我們這些普通人來說，這樣的「妙法」是沒有任何用處的。

在公開的說法中，翻譯家嚴復譯介了《天演論》等大量有關歐洲學術思想的著作，被譽爲「精通西學第一人」。可鮮爲人知的是，辜鴻銘在西學造詣上是遠勝嚴復的。比如翻譯《論語》，當時著名的花之安、尉禮賢多是直譯，讓外國人理解隔了一層的中華文化，總有誤讀的危險。辜鴻銘則是從融化中西學術思想的獨特角度，在許多地方並不以朱熹注，而廣徵博引歐西名著點染匯通，使歐美人士得以毫不費力地理解儒學神髓。由於嚴復走的是西學東漸、維新改革的道路，辜鴻銘卻志在現在看來無可厚非當時反逆潮流的「中學西被」，屬文化保守主義，再加上政治的原因，致使一代語言大師長時間不爲人所知就成了一種必然。

著名中國通、曾任袁世凱總統顧問的《泰晤士報》駐華記者喬治‧莫理循雖然終生與辜鴻銘爲敵，但這位自負的英國博士卻由衷地說：「辜鴻銘的英語辭彙罕見地豐富，是一個語言天才。」辜鴻銘的語言天才堪稱前無古人後無來者，其英文造詣，孫中山、林語堂皆推爲「中國第一」。其德文水準也達出神入化之境，德國作家帕凱說：「辜鴻銘是我可以用地道的德語與之

交談的第一個中國人。」民國初年在德國人舉辦的慶祝俾斯麥誕辰一百周年的聚會上，辜鴻銘即興用德語作了一個充滿激情的精彩演說，博得全場德國學者和紳士們心悅誠服的掌聲。至於法文、希臘等語，辜鴻銘使用起來也像公孫大娘舞劍一般順手。就連幾欲失傳的拉丁語，也不在話下。

辜鴻銘還是個記憶天才。他在少年時代所學的詩歌，終生不忘。曾師從辜鴻銘學英語的現代著名女作家凌叔華，曾親耳聽過年過花甲的他背誦米爾頓那首6100多行的無韻長詩《失樂園》，居然一字沒錯！他嘗教記憶之法，謂初步為感動，次步為保留，終為回憶。當外國人向他請教因何有如此記憶力時，他說，你們外國人用腦記憶，我們中國人用心記憶。

「豈好辯哉，予不得已矣！」這是辜鴻銘喜歡引用的孟子語錄。在現實生活中，他還是直追東方朔的能言善辯之士，一個為中外稱道的諷刺天才。

天才出自勤奮，辜鴻銘的聰明是幼時勤奮好學結出的碩果。除了每日背誦古今中外經典，他還喜歡抄書。在蘇格蘭愛丁堡大學讀書期間，他每逢星期日，必入藏書樓閱書，數年之間，抄書數十種。連西方一些飽學之士，都畏與之談，因其所讀之書，不僅有為彼等未曾寓目者，還有世間無法購得之孤本。

中國著名醫學家、馬來西亞歸僑伍連德博士嘗言，「從青年時期讀書開始，他（辜鴻銘）就很有出息」，在檳榔嶼廣為人知。凌叔華在《記我所知道的檳城》一文中，說自己曾聽父輩談起幾個西方學者說過類似這樣的話：「這個怪人，誰能跟他比呢！他大概是沒出娘胎，就讀了書的，他開口老莊孔孟，閉口歌德、伏爾泰、阿諾德、羅斯金，沒有一件事，他不能引上他們一打的句子來駁你，別瞧那小腦袋，裝的書比大英博物院的圖書館還多幾冊吧？」

對那些自以為是、不尊重其他民族習慣的西洋佬，辜鴻銘的舌辯天賦，發揮得最是淋漓盡致。還在英國留學時，每逢中國重大傳統節日，他一定要在房間裡朝東方擺個祭台，敬上酒饌，有板有眼地遙祭祖先。房東老太太揶揄地問：「你的祖先什麼時候會來享受你這些大魚大肉哇？」他響亮地回敬

道：「應該就在貴先人聞到你們孝敬的鮮花花香之前！」令對方瞠目結舌。

19世紀末日本首相伊藤博文訪華時，曾會晤辜鴻銘，名為請教孔孟學說，卻語含譏誚：「先生留學歐美，精通西學，難道還不知孔子之教，能行於數千年前，而不能行於當今嗎？」辜鴻銘微微一笑，道：「孔子的思想，就好比數學家的加減乘除，幾千年前是三三得九，幾千年後依然是三三得九。你說，難道還會是三三得八不成？貴國如果沒有孔子之教，焉能有今日，我看不是因了洋人的那點玩藝兒吧！」不待對方發話，辜鴻銘又接著說了下去，「不過，閣下說的也不是完全沒有道理，這十九世紀的數學是改良了，剛才我們說三三得九也有不正確之處。比如說，我們中國人向洋人借款，三三得九卻七折八扣變成了三三得七，有時連七還得不到，成了個大大的負數。到了還錢時，三三得九卻連本帶利還了三三得十一！嘿，我倒真是不識時務，落伍得很！」一席話說得伊藤博文大窘，再無他語，後來見人就說辜鴻銘有金臉罩、鐵嘴皮功夫。

一次外國友人邀請辜鴻銘宴飲，推其坐首席。席間有人問孔子之教究竟好在哪裡。辜鴻銘答：「剛才諸君互相推讓，不肯居上坐，這就是行孔子之教。假如行今日西洋流行的『物競天擇』之教，以『優勝劣汰』為主旨，則今天這一席酒菜勢必要等到大家你死我活競爭一番，決出勝敗，然後定座，再動筷子。如果這樣的話，今天這頓飯不知要經過多長時間才能到口呢，恐怕最後誰也吃不到嘴。」眾皆稱妙。20世紀初辜鴻銘在上海任職時，曾與幾個外國朋友逛十里洋場。洋人見沿途豔旗高張、娼館林立，驚異上海的賣淫婦何其多也。辜鴻銘巧言遮醜，說：「rostitude, destitude（賣淫者，賣窮也）」，隱含的意思是並非中國婦人品行不佳，而是因窮途末路，不得已而為之。

辜鴻銘一張利嘴，還為辮子保過駕，為纏足作過辯護。外國人問他「為什麼中國人留辮子？」他如是答：「為什麼外國人留鬍子？」當外國佬譴責中國婦女纏足野蠻時，他必大加反擊：「那麼，你們西洋女子為何要束腰呢？」辜鴻銘知名度最高的世界級辯護，乃是為納妾制所作的「壺一杯

大清才子命運

大學堂

眾」。當一位洋夫人借此反問爲何不能「妻一而夫眾」時，他振振有詞地答：「夫人可曾見過一隻茶杯配四把茶壺的？」令人啼笑皆非。又有一版本，他受此詢問後，以溫和的語氣對該貴婦人道：「夫人平日以汽車代步，汽車有四隻輪胎，敢問府上備有幾付打氣筒？」此語一出，哄堂大笑。辜鴻銘機智善辯，雖然有時也狡辯，強詞奪理，用理不得其正，但其自圓其說，並以巧言制服論敵的那份能耐，卻是中外莫如的。辜鴻銘不僅是中國留學生的老前輩，也是幽默的老前輩。一代文豪、翻譯大家兼幽默大師林語堂對其推崇備至，嘗言：「他是具備一流才智的人，而且最重要的是他有見識和深度，不是這時代中的人能有的。」

　　也許正因爲辜鴻銘聰明、幽默、有趣且有見識和深度，因此頗受學生們的喜歡。據北京大學畢業的震瀛等人回憶，辜鴻銘在北大執教時，「很得學生愛戴，胡適之先生也比不上」。

辜鴻銘的政治操守和政見

　　張之洞署理兩江總督時，湖廣總督由湖北巡撫端方代理，其人品行不端，加之懼洋媚外，爲辜鴻銘所惡。一日端方到湖北紗廠，見該廠所配總督會客室有兩洋員在內，乃謂辜鴻銘說：我要與彼兩人談話，汝可爲我翻譯。辜鴻銘想，彼西人者，不知其爲何人，或尋常工商一流，中國堂堂總督，豈可如此屈尊交接。乃入謂外人道：「這間屋子，係爲我們總督預備的，請你們趕快出去。」洋人乃狼狽而逃。同行者評說辜鴻銘此種舉動，眞爲中國存國體。

　　辜鴻銘操守廉潔。在上海黃浦浚治局任上，局中洋員貪污巨金，辜鴻銘怒不可遏，拒絕來自國內外的壓力和說情風，要予以懲辦。洋員大懼，乃於暮夜袖金十五萬求緩，又爲其峻拒，表示了超然骨氣。

　　胡思敬在其所著《國聞備乘》中記錄下一個故事：辛亥冬，張謇、唐紹

儀皆聚上海，極力效忠於袁世凱，欲羅致辜鴻銘入黨，因設宴款之，還引孟子「君之視臣如犬馬，則臣視君如國人；君之視臣如土芥，則臣視君爲寇仇」數語以動之。豈料辜鴻銘堅拒袁黨，道：「鄙人命不猶人，誠當見棄。然則汝兩人者，一爲土芥尙書，一爲犬馬狀元乎！」言罷擲杯不辭而去。然就是這個遭辜鴻銘罵得體無完膚的民國第一任總理唐紹儀，極力推崇辜鴻銘，在辜鴻銘死後，還爲其未得國葬而憾，認爲係「吾輩之責也」。

對辜鴻銘的政治操守和抱負，羅振玉嘗言：「君雖位卑分疏，其自任天下之重如此。」「生平無積蓄，國變後，貧不能自存，而救世之志不稍挫。」民國初年，美、英、俄等六國銀行團以高薪聘請辜鴻銘爲翻譯，當他得知他們借錢給袁世凱以作其鎮壓南方革命經費時，憤而辭聘。李國文曾爲辜鴻銘大唱讚歌：「這位老先生，對於洋人，對於洋學問，敢於睥睨一切，敢於分庭抗禮，從他身上看不出一絲奴婢氣，這一點，作爲一個中國人來說，應是十分要得的。」

辜鴻銘服官講學三十多年，師爺氣和書生意氣使他特別喜歡評論人物。晚清那些重要的政治人物，從太后、皇帝、尙書、督撫，到維新領袖，在他嘴中幾乎鮮有漏網之魚。在罵多讚少的評價中，其政治眼光亦寓於其中。

辜鴻銘把幕主張之洞與曾國藩並推爲有教養之眞正政治家，視李鴻章只爲利己官僚，至康有爲梁啓超輩，直作藝者。他又喜歡比較，比如拿張之洞與曾國藩來說：「張文襄儒臣也，曾文正大臣也，非儒臣也。三公論道，此儒臣事也；計天下之安危，論行政之得失，此大臣事也。國無大臣則無政，國無儒臣則無教。政之有無，關國家之興亡；教之有無，關人類之存滅；且無教之政，終必至於無政也。」拿曾國藩與李鴻章來說，曾是大臣，李是功臣，但曾之弊在陋，李之弊在無所變更，所以國事終至不可收拾。

辜鴻銘對曾國藩、李鴻章甚而幕主張之洞都不免貶辭，對袁世凱則更毫無假借，嘗在公開場合痛罵他是流氓、賤種、智商只能等於北京倒馬桶的老媽子云云。供職外務部時，辜鴻銘應詔陳言，以「用小人辦外事，其禍更烈」，直指軍機大臣、外務部尙書袁世凱。袁世凱竊取辛亥革命成果後，

大清才子命運

大學堂

辜鴻銘公開撰文，云：「袁世凱之行為，尚不如盜蹠賊徒，其寡廉鮮恥無氣義乃爾耳。」袁世凱死，他在北京家中大宴賓客，慶祝袁氏歸天。後來馮國璋、張作霖之流欲羅其於帳下，軍閥張宗昌也以山東大學校長相委，均遭受拒絕。

辜鴻銘所臧否的人物，當時不但大都健在，而且權勢未衰，他卻能一一指而罵之，實乃一介任氣忤物、不惜開罪於人的狂狷之士。其言，寓勸世於罵世之外，含嫵媚於辛辣之中，殊非當時一般士大夫可比。其行，較之奴顏婢膝以事權貴者，更是有天壤之別。

辜鴻銘功名思想不深，蓋一純粹文人，而非政治家，卻有不可忽略的政治主張。形之於文的，有1898年所作《上湖廣總督張書》，有1908年的《上德宗皇帝條陳時事書》等。在後者中，辜鴻銘「位卑未敢忘憂國」，以外務部區區員外郎身份，請人代奏，條陳時事，說是改革外交必先改革內政，而改革內政必先削除李鴻章以來的北洋勢力。對於辦理外務，他認為先應統籌全局，且力言「修邦交」重於「講武備」，其意以為「庚子之禍實多因中外太隔膜，以致彼此猜忌，積嫌久而不通，遂如兩電相激，一發而不可收拾」。對於「甲午庚子以來，士大夫皆多忿激，每言為國雪恥，遂致明廷近日亦以籌餉練兵為急務」，則以為「此猶非計之得者！」「蓋彼臥薪嚐膽之論，猶是當時戰國列邦之陋習！」言人所未言。羅振玉讀後認為「探索根元，洞見癥結，予受而讀之，竊以為賈長沙（誼）復生不能過是」。

晚年，辜鴻銘應邀兩次赴日本講學，鼓吹儒學救世論，其中不乏政治言論。他說：西洋人言性惡，因為性惡，則互相猜忌，互相攻伐，演成歐洲大戰，為人類的浩劫；中國人說「人之初，性本善」，其不善的原因，是為物慾引誘，主張四海兄弟，世界大同，是謂王道；日本今後，當致力於中國文化，講求道德，研究王道，萬不可再學習歐洲的軍國主義，擾亂東亞。

他的學生兆文鈞在他那篇頗有爭議的《辜鴻銘先生對我講述的往事》一文中記下辜鴻銘的一些政治觀點：

古今時代不同，社會制度有變，水漲船高，後來居上，不能把三千多年

前的湯武革命，和十年前的列寧革命等量齊觀，相提並論；但是，民主精神
是始終日月經天，江河行地的。帝王也罷，總統也罷，主席也罷。凡有民主
精神的帝王，就是好帝王，堯舜是也；沒有民族精神的帝王，就是壞帝王，
桀紂是也；有民主精神的總統，就是好總統，華盛頓、林肯是也；沒有民主
精神的總統，就是壞總統，袁世凱、曹錕是也；列寧領導社會主義、共產主
義革命，他具有高度的民族精神，是一位好主席，但是他的繼承人是否也能
像他那樣具有高度的民主精神，克紹列寧的偉大革命事業，尚不可知。有好
社會制度，又有好領導，當然再好沒有啦。有好社會制度，沒有好領導，則
社會制度會變爲僵屍，領導會變爲惡魔「人存政舉，人亡政息」，這兩句話
是眞理。

　　你們教育界人士，視教育爲萬能，不問政治，是錯誤的。要知，最重要
的是政治。必須若干年後，世界大同的時代到來，那時，人們到處高歌：
「日出而作，日入而息，帝力於我何有哉！」什麼叫做帝？古人對自然現
象，自然數雷爲帝，認爲它具有巨大的力量，鼓動萬物之生機，主宰世界；
對社會現象，把政治力量比做帝，教民勿惰，使民宜之。堯舜小康時代，人
民開始見到了民主精神的光明，便歡欣鼓舞地歌唱：「帝力於我何有哉！」
迨至世界大同時代，人民更要歡欣鼓舞地歌唱：「帝力於我何有哉！」不過
把古老的名詞「帝」改變爲新的名詞「政治」罷了。那時，政治服從教育實
眞民主教育。假民主教育比眞專制教育還惡劣。現在，美國所講授的民主教
育，就是假民主教育。杜威集假民主教育之大成，揚其波而助其流，所謂小
人之無忌憚者也！在他的心目中，哪裡還有「人民」二字。我希望你再給學
生講課時，把現在美國的假民主教育，改寫成「民詛」教育。

　　這些看法雖時見疏陋偏頗，但品讀之下，讀者諸君該不會把它們統統歸
入可笑、不當之列吧？至於辜鴻銘把Democracy（民主）拆字成 Demo-cracy
（意思爲魔鬼加瘋狂），既反映了他對西方民主的討厭之情，也反映了西方
民主的虛假一面。

　　對辜鴻銘的思想政見，羅振玉是傾心佩服的，嘗言：「天之生君，將以

為衛道之干城，警世之木鐸，其否泰通塞固不僅繫於一人一國已也。」又說：「君論事於二十年以前，而一一驗於二十年後，有如蓍龜，此孔子所謂『百世可知』，益以見其學其識洞明無爽。」

辜鴻銘思想評略

辜鴻銘畢生逆西學東漸之潮，不懈地向世界傳播中國文化，是中國人中獨立完整地英譯儒經的開拓者，極具世界效應。民國外交家、曾任國民黨政府代理行政院長的法學博士王寵惠曾說：辜鴻銘「為國增光，馳譽國際，曠古未有……於中西文化交流之貢獻，厥功甚偉！」曾任段祺瑞內閣總理的許世英亦說：「鴻銘先生，名德碩彥，久為世重。」現代學人震瀛說辜鴻銘「是中國唯一的文人最得外國人崇拜的」……大小不一、重量不同的桂冠，一個時期以來，戴在辜鴻銘身上，何其多也！

英國的炮艦1840年就打開了中國的大門。辜鴻銘的義父布朗先生對他說：「你可知道，你的祖國中國已被放在砧板上，惡狠狠的侵略者正揮起屠刀，準備分而食之。我希望你學通中西，擔起富國治國的責任，教化歐洲和美洲。」1867年布朗夫婦返回英國時，把十歲的辜鴻銘帶到了當時最強大的西方帝國。臨行前，他的父親在祖先牌位前焚香告誡他說：「不論你走到哪裡，不論你身邊是英國人、德國人還是法國人，都不要忘了，你是中國人。」

完成學業後，辜鴻銘聽從當時在新加坡的語言大家馬建忠的勸說，埋頭研究中華文化，並回到祖國大陸，繼續苦讀中國典籍。他在晚清實權派大臣張之洞幕府中任職二十年，主要職責是「通譯」。他一邊說明張之洞統籌洋務，一邊精研國學。

辜鴻銘博通西歐諸種語言、言辭敏捷的聲名很快在歐美駐華人士中傳揚開來。在輪船上用純正的德語挖苦一群德國人。英國作家毛姆來中國，想

見辜。毛姆的朋友就給辜寫了一封信，請他來。可是等了好長時間也不見辜來。毛姆沒辦法，自己找到了辜的小院。一進屋，辜就不客氣地說：「你的同胞以爲，中國人不是苦力就是買辦，只要一招手，我們非來不可。」一句話，讓走南闖北見多識廣的毛姆立時極爲尷尬，不知所對。

同時作爲東方文化的捍衛者，辜鴻銘的聲譽也逐漸顯赫起來。辜鴻銘在北京大學講課時對學生們公開說：「我們爲什麼要學英文詩呢？那是因爲要你們學好英文後，把我們中國人做人的道理，溫柔敦厚的詩教，去曉喻那些四夷之邦。」在那樣的時候，他還嘴硬，叫西方爲「四夷之邦」，爲此，許多人僅僅把他當成一個笑料的製造者，卻忽略了他內心的痛苦，忽略了他對東方文化的積極思考，忽略了他對這片土地命運的深切關注，也忽略了他曾做出的堅定而絕望的掙扎。

自1883年在英文報紙《華北日報》上發表題爲「中國學」的文章開始，他昂首走上宣揚中國文化、嘲諷西學的寫作之路。19世紀末20世紀初的幾年裡，他還將《論語》《中庸》譯成英文，相繼在海外刊載和印行。後來又翻譯了《大學》。他的工作是創造性的，古老的東方理論中還加入了歌德、席勒、羅斯金及朱貝爾的有啓發性的妙語。在他之前，中國的古經典從來沒有好的譯本。

從1901～1905年，辜鴻銘分五次發表了172則《中國札記》，反覆強調東方文明的價值。1909年，英文著本《中國的牛津運動》（德文譯本名《爲中國反對歐洲觀念而辯護：批判論文》）出版，在歐洲尤其是德國產生巨大的影響，一些大學哲學系將其列爲必讀參考書。1915年《春秋大義》（即有名的《中國人的精神》）出版。他以理想主義的熱情向世界展示中國文化才是拯救世界的靈丹，同時，他對西方文明的批判也是尖銳的深刻的。很快《春秋大義》德文版出版了，在正進行一戰的德國引起巨大轟動。

辜鴻銘認爲，評估一種文明，必須看它「能夠生產什麼樣子的人，什麼樣的男人和女人」。他批評那些「被稱作中國文明研究權威」的傳教士和漢學家們「實際上並不真正懂得中國人和中國語言」。他獨到地指出：「要懂

得真正的中國人和中國文明，那個人必須是深沉的、博大的和純樸的」，因爲中國人的性格和中國文明的三大特徵，正是深沉、博大和純樸，此外還有「靈敏」。

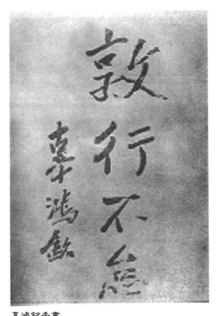

辜鴻銘手書

辜鴻銘從此獨特的視角出發，把中國人和美國人、英國人、德國人、法國人進行了對比，凸顯出中國人的特徵之所在：美國人博大、純樸，但不深沉；英國人深沉、純樸，卻不博大；德國人博大、深沉，而不純樸；法國人沒有德國人天然的深沉，不如美國人心胸博大和英國人心地純樸，卻擁有這三個民族所缺乏的靈敏；只有中國人全面具備了這四種優秀的精神特質。也正因如此，辜鴻銘說，中國人給人留下的總體印象是「溫良」，「那種難以言表的溫良」。在中國人溫良的形象背後，隱藏著他們「純真的赤子之心」和「成年人的智慧」。辜鴻銘寫道，中國人「過著孩子般的生活一種心靈的生活」。

由此，他不惜用偏執的態度來表達自己對中華文化的熱愛。他學在西洋，卻喜歡東方姑娘，尤其喜愛中國姑娘的小腳。他的夫人淑姑是小腳，他一見鍾情、終身不負。民國建立後，他在北大講授英國文學，用偏激的行爲方式留辮子，穿舊服，爲納妾和纏足進行頭頭是道的辯解，來對抗整個社會棄絕中華傳統的畸形走向。辜鴻銘一生主張皇權，可他並不是遇到牌位就叩頭。慈禧太后過生日，他當眾脫口而出的「賀詩」是「天子萬年，百姓花錢。萬壽無疆，百姓遭殃」。袁世凱死，全國舉哀三天，辜鴻銘卻特意請來一個戲班，在家裡大開堂會，熱鬧了三天。

辜鴻銘在北京大學任教，梳著小辮走進課堂，學生們一片哄堂大笑，辜平靜地說：「我頭上的辮子是有形的，你們心中的辮子卻是無形的。」聞聽

此言，狂傲的北大學生一片靜默。

辜鴻銘生活在一個不幸的時代，在那樣一個時代裡，只要你是一個中國人，你就只能是病弱的，任人宰割的。辜鴻銘狂放的姿態，是他帶淚的表演，是以狂放來保護強烈的自尊。

演足悲喜劇的辜鴻銘

在中國近代史上，辜鴻銘演足了自己的悲喜劇。

以他的聰明智慧，卻沒有與時俱進，這是為人所歎惋的。羅振玉甚至認為辜鴻銘「不見用於當世，乃國與民之不幸，而不在君也。」辜鴻銘的意義當然不是為我們提供了一個醜而可觀的形象，而在於他是那個崇洋媚外的年頭中堅定不移的民族主義者，在於他讓世界了解到了中國文化的精義（雖有殘缺之嫌），了解到中國人的不可欺。

對這個曠世怪傑，百年來評價不一，譽之者上天，貶之者入地，眾說紛紜，莫衷一是。那些褒者，自然也認識到辜鴻銘身上的種種殘缺，因此極力為其飾非，如林語堂就說：「他有深度及卓識，這使人寬恕他許多過失，因為真正有卓識的人是很少的。」同時代的學人陳彰在略指辜氏之疵後，語鋒一轉，道：「此正如浮雲之掩月，無所損其光輝。只是以其才學，竟於國計民生無所裨益，而至窮愁泥街，以終其生，這就不能不令人為之惋惜！」

貶者中除上述已陳外，還需提及三十年代曾任嶺南大學校長、南開大學副校長的陳序經，他對辜鴻銘的批判（如說辜是「中國留學生之守舊最深，而主張復古最力者」云云），是以一種思想的極端反對另一種極端。前面說過了，吳宓對辜鴻銘是有所尊崇的，他認為「辜氏於中國之道德文化，具堅深之信仰，是其卓見；於西方之功利主義個人主義帝國主義痛斥不遺餘力，且能以流暢犀利之英文文筆表達之，是其特長。對國家世界，其功自不可沒。」針對辜鴻銘言論多武斷而偏激，加之其人品性格亦多缺失，傲睨一

切，詼諧謾罵，放蕩不羈，吳宓特別指出「決非崇奉人文主義而苦心化世者所宜出，決不足爲今日中國及未來世界精神之師表。」該如何看待這個毀譽參半的人物呢？他提供了一個看法：「吾人之於辜氏，毀之固屬無當，而尊之亦不宜太過。辜氏譬如有用之興奮劑，足以刺激，使一種麻痺之人覺醒；而非滋補培養之良藥，使病者元氣恢復、健康增進也。」（吳宓《悼辜鴻銘先生》）竊以爲此論值得人們反覆研討、品味和反思。

時過境遷，這些年來對辜鴻銘的評價漸趨客觀公正。對其在宣傳中國文化遺產方面所具的不世之功應予以充分肯定。如馮天瑜教授說，辜鴻銘乃是「中國近代思想文化領域在『古今中西之爭』中演化出來的一個奇特而複雜的標本。」黃興濤博導認爲：「他是五四時期以前唯一有分量的向西方積極弘揚中國文化的中國學者，是中學西漸史上一個獨特的代表，只有他，硬是在傳教士的壟斷中擠得了一席之地。」中國社科院研究員王炎還爲辜鴻銘的陋俗作善意的辯護，認爲：「辜氏最爲人詬病的，就是他對諸如纏足、納妾、吐痰等這些現代人眼中的陋俗爲之辯。其實，在現代性向全球拓展之先，世界各個民族都存在不少被今人視爲陋俗的習俗，即使是自以爲文明高人一等的歐洲人也並不例外。」魯樞元以作家和學者的眼光來看他：「在歷史的蘋果園裡，辜鴻銘是一只過早墜地的『落果』，他的可貴之處是超前地看到了社會發展中的困境和危機，他的可悲之處也正在於此。」

總之，辜鴻銘是一本內容駁雜、耐人尋味的奇書，常讀常新，愈發有味。

曠代關東才子王爾烈

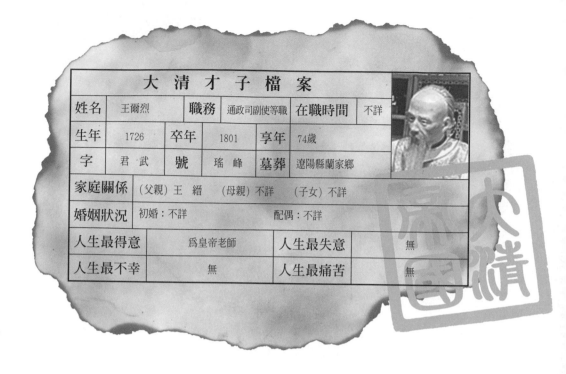

大清才子檔案					
姓名	王爾烈	職務	通政司副使等職	在職時間	不詳
生年	1726	卒年	1801	享年	74歲
字	君 武	號	瑤 峰	墓葬	遼陽縣蘭家鄉
家庭關係	(父親) 王 縉　　(母親) 不詳　　(子女) 不詳				
婚姻狀況	初婚: 不詳　　　　　　　　配偶: 不詳				
人生最得意	爲皇帝老師		人生最失意		無
人生最不幸	無		人生最痛苦		無

百次殿試「續冠關東」

　　誰是清代當之無愧的「關東第一才子」?此人就是「文壓三江」的王爾烈。

　　到古城遼陽訪古,看時讓人眼睛一亮,看後令人久久難忘的,是珍藏在遼寧省遼陽市博物館的王爾烈壽屏。

　　壽屏是爲祝王爾烈七十大壽而送的,計九扇,每扇用木作框,高200公分,寬32公分,上下透雕「壽字」,總橫長288公分;用銅折頁連接豎立,首尾兩扇前曲,中間七扇平直。在瓷青紙屏心地上,四周繡「壽」字花錦鑲邊,百餘人的泥金字畫裝裱其中,頗爲壯觀。

　　壽屏的首尾兩扇分別是題頭和落款,中間七扇,每扇兩行,每行9幅,共126幅。上下左右四周兩行「壽」字,中間橫十豎五詩畫,精心佈局,勻稱美觀。壽字91幅,其中漢文86幅,新滿文4幅,蒙藏文合書一幅。此外,有

圖為王爾烈塑像（右）

詩詞5幅，畫35幅。行草隸篆，書法各異，字字生輝；山水花鳥，栩栩如生，妙筆生花。

在126幅作品中，有一幅無署名，據傳為嘉慶皇帝所贈，是一幅上下頂格的隸書「壽」字，其餘作品皆為當年名流，包括時下被炒得炙手可熱的劉墉、紀曉嵐等所作。這麼多的達官顯貴前來賀壽，與王爾烈當時的內閣侍讀學士的地位不無關係，但表情達意的方式又與王爾烈的興趣愛好極為相投。

據史料記載，王爾烈，字君武，號瑤峰，別名仲方。遼陽縣賈家堡子（今蘭家鄉風水溝村）人。王爾烈16歲時，詩文、書法就已經蜚聲遐邇了。26歲那年，他參加了全州的童試，結果考中了八貢生（秀才）。39歲時，他隨同好友常紀到北京參加京師會試，但沒能及第。44歲時再攀蟾宮，滿懷信心地參加了京師禮部主持的恩科會試，結果考中貢士，經過殿試，中二甲一

名進士。至此，夙願已償。清廷任命他為翰林院編修。

乾隆三十八年（1773），又委任他「四庫全書纂修官並三通館纂修官」，從事四庫全書的纂修工作。過了兩年，清廷又特任為京師「會考同考官」。54歲時，又被派遣到陝西道監察御史，負責稽查滿清王朝在該地的鑄幣情況，分理陝西的一些刑事案件等。乾隆五十三年，時年61歲，清廷考慮到他已經過了耳順之年，遂調回京師，擔任順天府丞。

1796年，乾隆皇帝讓位給十五皇子嘉親王顒琰，委任王爾烈為內閣侍讀學士，並恩賜他千叟宴，御賜詩、《集古三星圖》、如意鳩枝等。嘉慶四年王爾烈72歲時，官至大理寺少卿，因到了耄耋之年，卸任回到遼東，在盛京掌教瀋陽書院。嘉慶六年（1801）病逝，享年74歲，葬於家鄉遼陽縣風水溝村的南山山麓。

王爾烈在仕途上雖然算不上少年得意，但一生敏於事而好於學，善詩文，工書法。有不少詩文作品和墨跡流傳於世。而流傳於民間的許多傳說，更使這位大才子在當地家喻戶曉，老幼皆知。

關於王爾烈的才氣，從其少年開始，就有民間傳說。據說有一次他在一個寒冷的冬天戴著一頂草帽在庭院裡玩耍，一位客商經過門前看到這種情景感到很好笑，隨口說了一句：「穿冬裝，戴夏帽，胡度春秋。」王爾烈駐足打量，看出他是一位奔走四方的商人，順口回敬了他一句：「走南方，竄北地，混賬東西。」

王爾烈中進士後在翰林院任職。相傳，有一年他曾作為主考官到江南主持鄉試，招考舉人。江蘇、江西、浙江是人文薈萃之地，對於北方尤其對關外的人當然是不會放在眼裡的。所以應考者一聽說主考官是來自北方的王爾烈，便議論紛紛。有人竟然嘲諷說：「北方人有什麼學問，他會出什麼好題，至多出個『學而時習之』。」

這些話傳到王爾烈耳朵之後，他便想利用這個機會教訓一下這些狂妄自大的南方秀才，讓他們知道一下北方人的本事。開考之日，考生們展開試卷，發現所考題目果然是「學而時習之」，而且三篇文章都要以此為題，要

求每篇文章內容不得重複，立意要新，不能老生常談。

這個看似容易卻很難的題目，著實使這些南方秀才捉襟見肘，有的作第一篇就搜腸刮肚，有的作第二篇已才盡詞窮，等到作第三篇時幾乎都交了白卷，考得一個個無精打采，垂頭喪氣。同時，王爾烈自己用「學而時習之」的題目，按著規定的要求，寫了三篇文章。

考生們走出考場時，這三篇文章已貼在門前。考生一看，三篇文章各有特色，詞藻、寓意、角度各具一格，使許多人拍手叫絕。有的人仍不服氣，有意在考場門旁寫一幅楹聯的上聯：「千山千水千才子」進行試探，王爾烈看後馬上寫出下聯：「一天一地一聖人」。此時考生無不嘆服，紛紛圍攏他身邊，你一言我一語地問他：「王大人學識如此淵博，敢問尊師爲誰？」王爾烈巧妙地說道：「天下文章數三江，三江文章數吾鄉，吾鄉文章數吾弟，吾爲吾弟改文章。」這些考生無計可施，再也不敢說什麼，只好默默地走開了。

關於王爾烈不愛財的故事，在他的家鄉更廣爲流傳，這些傳說使這個大才子的身上增添了可親可敬的平民氣。在遼陽市西關路南有一座翰林府，本來如此大的一幢宅地，已是一般人家不敢企求的了，而擁有這些的王爾烈，反倒因此而留下一段美談。

人生苦短，歲月無情，或以文采寄情，或以政績鑄碑，能青史上留名者已屬不易，而像王爾烈這樣以有才而不貪財的事蹟爲人們流傳至今的，還不多見，也是遼河人物中有其獨特之處的一個。

傳世不朽的風範

王爾烈不論是作爲一國之師，或是在朝與權臣和珅同朝爲官，或是告老還鄉義務興學，都是追求公義，堅守清貧，他的風範，傳世不朽。

其實，他平生中也有過發財的機會，而且是皇上暗示要他去發財改善一

下生活的，只是由於他本人不肯那樣做，才未得走上榮華富貴之路。

那是嘉慶元年的事。嘉慶元年丙辰春正月「千叟宴」上，嘉慶發現他的老師王爾烈，還是那樣窮困潦倒和寒酸，便非常同情。於是，他心裡便有了要爲王爾烈找到一個肥缺的想法。不久，這個機會便來臨了。

王爾烈冊頁 （5開10頁）

一日，嘉慶召王爾烈到上書房，說道：

「朕要過問一下，老愛卿家境如何？」

王爾烈見問話的是以前自己的學生太子顒琰。現在已是皇帝了，當以君臣之禮鑒之，回答道：

「啓稟皇上：微臣家境，並無改觀，還同先前。所在京居，只是四壁典籍，兩榻光床。遼陽故里，也是幾間茅屋，幾畝薄田，過的是『半倉農具半倉書，一望春雨一望秋』的平民淺淡生活呀。就拿微臣身上所著，也是聖上所恩賜的朝服，別無其有。」

「那麼，你生活之資何來？」

「回稟皇上：生活之資，皆爲本人俸祿和掛單售字的收入維持。」

嘉慶聽了，長歎一聲，說道：

「這就難爲你了。今有一職，朕念你爲官清廉，要你前去授任。自父皇禪位、稱爲太上皇帝，朕即位登極，啓元嘉慶，天下臣民，始用新寶。朕欲御制銅寶『嘉慶通寶』。安徽銅山，爲歷朝鑄錢之重地。那裡有鑄錢爐，且銅質優良，爲鑄錢佳所。您老人家在京城呆著也是呆著，就到安徽銅山鑄錢去吧。在那兒住上幾年，也就不會錯了，總比你掛單售字要強。」

那時候的安徽銅山，爲朝廷御定的制銅寶場所。銅山上每年出多少銅，便鑄多少錢。那銅錢既有數，又無數，只憑鑄錢官呈報。因此，出任鑄錢爐元局丞職，是個朝野上下眾目睽睽的「肥缺」。嘉慶放王爾烈到安徽銅山鑄

幣，言外之意，是讓他撈一筆，以便改善一下本人生活和家境。

王爾烈領旨，即赴安徽銅山鑄幣。一晃二年過去，王爾烈任期滿歸京。嘉慶再次召見王爾烈，關切地問道：

「老愛卿，這回可度餘年了吧？」其言外之意：你總算撈到點實惠吧，下半輩子夠過了吧。

然而，王爾烈聽了這話，一笑，道：

「稟奏皇上：臣還是一無所獲。」

嘉慶有些不信，問道：

「老人家，難道你什麼也沒撈到，此行白走了，不能吧？」

王爾烈道：

「不，也有些所得。」

「什麼？」

「銅寶。」

「在哪？」

「在我手中。」

嘉慶聽了，有些驚奇，說道：

「在你手裡？拿來我看。」

王爾烈聞聲，向袍袖裡一掏，掏出三枚銅錢，交到嘉慶的御案上。

嘉慶拿起一看，見這三枚銅錢是：一枚「當十」錢，一枚「五銖」錢，一枚「嘉慶通寶」錢。所不同的是：每枚銅錢都磨得又薄又亮。

嘉慶看過後，有些不解，便盯盯地望著王爾烈，那意思是要王爾烈回答。王爾烈道：

「這三枚銅錢，是我鑄錢時使用的錢樣子。我掌管鑄錢爐二年，這錢在我手中攥了二年。我每天用它來檢查鑄錢品質，看合乎要求和有偷工減料否。正因如此，它才被磨得這樣亮薄，還望皇上能有所理解。」

「此外，再沒有了嗎？」

「此外再沒有了。在我手中的，只有這三枚御制銅寶。」

嘉慶聽了，深為感動。心想，像這樣的老臣，當今到哪裡去找！於是，他頻頻點頭，說道：

「老愛卿，真可謂是個老實王也。」

王爾烈聽了，馬上回話道：

「臣為民（漢），不為旗（滿），只能稱臣，不能為王。」

嘉慶望他滿頭白髮，年逾花甲，遂問道：

「老人家，你下步生活有何打算？」

「微臣已想好，還是到書院去掛單賣字。」

嘉慶愈加垂憐，說道：

「已如此年庚，當榮歸故里，頤養天年去了。」

嘉慶說完這話，還未等王爾烈作答，便又接著說道：「朕念你清廉一世，並授業於我一回，特賜你白銀一千兩，帶回去養家度日吧。」

王爾烈聽了，即刻叩頭謝恩，說道：

「微臣萬謝聖恩，並銘記在心，世代莫忘。」王爾烈收下御賜一千兩白銀，便回遼陽老家去了。

然而，他並沒有將這一千兩白銀用在補助自家生活上，而是辦起了一座義學館，用以培養家鄉士子。

這個義學館，即後來發展為有名的「遼陽義學館」。關於這件事，還引出了一個新的傳說。

傳說，王爾烈得到嘉慶帝賜給的一千兩白銀，並沒有立即將白銀拿回遼陽老家，而是在北京買了二百盤驢馱子。

這日，他帶上二百盤驢馱子，出了北京德勝門，便直奔山海關而來。這事很快地傳遍了朝廷。有的說：「都說王爾烈老實，聖上也誇讚他為老實王。其實老實個什麼？那驢馱子裡裝的是啥！」有的說：「這二百盤驢馱子，將裝有多少金銀珠寶、御制銅錢！算來，恐怕是朝廷老臣中，沒一個能比得上了的。」話越傳越多，未免有些添枝加葉。

謠言終究傳到了嘉慶皇帝耳裡。他初聽有些不信，待一再聽聞時，便生

大清才子命運

氣了。心想，他當著我和太上皇面
裝窮；我要他到安徽銅山去掌管鑄錢
爐，他又說只剩在手裡三銅錢。看
來這都是假的。這不明明在欺朕嗎！
想到這裡，便立即降下諭旨，讓把王
爾烈的驢駄子全部擋回來，截在午門
外聽候差遣。同時，他又將滿朝文武
百官、五卿六相、四大朝臣，一千人
等，全部帶到午門議事。意在待王爾
烈驢駄子被截回來時，當場亮相，也
好讓大家看看王爾烈的嘴臉，以便以
此效儆天下。正在這時，王爾烈的驢
駄子被截回，來到了午門前。

　　嘉慶將王爾烈喚到跟前，面沉似
水，問道：

　　「王愛卿，朕來問你：這駄子可
是你的？」

　　「回稟皇上：駄子是臣下的。」

　　「多少？」

　　「回稟皇上：不多，僅二百盤。」

　　「二百盤還不多？」

　　「回稟皇上：是的，要東西再多些，尚可添些。」

　　聽到這裡，嘉慶愈加生氣，說道：

　　「王愛卿，你口口聲聲說自己兩袖清風，一身正氣。朕現在倒要問你：
駄子裡裝的可是何物？」

　　「啓奏皇上：這個您就不必細問了。」

　　「不必細問，更會使你欺君。」

嘉慶帝朝服像
清宮廷畫家繪，現藏於北京故宮博物院。

「啓奏皇上：臣不敢欺君，只是尊君。」

「尊君？我問你：驢馱子裡到底馱了多少金銀珠寶、御制銅寶？」

「啓奏皇上：微臣哪裡有什麼存項，所有這些，只不過是皇上所賜。」

嘉慶聽了，有些莫名其妙，問道：

「朕早已知曉，所賜只不過千兩白銀，爲何裝得這多？」

「奏稟皇上：是微臣用御賜千兩白銀悉數買了驢馱子。」

「那你的馱子所馱何物？」

「奏稟皇上：還是不必再問爲好。」

這時，一旁有個侍臣插話道：

「不問？想必你老實王不好說吧。」

接著，又有一個侍臣問道：

「看來，你老實王的資財是富富有足了。」

王爾烈見到了這般時候，不將眞相大白於大家面前是不行了，便將手一揮，吩咐家丁人等把馱子全部打開。等驢馱子全部解開大家一看時，諸位朝臣個個目瞪口呆，驚異不止，只好愣愣地站著，相互望著。連嘉慶皇帝看了，也都大吃一驚。原來，王爾烈的二百盤驢馱子裡，裝的全是補修皇宮時所剩下和拆掉的殘磚爛瓦。嘉慶望了老一會兒，這才問道：

「老愛卿，你馱這些廢物意欲何用？」

王爾烈聽了，這才長長噓了一口氣，說道：「稟奏皇上：實不相瞞，臣賴皇恩，雖爲官多年，但家裡只有草舍三楹。念我年老，待回得家時，恐連個住處都沒有。臣這才在京城揀點了些補修皇宮廢棄之物，也好回老家去蓋上個住房。如此餘願已足了。」

嘉慶聽了，深表同情，說道：

「老愛卿，何至如此。朕即降旨，爲愛卿在老家遼陽蓋一座翰林府，不就行了？」

王爾烈聞聽，立即跪地謝恩。

嘉慶當下派人去了關東遼陽，爲王爾烈修蓋了一座翰林府，稱御賜翰林

府。御賜翰林府，分兩道宅院，前道宅院十楹，後道宅院十楹，東西兩廂配房，外加門樓偏廈，甚是宏闊。待翰林府修蓋完了，王爾烈這才告老還鄉，回到遼陽。他看了這宏闊高大的宅院，深感皇家的憐憫。但是，他用心一琢磨，這樣深宅大院，自家住也是太浪費了。他想，我居官多年，也未給家鄉爭得多少福份。現如今，應當給老家後代留下一點接續。最好的接續，莫過於辦個義學。自己一輩子喜歡讀書，也望家鄉士子也能讀上好書。於是，他將御賜翰林府前道宅院十間正廳及兩廂配房，改作了義學學館。自己家人，全部歸住後道宅院。

　　辛酉歲九月初九日午時，王爾烈謝世，享年七十有四。臨死前乃自輓一聯，云：

　　戊申來也，一身負重叩天地，向虛向幻茫茫日；
　　辛酉去矣，兩肩卸任慰河山，歸真歸本蒼蒼年。

　　王爾烈謝世後，家人遵其遺囑，最初葬遼陽城南風水溝老屯豆腐漿嶺中峰下祖塋，置生父縉、嗣父祖塋前中，與青山為伴。若干年後，其後人將王爾烈墓遷到莊河縣太平山村太平山麓。

王爾烈才學鑒賞

　　一千峰裡煙霞勝；
　　十六景中圖畫存。

　　此聯是王爾烈題在遼寧省鞍山著名風景區千山，因有峰巒近千而名，以「無峰不奇，無石不峭，無寺不古」著稱。上聯從大處著筆，極寫千峰煙霞之勝；下聯就近處潑墨，繪出「僧門塔影」、「瓶峰晨翠」等十六佳景。作

者另一聯作與此聯有異曲同工之妙，不妨會心讀一讀：

龍之為靈昭昭，降雨出雲，何必獨推東嶽；
泉之不捨混混，煙草柳浪，無難更作西湖。

此為王爾烈題遼寧省鞍山千山龍泉寺。此聯以滿腔的熱情、濃郁的筆墨盛讚千山龍泉寺的美景。上聯是說，這裡有神龍顯靈，為佛寺「降雨出雲」，所以何必單單推崇東嶽泰山呢？下聯則講，這裡清泉奔湧，花簇如煙，柳舞似浪，完全可與江南勝景西湖相比。「混混」，形容波濤之聲，語出《孟子·離婁下》：「原泉混混，不捨晝夜。」聯首「鶴頂格」嵌龍泉二字，巧妙自然，可助遊人雅興。

此木為柴山山出；（老樵夫）
因火成煙夕夕多。（王爾烈）
——王爾烈應對老樵夫

傳聞王爾烈上京趕考時，路遇一老漢擔柴下山，他問老漢此山是否好「上」，老漢會意地說：「對者必上。」因指柴擔出此上聯。這是一比巧妙的拆字聯。「此木」構成「柴」字；「山山」構成「出」字。兩字拆開用個「為」字連成一條意義明白的七字聯。王爾烈一時答不上，老漢為了給他一個「考中」的「吉兆」，便有意地啟發他說：「你看這山村裡的炊煙升得多高！」王爾烈循眼望去，心中大喜，隨即對出了下聯。「因火」構成「煙」（烟）字；「夕夕」構成「多」字，也用一個「成」字連成一條完整的下聯。老漢一聽，立即拱手贊道：「對了，對了！相公此去，定必中頂峰！」這是一副廣為流傳的名聯，歷來原出處、套用者甚多。

野外黃花，好似金釘釘地；（塾師）

城內白塔，猶如玉鑽鑽天。（王爾烈）

　　王爾烈自幼出口成章，吟詩作對信口拈來。早在遼陽魁星樓讀農館時，就妙語驚四座。有一天，他與先生、同學郊遊，正逢四野黃花盛開，面對黃花盛開的原野，塾師先生雅興大發，隨即吟出了上聯，要求學生應對。此聯疊用二個釘字，前為名詞，後為動詞，有一定難度。王爾烈抬眼一看，即景指著遼陽白塔對了下聯，聯語就地取材，都是寫眼前景物，比喻形象生動，色彩鮮明，使人有身臨其鏡之感，對得工整貼切，天衣無縫。

和尚撐船，篙打湖心羅漢；（尼姑）

尼姑汲水，繩繫河裡觀音。（王爾烈）

　　——王爾烈應對尼姑

　　據傳，王爾烈在遼陽城南千山龍泉寺當時茶童。有一次，老方丈同幾個小和尚撐船去大安寺，太陽把船上人的影子映在水中，而撐船人並未注意，仍一篙一篙打在自己的影子上。大安寺的尼姑正在河邊汲水，見此情景，吟出了上聯。老方丈和船上其他和尚聽後，才注意到此情景，但卻一時難以應對。王爾烈望望尼姑的汲水神態即應對了下聯。下聯也寫出了尼姑汲水時用繩子繫繞自己影子的情況，堪稱佳作。

王爾烈手跡

251

大清才子命運

作　　者	上官雲飛

發 行 人	林敬彬
主　　編	楊安瑜
編　　輯	蔡穎如
內頁編排	翔美堂設計
封面構成	翔美堂設計

出　　版	大旗出版　行政院新聞局北市業字第1688號
發　　行	大都會文化事業有限公司
	110台北市信義區基隆路一段432號4樓之9
	讀者服務專線：（02）27235216
	讀者服務傳真：（02）27235220
	電子郵件信箱：metro@ms21.hinet.net
	網　　　址：www.metrobook.com.tw

郵政劃撥	14050529　大都會文化事業有限公司
出版日期	2006年11月初版一刷
定　　價	250元

ISBN 10	957-8219-59-8
ISBN 13	978-957-8219-59-5
書　　號	大旗藏史館　History 04

Metropolitan Culture Enterprise Co., Ltd.
4F-9, Double Hero Bldg., 432, Keelung Rd., Sec. 1,
Taipei 110, Taiwan
Tel:+886-2-2723-5216　Fax:+886-2-2723-5220
E-mail:metro@ms21.hinet.net
Web-site:www.metrobook.com.tw

版權所有・翻印必究
◎本書如有缺頁、破損、裝訂錯誤，請寄回本公司更換
Printed in Taiwan. All rights reserved.

國家圖書館出版品預行編目資料

大清才子命運 / 上官雲飛著. — 初版. — 臺北
市：大旗出版：大都會文化發行, 2006[民95]
面；　公分. —（大旗藏史館；4）
ISBN 978-957-8219-56-4（平裝）
1.中國文學—傳記

782.247　　　　　　　　　　95019814

大清才子命運

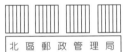

北 區 郵 政 管 理 局
登記證北台字第9125號
免　貼　郵　票

大都會文化事業有限公司

讀者服務部收

110 台北市基隆路一段432號4樓之9

寄回這張服務卡 (免貼郵票)

您可以：

◎不定期收到最新出版訊息

◎參加各項回饋優惠活動

大都會文化 讀者服務卡

書名：大清才子命運

謝謝您選擇了這本書！期待您的支持與建議，讓我們能有更多聯繫與互動的機會。
日後您將可不定期收到本公司的新書資訊及特惠活動訊息。

A.您在何時購得本書：＿＿＿年＿＿＿月＿＿＿日

B.您在何處購得本書：＿＿＿＿＿書店，位於＿＿＿＿＿＿(市、縣)

C.您從哪裡得知本書的消息：1.□書店 2.□報章雜誌 3.□電台活動 4.□網路資訊
　　5.□書籤宣傳品等 6.□親友介紹 7.□書評 8.□其他＿＿＿＿＿＿＿＿＿＿＿

D.您購買本書的動機：（可複選）1.□對主題或內容感興趣 2.□工作需要 3.□生活需要
　　4.□自我進修 5.□內容為流行熱門話題 6.□其他＿＿＿＿＿＿＿＿＿＿＿＿＿＿＿

E.您最喜歡本書的（可複選）：1.□內容題材 2.□字體大小 3.□翻譯文筆 4.□ 封面
　　5.□編排方式 6.□其他

F.您認為本書的封面：1.□非常出色 2.□普通 3.□毫不起眼 4.□其他＿＿＿＿＿＿＿＿＿

G.您認為本書的編排：1.□非常出色 2.□普通 3.□毫不起眼 4.□其他＿＿＿＿＿＿＿＿＿

H.您通常以哪些方式購書：(可複選)1.□逛書店 2.□書展 3.□劃撥郵購 4.□團體訂購
　　5.□網路購書 6.□其他＿＿＿＿＿＿＿＿＿

I.您希望我們出版哪類書籍：（可複選）
　　1.□旅遊 2.□流行文化 3.□生活休閒 4.□美容保養 5.□散文小品
　　6.□科學新知 7.□藝術音樂 8.□致富理財 9.□工商企管 10.□科幻推理
　　11.□史哲類 12.□勵志傳記 13.□電影小說 14.□語言學習（ 　　語）
　　15.□幽默諧趣 16.□其他＿＿＿＿＿＿＿＿＿＿＿＿＿＿＿＿＿＿＿＿＿＿＿＿＿

J.您對本書(系)的建議：＿＿＿＿＿＿＿＿＿＿＿＿＿＿＿＿＿＿＿＿＿＿＿＿＿＿＿＿＿
＿＿＿＿＿＿＿＿＿＿＿＿＿＿＿＿＿＿＿＿＿＿＿＿＿＿＿＿＿＿＿＿＿＿＿＿＿＿＿

K.您對本出版社的建議：＿＿＿＿＿＿＿＿＿＿＿＿＿＿＿＿＿＿＿＿＿＿＿＿＿＿＿＿
＿＿＿＿＿＿＿＿＿＿＿＿＿＿＿＿＿＿＿＿＿＿＿＿＿＿＿＿＿＿＿＿＿＿＿＿＿＿＿

讀者小檔案

姓名：＿＿＿＿＿＿＿＿＿　　性別：□男 □女　　生日：＿＿＿年＿＿＿月＿＿＿日

年齡：□20歲以下□21～30歲□31～40歲□41～50歲□51歲以上

職業：1.□學生 2.□軍公教 3.□大眾傳播 4.□ 服務業 5.□金融業 6.□製造業
　　　　7.□資訊業 8.□自由業 9.□家管 10.□退休 11.□其他 ＿＿＿＿＿＿＿＿＿

學歷：□ 國小或以下 □ 國中 □ 高中／高職 □ 大學／大專 □ 研究所以上

通訊地址 ＿＿＿＿＿＿＿＿＿＿＿＿＿＿＿＿＿＿＿＿＿＿＿＿＿＿＿＿＿＿＿＿＿

電話：（H）＿＿＿＿＿＿＿＿＿ （O）＿＿＿＿＿＿＿＿＿ 傳真：＿＿＿＿＿＿＿＿＿

行動電話：＿＿＿＿＿＿＿＿＿ E-Mail：＿＿＿＿＿＿＿＿＿＿＿＿＿＿＿＿＿＿＿

❖謝謝您購買本書，也歡迎您加入我們的會員，請上大都會網站www.metrobook.com.tw 登
　錄您的資料。您將不定期收到最新圖書優惠資訊和電子報。

大旗出版
BANNER PUBLISHING

大旗出版
BANNER PUBLISHING